8運 현공풍수 해설집

원제목_玄空地理考驗註解(현공지리고험주해)

원저자 : 鐘義明
편역자 : 류호기 · 김영용
주해자 : 최명우

祥元文化社

서 문

본 번역서는 대만의 鐘義明(종의명) 明師가 지은《玄空地理考驗註解(현공지리고험주해)》중에 8運편과 관련된 부분만 현토번역한 관계로 원제목과 달리《8運 현공풍수 해설집》이라고 하였습니다.

학문에 王道는 없다고 했지만 역시 스승과 책을 잘 만나야 올바른 길로 빠르고 편하게 갈 수 있으며 또한 교육의 질은 교사의 질을 능가할 수 없다고 하였는데, 역시 鐘義明 明師의 저서를 보면 저자의 심오한 경지에 감탄하지 않을 수 없습니다.

玄空地理考驗註解》는 臺灣(대만)에서 십여 년 전에 이미 2판 3쇄를 한 사실은 현공풍수의 능력이 하늘을 이긴다는 이른바「人力勝天(인력승천)」한다는 玄空風水의 위력을 실감할 수 있습니다.

원저자가 해당되는 내용만 읽지 말고 모든 내용을 보아야 한다고 당부하였지만 원서가 1200쪽에 달하는 분량이 되기 때문에 당장 긴요하게 사용할 수 있는 8運편만 번역하게 되었다는 점이 많은 아쉬운 점으로 남는데, 독자 분들은 더욱 수준 높은 실력을 위하여 전체 내용을 熟讀(숙독)하기를 권장합니다.

끝으로 국내에 출판을 허가해 주신 鐘義明 선생님과 번역지도를 해주신 崔明宇 선생님과 대한현공풍수지리학회의 선후배회원님의 많은 성원에 대해서도 이 자리를 통하여 무한한 감사를 드립니다. 아무쪼록 본서를 익히고 실생활에 적용하여 행복한 삶을 추구하는데 조금이라도 보탬이 되기를 기원합니다.

2016년 11월
편역자 류호기·김영용 드림

목 차

3. 自序(자서)

1. 현공풍수학의 역사

堪輿之術(감여지술)은,

俗稱(속칭) 風水인데,

源(원; 근원)은 自(; ~부터)^上古하여,

迨及(태급; 이르다)˘

'唐末(당말; 唐朝 618~936年)' 하여,

盛(성; 성행하다)˘於^

江右(강우; 양자강 하류로 '江西省' 일대)이고,

'宋(송; 960~1279년)'

'明(명; 1368~1644년)'

'淸(청; 1616~1912년)' 以^遷(천)하여,

流行˘東南(; 黃海 연해지역)^各^省(성)이고,

迄(흘; 이르다)˘於^今日(금일; 현재)하여,

百家(; 많은 풍수사)가 爭鳴(쟁명; 학술적 논쟁)하였지만,

莫衷一是(막충일시; 일치되는 결론이 없음)이고,

論之^者는,

聚訟(취송; 논쟁)이 紛紛(분분; 다양)하다;

用˘之者는,

禍福(화복)이 無憑(무빙; 증거가 없음)이다 。

1-1. 唐朝(당조) 楊筠松(양균송)

'唐(당; 당나라)'

'僖宗(희종; 재위 873~888년)' 時에,

'黃巢(황소; 황소의 난은 875~884년)'가

犯˘'長安(장안; 唐나라 수도로 현재의 西安)'에,

'楊筠松(양균송; 834~900年)'은

*序(차례 서)

*堪(하늘 감)
*輿(땅 여)
*術(꾀 술)
*俗(풍속 속)
*稱(일컬을 칭)
*源(근원 원)
*迨(이를 태)
*及(이를 급)
*唐(당나라 당)
*盛(담을 성)
*省(살필 성)

*遷(옮길 천)
*流(흐를 류)
*省(행정단위 성)

*迄(이를 흘)
*爭(다툴 쟁)
*鳴(울 명)
*莫(없을 막)
*衷(속마음 충)
*聚(모일 취)
*訟(송사할 송)
*紛(어지럴 분)
*憑(기댈 빙)

*僖(기쁠 희)
*巢(집 소)
*犯(범할 범)
*筠(대나무 균)
*函(함 함)
*秘(숨길 비)
*笈(책 상자 급)

發(; 발견하다)´內府(내부; 宮中의 도서관)의 玉函秘笈 　　　　*斷(끊을 단)
(옥함비급; 귀중한 풍수서적)하여,　　　　　　　　　　　*髮(터럭 발)
斷髮(단발; 삭발)하고　　　　　　　　　　　　　　　　*崑(산 이름 곤)
入´‘崑崙(곤륜; 崑崙山, 현재 新疆省[신강성] 소재의　　*崙(산 이름 륜)
山)’ 하였다가,　　　　　　　　　　　　　　　　　　*疆(지경 강)
避走(피주)´‘江西(; 江西省)’ 하여,　　　　　　　　　*避(피할 피)
　　　　　　　　　　　　　　　　　　　　　　　　　*走(달릴 주)

以^玄空地理하여　　　　　　　　　　　　　　　　　　*濟(건널 제)
行世´濟衆(제중; 大衆救濟[대중구제])인데,　　　　　*衆(무리 중)
使(; 만들다)^朝(조; 아침)에 貧者(빈자)를,　　　　　*貧(가난할 빈)
夕(석; 저녁)에 致(치; 이르다)´富(부)인데,　　　　　*致(이르다 치)
靈驗(영험)이 如(여; 같다)´神하여,　　　　　　　　　*靈(신령 령)
人이 稱(칭; 부르다)´‘救貧先生(구빈선생)’으로,　　　*驗(증험할 험)
　　　　　　　　　　　　　　　　　　　　　　　　　*稱(일컬을 칭)
　　　　　　　　　　　　　　　　　　　　　　　　　*救(건질 구)

1-2. 楊筠松(양균송)의 수제자

授徒(수도; 제자)는　　　　　　　　　　　　　　　　*授(줄 수)
‘曾(증; 曾文迪[증문천; 854~916年])’ ·　　　　　*徒(무리 도)
‘廖(요; 廖金井[요금정; 943~1018年])’ ·
‘劉(유; 劉江東[유강동; 884~972年])’　　　　　*迪(천천히 천)
三^氏인데,　　　　　　　　　　　　　　　　　　　　*廖(공허할 료)
此後에 秘密(비밀)을 傳授(전수)하였으며,　　　　　*劉(죽일 류)
而^眞明師가 間(; 간간이)^　　　　　　　　　　　　*傳(전할 전)
世(;세상)에 一出(; 한 차례 나오다)이다.　　　　　*授(줄 수)
　　　　　　　　　　　　　　　　　　　　　　　　　*師(스승 사)
　　　　　　　　　　　　　　　　　　　　　　　　　*間(사이 간)

1-3. 宋朝 吳景鸞(오경란) · 賴布衣(뇌포의)

‘北宋(; 960~1126年)’　　　　　　　　　　　　　*陳(늘어놓을 진)
有´　　　　　　　　　　　　　　　　　　　　　　　*希(바랄 희)
‘陳希夷(진희이; 871~989年, 曾文迪의 제자)’ ·　*夷(오랑캐 이)
‘吳景鸞(오경란; 陳希夷[진희이]의 제자, 》,　　　　*景(볕 경)
　저서는 《玄機賦(현기부)》,　　　　　　　　　　　*鸞(난새 란)
　　　《玄空秘旨(현공비지)》이다 이)’ ·　　　　　　*賦(문장 부)
　　　　　　　　　　　　　　　　　　　　　　　　　*秘(숨길 비)
　　　　　　　　　　　　　　　　　　　　　　　　　*旨(맛있을지)
　　　　　　　　　　　　　　　　　　　　　　　　　*廖(공허할 료)

'廖瑀(요우; 1014~1075年, 金井山人,
　吳景鸞의 사위)' 이다 ;

*瑀(패옥 우)

'南宋(; 1127~1279)' 有´

*賴(힘입을 뢰)
*布(베 포)

'賴布衣(뇌포의; 본명은 賴文俊(뇌문준),
　1101~1126年, 저서는 《催官篇(최관편)》)' :

*俊(준걸 준)
*催(재촉할 최)
*篇(책 편)

1-4. 元朝 目講師(목강사)

'元(원; 1271~1368年)' 末에는 有´
'目講師(목강사)'
　(; 無著禪師[무착선사]는, 號(호)는 法心이고,
　　俗家(속가)의 姓名은 '王卓[왕탁]'이고,
　　字는 '立如(입여)' 이고,
　　'福建省(복건성)' '泉州(천주)' 人인데,
　　　圓寂(원적; 死亡)은 於^ '浙江(; 절강성)'
　　'寧波(영파시; 현 영파시)' 이다 。),

*講(익힐 강)
*師(스승 사)
*禪(봉선 선)
*卓(높을 탁)
*泉(샘 천)
*州(고을 주)
*圓(둥글 원)
*寂(고요할 적)
*浙(강 이름 절)
*寧(차라리 녕)
*派(물갈래 파)

1-5. 明朝 劉伯溫(유백온)·冷謙(냉겸)

'明(; 1368~1644年)' 初(초)에는
有´
'劉伯溫(유백온; 본명은 劉基[유기], 1311~1375年,
　저서는
　　《堪輿漫興(감여만흥; 형기풍수서)》
　　《披肝露膽(피간로담; 형기풍수서)》)' ·
'龍陽子(용양자; 본명은 冷謙[냉겸];
　저서는 《歸厚錄(귀후록)》)'

*劉(죽일 류)
*伯(맏 백)
*溫(따뜻할 온)
*漫(질펀할 만)
*興(일어날 흥)
*披(나눌 피)
*肝(간 간)
*露(드러날 로)
*膽(쓸개 담)
*冷(찰 랭)
*謙(겸손할 겸)

1-6. 淸朝 蔣大鴻(장대홍) 宗師(종사)

眞訣(진결)은 皆^
口授心傳(구수심전; 말과 마음으로 전수함)이고,
無書行世(무서행세; 책으로 전수하지 않음)이었고,
及(급; 이르다)´

*訣(비결 결)
*皆(모두 개)
*授(줄 수)
*傳(전할 전)
*及(이를 급)
*將(장차 장)

‘明末淸初(; 淸朝 1616~1912年)’에는,

有´

‘蔣大鴻’(장대홍;

　名은 珂[가]이고, 字는 平階[평계]이고,

　又^

　號(호)는 杜陵狂客[두릉광객]·

*鴻(큰기러기 홍)
*珂(흰 옥돌 가)
*階(섬돌 계)
*杜(팥배나무 두)
*陵(큰 언덕 릉)
*狂(미칠 광)

中陽子[중양자]) 는

(1)　得´‘無極子(무극자)’

　(; 竺翁[축옹]이고,

　號는 雲陽子·圓覺上人[원각상인]) 에게

　傳授(전수)·玄空挨星心法이고,

*竺(대나무 축)
*翁(늙은이 옹)
*號(부르짖을 호)
*覺(깨달을 각)

(2)　得´‘吳天柱(오천주)’에게

　授(수)´以^水龍(; 평지룡)之法이고,

*柱(기둥 주)
*武(굳셀 무)
*夷(오랑캐 이)

(3)‘武夷道人(무이도인)’에게

　授(수)´以^陽宅之^訣(결; 비결)하고,

行世救人(행세구인)인데,

名(; 명성)은 震(; 振, 떨치다)´

大江(; 揚子江[양자강])南北이고,

人은 稱(칭)´地仙(지선)이다 。

*救(건질 구)
*震(벼락 진)
*稱(일컬을 칭)

‘蔣氏(; 장대홍)’著(저; 저서)는

有´

《地理辨正(지리변정)》·

《水龍經(수룡경)》·

《古鏡歌(고경가)》·

《天元五歌(천원오가)》·

《天元餘義(천원여의)》·

《歸厚錄(귀후록)》·

《玄空字字金(현공자자금)》·

*蔣(성씨 장)
*著(분명할 저)

*辨(분별할 변)
*鏡(거울 경)
*歌(노래 가)
*餘(남을 여)

*歸(돌아갈 귀)
*厚(두터울 후)
*錄(기록할 록)

《陽宅指南(양택지남)》
等^書인데,
玄空地理之^傳承(전승)이며
乃^再^
露(노; 드러내다)´一線(; 한줄기)^曙光(서광)이였다 。

*傳(전할 전)
*承(받들 승)
*乃(이에 내)
*線(줄 선)
*曙(새벽 서)

1-7. 초기 玄空風水 大家

玄空地理는 是´

(1) '晉朝(진조; 226~420年)'의
  '郭璞(곽박; 276~324年)',

(2) '唐朝(당조; 618~936年)'의
  '楊筠松(양균송; 834~900年)',

(3) 遠溯(원소; 멀리 근원을 찾아)^
  '漢(한; 紀元前 206~紀元後 220年)' 初에
  '黃石公(황석공; 張子房[장자방]의 스승)'의
  《靑囊正義(청낭정의; 靑囊經[청낭경])》的^
  地理眞訣(지리진결)이다;

其^理의 根源(근원이다)´於^《易(역; 주역)》이다 。

*晉(나아갈 진)
*朝(왕조 조)
*郭(성곽 곽)
*璞(옥돌 박)
*唐(당나라 당)
*楊(버들 양)
*筠(대나무 균)
*松(소나무 송)
*遠(멀 원)
*溯(거슬러
   올라갈 소)
*囊(주머니 낭)
*根(뿌리 근)
*源(근원 원)

2. 현공풍수의 핵심원리

(1) 知元運(지원운; 3元9運을 앎)·
(2) 步九宮(보구궁; 구궁으로 나눔)·
(3) 辨雌雄(변자웅; 陰逆陽順[음역양순]을 구분함)·
(4) 分零正(분영정; 運에 따른 生死[생사]를 구분함)·
(5) 定卦(; 下卦로 直達[직달]하여 立向함)·
(6) 起星(; 替卦[체괘]로 立向함)·
(7) 識陰陽(식음양; 陰陽五行을 알고)·
(8) 別消長(별소장; 吉凶을 구분함)하고,

施(시; 적용하다)´於^陰陽二宅(; 음택과 양택)하면,
能^起死回生(기사회생)이고,

*步(걸음 보)
*辨(분별할 변)
*雌(암컷 자)
*雄(수컷 웅)
*零(영세할 령)
*達(통달할 달)
*起(일어날 기)
*識(알 식)
*別(나눌 별)
*消(사라질 소)
*長(성장할 장)
*施(베풀 시)
*回(돌 회)
*貧(가난할 빈)

今(영;~하게하다)^人을 朝貧夕富(조빈석부; 速發)이고;
且^
能用/以^推(추; 추측하다)'
天下國家之^治亂(치란; 혼란을 다스림)아고,
都邑(도읍; 대도시)와 鄕里(향리; 시골)之^
興替(흥체; 盛衰[성쇠])이다 。

*治(다스릴 치)
*亂(어지러울 란)
*都(도읍 도)
*邑(고을 읍)
*鄕(시골 향)
*興(일 흥)
*替(쇠퇴할 체)
*盛(담을 성)
*衰(쇠할 쇠)

3. 玄空風水의 애성비결은 비공개

然而(연이)^
玄空學의 理(; 원리, 이치)는
廣袤深奧(광무심오; 넓고 깊음)하여,
苟(구; 진실로)^非^邃(수; 심오하다)'於^《易》者이면,
不能^解悟(해오; 깨달음)하여;
且^
'蔣大鴻(장대홍)' 雖^著書(저서)가
傳(;전해지다)'世(; 세상)이지만,
但^
格(격; 지키다)'於^天律有禁(천율유금; 비법누설금지)하여,
未敢(미감; 감히~않다)^吐露(토로; 공개)'
玄空^挨星秘訣(애성비결)하였다,

*廣(넓을 광)
*袤(길이 무)
*深(깊을 심)
*奧(속 오)
*邃(깊을 수)
*解(풀 해)
*悟(깨달을 오)
*且(또 차)
*格(바로잡을 격)
*律(법 률)
*禁(금할 금)
*敢(감히 감)
*吐(토할 토)
*露(드러날 로)
*挨(밀칠 애)
*訣(비결 결)

4. 將大鴻(장대홍) 이후 현공풍수 서적과 문제점

致'蔣氏(; 장대홍)'가 百歲(백세)에
歸道山(귀도산; 사망)之^後에,
有'各^家(; 風水家)之^
《直解(직해; 地理辨正^直解)》·
《續解(속해; 地理辨正^續解)》·
《補正(보정; 地理辨正^補正)》·
《疏(소; 地理辨正^疏)》·
《析義(석의; 地理辨正^析義)》·

*致(이를 치)
*歲(해 세)
*歸(돌아갈 귀)

*解(풀 해)
*續(이을 속)
*補(기울 보)
*疏(트일 소)
*析(가를 석)
*義(옳을 의)

《通義(통의; 地理辨正^通義)》·
《翼(익; 地理辨正^翼)》·
《再補(재보; 地理辨正^再補)》·
《再解(재해; 地理辨正^再解)》……
等^書를 闡述(천술)하였으나,

*翼(날개 익)
*解(풀 해)
*闡(열 천)
*述(지을 술)

然而^
大都(대도; 대부분)는
憑(빙)´己意臆測(기의억측; 자의적인 추측)으로,
錯解(착해; 잘못 이해)하여,
謬傳(유전; 잘못 전해짐)^者가 多이고,
紛紜(분운; 여러 이론)하여 不一(; 하나가 아님)이고,

*憑(기댈 빙)
*臆(가슴 억)
*測(잴 측)
*錯(섞일 착)
*謬(그릇될 류)
*傳(전할 전)
*紛(어지럴 분)
*紜(바칠 납)
*流(흐를 류)
*肆(방자할 사)
*攻(칠 공)
*訐(들추어낼 알)
*猖(미칠 창)
*狂(미칠 광)

於是(어시; 그래서)^
予(여; 주다)´三合·納甲之流(납갑지류)가
大肆攻訐(대사공알; 비방)·
猖狂(창광; 미쳐 날뜀)的^機會(기회)이다 。

至(지; 이르다)´此하여,
瓦釜雷鳴(와부뇌명; 賊反荷杖[적반하장])·
黃鐘毁棄(황종훼기; 진실이 감추어짐)하고,
黑白(흑백; 眞假[진가])이 倒置(도치; 뒤바꿈)되고·
眞理는 湮沒(인몰; 감춤)하여,
墜(추; 추락)´
我^仁人孝子가 於^地獄의 深淵(심연; 깊다)矣이다!

*瓦(기와 와)
*雷(우레 뢰)
*鳴(울 명)
*毁(헐 훼)
*棄(버릴 기)
*倒(넘어질 도)
*置(둘 치)
*湮(잠길 인)
*沒(가라앉을 몰)
*墜(떨어질 추)

5. 清朝 유명한 풍수사와 良書(양서)

'蔣氏(; 장대홍)' 而^後에, 有´'清(; 청나라)'
一代에, 言´玄空之^著名(저명)者로는
有이다:

*著(분명할 저)

· 鄭熊(정웅; 저서)

*熊(곰 웅)
*蕉(파초 초)

　　　　《蕉窓問答(쵸창문답)》)'·
'范寅旭(범인욱; 范宜賓(범의빈), 저서
　　　　《乾坤法竅(건곤법규; 1758年)》)'·
'徐迪惠(셔젹혜; 上虞派[상우파]玄空의　宗師)'
·

'端木國瑚(단목국호)'·
'于楷(우해)' 저서
　　　　《地理錄要(지리녹요; 1802年)》·
'尹有本(윤유본; '尹一勺[윤일작]' 저서
　　　　《四秘全書(사비전서)》)'·
'章仲山(쟝즁산;)'·
'蔡岷山(채민산; 廣東派[광동파]玄空의　宗師)'
　　　　《地理求眞(지리구진)》의 저자·
'蔡麟士(채린사; 채민산의 아들)'·
'蔣國(쟝국; 蔣宗城, 저서
　　　　《地理正宗》)'·
'張惠言(쟝혜언; 1761~1802年, 저서
　　　　《青囊天玉通義》)'·

'張心言(쟝심언; 저서
　　　　《地理辨正疏(지리변정소; 1827年)》)'·
'鄧恭(등공; 鄧夢覺[등몽각])'·
'朱小鶴(쥬쇼학; 저서로는
　　　　《地理辨正補(지리변정보)》)'·
'鄧士松(등사송)'·
'朱蓴(쥬슌)'·
'曾懷玉(증회옥; 저서
　　　　《玄空法鑑(현공법감)》)'·
'戚洙源(척수원; 저서

*窓(창 창)
*答(팥 답)
*竅(구멍 규)

*迪(나아갈 적)
*惠(은혜 혜)
*虞(헤아릴 우)
*端(바를 단)
*瑚(산호 호)
*于(어조사 우)
*楷(나무이름 해)
*勺(구기 작)

*岷(산 이름 민)
*麟(기린 린)
*蔣(성씨 장)

*張(베풀 장)
*惠(은혜 혜)
*靑(푸를 청)
*囊(주머니 낭)
*通(통할 통)

*疏(트일 소)
*鄧(나라이름 등)
*恭(공손할 공)
*蒙(입을 몽)
*覺(깨달을 각)
*鶴(학 학)
*補(기울 보)
*蓴(순채 순)
*懷(품을 회)
*鑑(거울 감)
*戚(겨레 척)
*洙(강 이름 수)
*源(근원 원)

*榮(꽃 영)

《玄空大五行眞傳口訣(현공대오행진전구결)》)' ·

'榮咨岳(영자악; '榮錫勳[영석훈])' 저서

《地理辨正翼(지리변정익); 1894年》 ·

'溫明遠(온명원; 저서

《地理辨正續解(지리변정속해); 1897年》)' ·

'華湛恩(화담은; 저서

《天心正運(천심정운); 1835年》)' ·

'姚銘三(요명삼)' ·

'沙午峰(사오봉; 일명 '沙明焯[사명작]'

《地理辨正析義(지리변정 석의)》)' ·

'吳頣慶(오이경)' ·

'程明先(정명선; '駱士鵬'의 後裔(후예)

《經義秘旨(경의비지); 1816年》)' ·

'沈竹礽(심죽잉

; 1849~1906年 '沈祖緜[심조면]'의 부친)' ·

'周梅樑(주매량; 저서

《地理仁孝必讀(지리인효필독); 1858年》)' ·

'高冠中(고관중)' ·

'馬淸鶚(마청악; 일명 馬泰靑[마태청], 저서

《地理辨惑(지리변혹; 1866年)》)'

等의 人이다。

6. 民國(; 1912年)이후 현공풍수사와 저서

'民國(; 중화민국; 1912年)' 以^後에는

有'

'曾正平(증정평)' ·

'伍時章(오시장)' ·

'劉仙舫(유선방)' ·

'沈祖緜(심조면)' ·

'尤雪行(; 佛智禪師[불지선사],
　　　　　演本法師[연본법사])'
　　《二宅實驗(이택실험)》
　　《宅運新案(택운신안)》
　　《人間天眼指南(인간천안지남)》·
'榮柏雲(영백운)'·
'李虔虛(이건허)'·
'談養吾(담양오)'
'吳師靑靑(오사청)'
'趙景羲(조경희)'
　　《玄空紫白訣(현공자백결)》·
'孔昭蘇(공소소)'
　　《孔氏玄空寶鑑(공씨현공보감)》·
'唐正一(당정일)'·
'劉訓昇(유훈승)' 의《陰陽學》·
'曾子南(증자남)'
'符樹勳(부수훈)'·
'劉禮讓(유례양)'·
'曾德火(증덕화)'
　　《大玄空實驗解說》·
'高瞻(고첨)'
　　《兩靑囊經加註(양청낭경가주)》
等^人이,
繼(계)^倡(창; 앞장서다)之 하였다。

*實(열매 실)
*驗(증험할 험)
*案(책상 안)

*榮(꽃 영)
*虔(정성 건)
*虛(빌 허)
*談(말씀 담)
*養(기를 양)
*吾(나 오)

*師(스승 사)
*羲(숨 희)

*孔(구멍 공)
*昭(밝을 소)
*蘇(소생할 소)

*訓(가르칠 훈)
*昇(오를 승)

*符(부신 부)
*樹(나무 수)
*勳(공 훈)

*讓(사양할 양)

*瞻(볼 첨)
*囊(주머니 낭)
*註(주석 주)

*繼(이을 계)
*倡(부를 창)

7. 將大鴻제자가 현공풍수비법의 일부 공개

'蔣大鴻(장대홍)' 門人(; 제자)中에
惟^
'姜垚(강요)'·

*垚(사람이름 요)
*駱(낙타 락)
*鵬(붕새 붕)
*微(작을 미)

- 14 -

‘駱士鵬(낙사붕)’·
‘呂相烈(여상렬)’은
有´著作(저작)이나,
微露(미로; 조금 공개하다)´一鱗半爪(일린반조 ; 비늘 한조
각과 발톱반쪽으로 극히 일부의 의미)於^世하여,
極(극; 절정에 이르다)´其(; 현공풍수학)^珍貴(진귀)이다;

*微(작을 미)
*露(드러날 로)
*鱗(비늘 린)
*半(반 반)
*爪(손톱 조)

*極(다할 극)
*珍(보배 진)

8. 현공풍수이론은 ‘章仲山’의 飛星法이 대세

‘蔣氏(; 장대홍)’秘授本(비수본)은,
傳世(전세; 세상에 전해짐)에 幾稀(기희; 매우 드물다)!
今日에 在(;에서)^
‘港(항; 홍콩)’·‘臺(대; 대만)’地區(지구)
最^普遍流行(보편유행)的^玄空學派(현공학파)는
是´
　　《沈氏玄空學(심씨현공학)》
　　　和(화; 그리고)
　　《孔氏玄空寶鑑(공씨현공보감)》이다;

*秘(숨길 비)
*授(줄 수)
*本(밑 본)

*幾(기미 기)
*稀(드물 희)
*港(항구 항)
*臺(돈대 대)
*區(지경 구)
*普(널리 보)
*遍(두루 편)

(1) ‘沈氏(; 沈紹勳[심소훈])’는
　　 以^‘章仲山(장중산)’後代에
　　 所傳的^山向飛星法을 爲´主하고,

*寶(보배 보)
*鑑(거울 감)

(2) ‘孔氏(; 孔昭蘇[공소소])’도
　　 亦^宗(; 본받다)´‘章氏(; 장중산)’之^法이고,

(3) 並^附(부; 추가하다)´
　　 ‘廣東派(광동파)’的^三星訣이다 。
　　 另外(영외)에,

*並(아우를 병)
*附(붙을 부)
*派(물갈래 파)

*另(별도로 령)

(4) 使用´‘張心言(장심언)’이
　　 易盤(역방)64卦者也(야; 도)^
　　 頗(파; 꽤나)^流行이다 。

*盤(소반 반)
*頗(자못 파)

- 15 -

9. 孔昭蘇(공소소)와 沈紹勳(심소훈)이론의 한계

《孔氏玄空寶鑑(공씨 현공보감)》은

以^24山으로, 按´3元9運이고,

分´下卦·起星(;체괘)이고,

列爲(열위)´432圖局(도국)는,

便^於(;에게)^

不熟(부숙; 익숙하지 못함)^掌訣(장결; 암기)的^讀者는

查閱(사열; 열람)하여 運用이다;

惟^其^註語(주어; 해설)이 簡單(간단)하여,

初學之人(초학지인; 쵸보자)는,

雖^按(안; 의거하여)^圖(도; 그림)이지만

亦^難(난)´索驥(색기; 천리마를 찾음. 秘法을 의미)이다;

再者(재자; 더군다나)는,

'沈(; 심소훈)' · '孔(; 공소소)' 二家之^說은

皆^'章仲山(장중산)'의 一派(일파)이고,

'章氏' 於^玄空眞訣는,

深藏隱秘(심장은비; 숨겨놓은)者가 其^多인데,

'沈' · '孔' 二氏(; 두 사람)는

並非(병비; 결코~아니다)´

其^嫡傳(적전; 스승에게 직접 배움)이고,

故^重要的^玄空運用인,

옆 주석:
*列(벌일 렬)
*圖(그림 도)
*局(판 국)
*熟(익을 숙)
*掌(손바닥 장)
*訣(이별할 결)

*查(사실할 사)
*閱(검열할 열)

*簡(대쪽 간)
*單(홑 단)
*按(누를 안)

*索(찾을 색)
*驥(천리마 기)

*深(깊을 심)
*藏(감출 장)
*隱(숨길 은)
*秘(숨길 비)

*嫡(정실 적)
*傳(전할 전)

9-1. 玄空風水의 최고비법은?

如^

(1) 「七星打劫(칠성타겁)」 ·

(2) 「城門訣(성문결)」 ·

(3) 「乾山乾向水流乾(건산건향 수류건)」 ·

(4) 「三般卦挨星(삼반괘 애성)」

옆 주석:
*打(칠 타)
*劫(위협할 겁)
*般(돌 반)
*挨(밀칠 애)

*諸(모든 제)

諸法(제법)은,

並不瞭解(병부요해; 전혀 이해하지 못함)하고,
乃^出´於^私自揣測(사자췌측; 억지이론)이고,
其他(기타)는 牽強(견강; 억지)^解說的^地方(; 대목)이
也(;도)^很(흔; 매우)^多이다 。

*瞭(밝을 료)
*解(풀 해)
*揣(잴 췌)
*測(잴 측)
*堅(굳을 견)
*强(굳셀 강)
*很(매우 흔)

9-2. 玄空風水의 비법을 비공개에 따른 부작용

故^此하여,
研究(연구)´ '沈' · '孔' 二氏之^書는,
受(수; 받게 되다)´
部分(부분; 부분적)^僞訣(위결; 가짜 비결)之^害者이고,
不僅(불근; 뿐만 아니라)^財丁受損(재정수손)이고,
甚至(심지; 심지어)^
因此(인차; 이로 인함)하여
懷疑(회의; 의심하다)´
玄空地理學的^準驗度(준험도; 정확도)하였다 。

*僞(거짓 위)
*訣(비결 결)
*害(해칠 해)
*丁(사람 정)
*受(받을 수)
*損(덜 손)
*懷(품을 회)
*疑(의심할 의)
*準(수준기 준)
*驗(증험할 험)
*度(법도 도)

10. 필자가 공부한 현공풍수서적 소개

筆者(필자; 대만의 鐘義明선생는
(1) 得´師授(사수; 스승에게 직접 배움)하고,
(2) 並^遍(편; 두루)^習´玄空各派^訣法(결법)하고,
(3) 尤其(우기; 특별히)^是´在^得到(득도; 入手한)^
'楊筠松(양균송)' ·
'廖瑀(요우; 양균송의 제자)' ·
'蔣大鴻(장대홍)' ·
'載錫倫(재석륜)' ·
'戴瑤溪(대요계)' ·
'姚銘三(요명삼)' ·
'駱士鵬(낙사붕; 장대홍의 제자)' ·
'呂相烈(여상렬; 장대홍의 제자)'

*得(얻을 득)
*師(스승 사)
*授(줄 수)
*並(아우를 병)
*遍(두루 편)
*廖(공허할 료)
*瑀(패옥 우)
*載(실을 재)
*錫(주석 석)
*戴(일 대)
*瑤(美玉 요)
*溪(시내 계)
*姚(예쁠 요)
*銘(새길 명)
*駱(낙타 락)
*鵬(붕새 붕)
*呂(음률 려)

等(등)^人的^
《秘本(비본)》後에,

殫精竭慮(탄정갈려; 全心全力)하고,
深入硏究(심입연구; 깊이 연구함)하였고,
復(두; 다시)^經´20年하여
實地考證(실지고증)하였으며,
乃^知´‘沈(; 심쏘훈)’・‘孔(공쏘쏘)’
二^氏之^書인데,
有´可用(; 유용한 내용)・
有´不可用(; 쓸모없는 내용)者이다 。

*殫(다할 탄)
*竭(다할 갈)
*慮(생각할 려)
*深(깊을 심)
*硏(갈 연)
*究(궁구할 구)
*復(다시 부)
*經(경과할 경)
*考(상고할 고)
*證(증거 증)

因(; 근거하다)/取´坊本(방본)432圖局(도국)하고,
予以(여이; 달다)´增註(증주)하였다 。
內容은 博採(박채; 널리 모으다)´群書(군서; 여러 서적)의
可以^徵信(징신; 믿을 만한 내용)하고
及(급; 그리고)^
親自(친자; 직접)^扦造(천조; 葬事)・勘察(감찰; 감정)
之^案例(안례; 사례)를,
配合(배합)´解說佐證(해설좌증)하였다 。

*坊(동네 방)
*予(줄 여)
*增(불을 증)
*博(넓을 박)
*採(캘 채)
*徵(부를 징)
*扦(장사할 천)
*造(지을 조)
*勘(헤아릴 감)
*察(살필 찰)
*佐(도울 좌)
*證(증거 증)

11. 본서를 1983年부터 10年 동안 집필하다.

本^書는
始(시; 처음에)^著´於^1983年^孟春(맹춘; 음력정월)하여,
寒暑來往(한서왕래; 사계절),
不覺之間(불각지간; 어느 사이)에,
已(; 이미)^過(; 경과하다)´10年餘이다;
前6年은,
因^筆者가 尙任(상임; 근무하다)´敎職(교직)於^省立(성립; 도립)‘竹山高中(죽산고중; 죽산고등학교)’하였으며,

*孟(맏 맹)
*寒(찰 한)
*暑(더울 서)
*往(갈 왕)
*來(올 래)
*覺(깨달을 각)
*餘(남을 여)
*任(맡길 임)
*敎(가르침 교)
*職(벼슬 직)
*暇(겨를 가)

僅(근; 겨우)^許′於^敎學之^暇(가; 방학)이고,

涓滴寫作(연적사작; 조금씩 집필)하였다 。

*涓(시내 연)
*滴(물방울 적)
*寫(베낄 사)

1989年^春에 辭去(사거; 사직)′敎職(교직)하고,

乃^取′舊作(구작; 과거에 집필한 내용)하여,

逐一(축일; 하나하나)^整理(정리)하여 付梓(부재; 출판하다)인데;

此는 爲′舊作(구작)은 其中之^一(; 일부)이다 。

*辭(그만둘 사)
*舊(예 구)
*逐(쫓을 축)
*付(줄 부)
*梓(가래나무 재)

11-1. 현공풍수비법을 거의 공개

內容은 於^玄空地理之^訣(결)이고,

除了(; 제외하다)′

眞正(; 참말로)^具有(가지다)′利害關係(이해관계)者되는

予(여; 줌)을 以^保留(보류)外하고,

其^餘(여; 나머지)^諸訣(제결; 모든 비결)은,

盡洩無遺(진설무유; 남김없이 모두 밝힘)이다 。

讀者(독자)는 只^要′將^一至九運^各^局을

詳細(; 상세히)^閱讀(열독)하면,

必^能^有′得이다 。

*利(이익 리)
*害(해칠 해)
*保(지킬 보)
*留(머무를 류)
*餘(남을 여)
*盡(다될 진)
*洩(샐 설)
*遺(끼칠 유)
*詳(자세할 상)
*細(가늘 세)
*閱(검열할 열)
*讀(읽을 독)

若^更^

進一步(진일보; 깊이 있게)^

深思(심사)하고·考驗(고험; 경험)하면,

定(; 반드시)^能^擁有(옹유; 쌓다)′

相當(; 상당한)^程度(정도)的^玄空地理의 功力(공력; 실력)이다 。

*進(나아갈 진)
*步(걸음 보)
*考(상고할 고)
*驗(증험할 험)
*擁(안을 옹)
*程(단위 정)

11-2. 玄空風水와 아울러 공부할 내용

(1) 理氣는 旣(기; 이미)^明(분명하게 앎)하였으면,

更^須^精究(정구; 정밀연구)′

(2) 巒頭(만두; 形勢風水)·

(3) 作法(; 현장실무)·

*旣(이미 기)
*精(쓿은 쌀 정)
*究(궁구할 구)
*巒(뫼 만)
*斯(이 사)

(4) 天星擇日(천성택일)等^工夫(공부)하면,
斯(사; 이)는 能^
救(구; 구제하다)^己(기; 본인)・救(;구)^人(;타인)이다 。

五術(오술;
仙[선], 醫[의], 命[;운명],
卜[복], 相[상; 地相, 觀相])의 眞訣(진결)・
山河大地(산하대지)는,
冥冥中(명명중; 암암리)에 皆(개; 모두)^
有^鬼神(귀신)이 守護(수호)이다 。

*救(건질 구)

*術(꾀 술)
*醫(의원 의)
*卜(점 복)
*冥(어두울 명)
*護(보호할 호)

12. 독자에게 드리는 부탁

有^緣(연; 인연)하여 接觸(접촉; 관계)者는,
務要(무요; 반드시~바란다)/
(1) 施(시; 베풀다)^於(어; 에게)^
正途(정도; 바른 길)・
心(;마음씨)이 存^仁厚(인후; 인정이 두터움)이고,
(2) 謹言愼行(근언신행; 言行에 조심하고)하고,
(3) 不攀結(부반결; 사귀지 마라)^
無德之富豪(; 부덕한 부호)하고,
(4) 幫助(방조; 돕다)^
善良之^窮人(궁인; 가난한 사람)이고,
(5) 不卑不亢(불비불항; 비굴하지 말고 거만하지 않음)하고,
(6) 保持(보지)^明師의 本色(본색; 근본적인 품성)하면,
(7) 廣種(광종; 여러 종류)^福田(복전; 복을 만듦)은
以^貽(이; 끼치다)^子孫은,
是^筆者之^至盼(지분; 간절히 바람)이고,

*緣(가선 연)
*接(사귈 접)
*觸(닿을 촉)
*務(일 무)
*施(베풀 시)
*途(길 도)
*厚(두터울 후)
*謹(삼갈 근)
*愼(삼갈 신)
*攀(더위잡을 반)
*豪(호걸 호)
*幫(도울 방)
*助(도울 조)
*窮(다할 궁)
*卑(낮을 비)
*亢(목 항)
*保(지킬 보)
*持(가질 지)
*貽(끼칠 이)
*盼(바랄 분)

13. 본서 집필에 도움을 준 분

顧(고; 돌이켜 보다)^玄空에
同道共勉(동도공면; 뜻을 같이 하고 함께 고생함)이다 。

*顧(돌아볼 고)
*勉(힘쓸 면)

封面(봉면; 책 겉표지)의 書名(서명)

;《三元九運玄空地理考驗註解

   (삼원구운 현공지리 고험주해)》은,

承蒙(승몽; 받다)´好友며 名書畫家(명서화가)인

   '李轂摩(이곡마)' 兄이

賜題墨寶(사제묵보; 보낸 준 훌륭한 글씨)이고,

   '張建民(장건민)' ·

   '陳決丞(진결승)'

兩位(; 두 분)^門人(; 제자)은,

協助(협조)´

資料整理(자료정리)與(여)^校稿(교고; 원고 교정)하여,

謹(근; 정중하게)^此(차; 이 자리)에서

致謝(치사; 고마움을 전함)한다 。

*封(봉할 봉)
*承(받들 승)
*蒙(입을 몽)

*轂(바퀴 곡)
*摩(갈 마)
*賜(줄 사)
*題(표제 제)
*墨(먹 묵)
*寶(보배 보)
*校(교정 교)
*稿(볏짚 고)
*謹(삼갈 근)

14. 1993年 드디어 출간하다.

1993年^歲次(세차)는

癸酉(계유)之^仲夏(중하; 음력 5월)에

   '鐘義明(종의명)' 記(기; 기록하다)´

於^ '竹山佛心翠影書齋(죽산불심 취영서재)'

*仲(가운데 중)
*夏(여름 하)
*翠(물총새 취)
*影(그림자 영)
*齋(재계할 재)

4. 例言(예언)

1. 현공풍수이론의 다양성

「玄空學」之^範疇(범주; 범위)는

博大(박대)하고 精深(정심; 정밀하고 심오함)한데,

本書에서는 乃(내; ~이다)´以^

「無常派(무상파

; 宗師는 '章仲山(장중산)')」與(여; 와)

「湖南派(호남파

; 宗師는 '尹一勺(윤일작)')」之^法이므로,

僅(근; 단지)^

玄空의 滄海(창해)之^一粟(일속; 극히 일부)으로,

學者는 切(절; 결코)^不可以(; 안 된다)^

爲´

此法인 即^是´「玄空法」이며,

而以^偏(편; 일부)이 蓋(; 착각한다는 의미)´全(; 전체)이다 。

*範(법 범)
*疇(밭두둑 주)
*博(넓을 박)
*精(자세할 정)
*深(깊을 심)
*章(글 장)
*仲(버금 중)
*勺(구기 작)
*僅(겨우 근)
*滄(찰 창)
*海(바다 해)
*粟(조 속)
*切(끊을 절)
*偏(치우칠 편)
*蓋(덮을 개)

2. 3元9運에 飛星盤은 총 432局

全書는 分´三元:

上元인 一·二·三運이고;

中元인 四·五·六運;

下元인 七·八·九運이다 。

每運에 24山(; 坐向)은 分´

下卦(하괘)·起星(기성; 체괘)^兩局이다;

九^運은 共(; 모두)^

432(; 9運×24坐×兩局=432)局인데,

若^再^加上(가상; 추가하다)´

*岡(산등성이 강)

- 22 -

山岡(산강)과 平洋(평양)之^
形勢(형세)가 變化(변화)하면,
更^可^演出(연출)´千萬局이다 。

*洋(바다 양)
*演(통할 연)

判斷(판단; 감정)은
全(; 전적으로)^在´心目(심목)之^靈巧(영교)이고 ,
不同´於^其他(기타)^
地理學派(; 주로 胞胎法[포태법]을 지칭함)인데 ,
有´死訣可以背誦(사결가이배송;
맞지 않는 이론을 배우고 적용함;
用之^卻^無準驗(무준험; 적중하지 않음)이다 。

*判(판가름할 판)
*斷(끊을 단)
*靈(신령 령)
*巧(공교할 교)
*背(등 배)
*誦(욀 송)
*準(수준기 준)
*驗(증험할 험)

故^須(수; 必)^熟讀(열독)´
(1)《易》學(역학)與(여; 그리고)^
(2) 玄空經文(
　;《靑囊序(청낭서)》,
　《靑囊奧語(청낭오어)》,
　《天玉經(천옥경)》,
　《都天寶照經(도천보조경)》)하고 ,
(3) 更須^臨場(임장)하여 考證(고증; 실험)을 ,
久之(; 경험을 많이 쌓으면)하여 ,

庶幾(서기; 바라다)´
能´得心應手(득심응수; 마음 먹은대로 이룸)이다 。

*熟(더울 열)
*讀(읽을 독)
*易(바꿀 역)
*囊(주머니 낭)
*奧(속 오)
*都(도읍 도)
*寶(보배 보)
*照(비출 조)
*臨(임할 림)
*場(마당 장)
*考(상고할 고)
*證(증거 증)
*庶(여러 서)
*幾(기미 기)
*應(응할 응)
*手(손 수)

3. 현공법은 地盤正針(지반정침)만 사용

24山(; 坐向)은
除(제)^列有(열유)´分金·易盤(역반)外에 ,
並有´周天度數(주천도수)之^範圍(범위)이다 。
凡^
使用´玄空法은 ,

*針(바늘 침)
*除(제외할 제)
*範(법 범)
*圍(둘레 위)

須^備(비)´三元羅經(삼원나경)之^

「蔣盤(장반; 장대홍의 羅盤)」·

「易盤(역반; 64卦를 적용)」, 或^

「´孔聖裔(공성예

　; 본명은 孔昭蘇[공소소: 1904~1982年]이며

　　당대 대만의 國風칭호를 받은 풍수대가.

　　紀念羅盤(기념나반)」이다 。

(1) 立向(; 坐向을 정하는 법) [來龍도 포함]·

(2) 消砂(소사; 砂格의 방위를 보는 법)·

(3) 納水(납수; 물의 바위를 보는 법)는

皆^

用´「地盤(지반)」正針하는데,

四周(사주; 사방팔방)^巒頭(만두)·水路이고,

(1) 陰宅에서는 以^碑頭(비두)의 高度(고도; 높이)가

　爲(; 삼는다)´準(준; 기준점)이다 。

(2) 陽宅에서는

　以^大門이 正中이고,

　人立(; 사람의 키)之^高度(고도)가

　爲´準(준; 정확)이다 。

※ 羅經(나경) 사용법의 오류

俗法(속법)에서는

以^

(1)「地盤」正針으로 格龍(격룡)立向(입향)하고·

(2)「人盤」中針으로 消砂(소사)하고·

(3)「天盤」縫針(봉침)으로 納水(납수)이고;

更^有´以^

「人盤」·「天盤」으로 立向者인데,

不可^用´玄空法이다 。

---

*須(모름지기 수)
*備(갖출 비)
*羅(새 그물 라)
*經(세로 경)
*蔣(성씨 장)
*盤(소반 반)
*孔(구멍 공)
*聖(성스러울 성)
*裔(후손 예)
*昭(밝을 소)
*蘇(소생할 소)
*紀(벼리 기)
*念(생각할 념)
*消(사라질 소)
*砂(모래 사)
*納(바칠 납)
*皆(모두 개)
*針(바늘 침)

*周(두루 주)
*巒(뫼 만)
*頭(머리 두)
*路(길 로)
*碑(돌기둥 비)
*頭(머리 두)

*度(법도 도)
*準(기준 준)

*俗(풍속 속)
*針(바늘 침)
*格(바로잡을 격)
*消(사라질 소)
*砂(모래 사)
*縫(꿰맬 봉)
*納(바칠 납)
*更(다시 갱)

*欲(하고자 할 욕)
*購(살 구)
*連(잇닿을 련)

- 24 -

欲^購′羅經者는 可^與(여; 주다)′
筆者에게 連絡(연락)하면,
筆者가 當代^爲′推介(추개; 추천소개)하는데,
絶(절; 절대로)^不謀′利(; 이익)이다 。

*絡(연락할 락)
*推(옮을 추)
*介(끼일 개)
*謀(꾀할 모)
*利(날카로울 리)

4. 八卦九星에 대한 의미의 중요성

[본서의] 每運之^前에 筆者가 均(균; 모두)^
有′概說(개설)인데,
讀者(독자)는 宜(의; 의당)^
先^研習(연습; 연구와 학습)이다 。
各星(; 九星)之^意象(의상; 의미)은
尤須(우수; 충분히)^嫻熟(한숙; 능숙)하여,
用′於^斷驗(단험; 감정)하면,
自^能^靈活準確(; 귀신처럼 정확하다)이다 。

*均(고를 균)
*槪(대략 개)
*研(갈 연)
*習(익힐 습)
*尤(더욱 우)
*須(모름지기 수)
*嫻(익숙할 한)
*熟(익을 숙)
*靈(신령 령)
*確(굳을 확)

5. 元旦盤(원단반)은 고정된 不易(불역)

挨星盤(애성반)은
分′九宮인데,
其^定位(정위; 고정된 방위)는:
(1) 上左는 爲′東南이고 辰巽巳이고;
(2) 上中은 爲′正南이고 丙午丁이고;
(3) 上右는 爲′西南이고 未坤申이고;
(4) 中左는 爲′正東이고 甲卯乙이고;
(5) 正中은 爲′立極(입극; 정중앙)之^處이고;
(6) 中右는 爲′正西이고 庚酉辛이고;
(7) 下左는 爲′東北이고 丑艮寅이고;
(8) 下中은 爲′正北이고 壬子癸이고;
(9) 下右는 爲′西北이고 戌乾亥이다 。
此는 爲′「元旦盤(원단반)」이다 。

6. 死者의 출생년도를 이용한 이론은 오류.

一般^羅盤(나반; 羅經[나경])은

正針(; 地盤)^24山之^下에,

每山은 分´5個^分金이고,

24山은 共(공; 모두)有´120個^分金인데,

時下(; 요즘)之^地師(지사; 風水師)는

用´其

「納音五行(납음오행)」與^

「仙命(; 死者의 출생년도)納音五行」하여

論´生剋(생극; 相生과 相剋)하는데,

謂´分金이 剋^仙命(선명)하면

曰´

「刺穴殺(자혈살)」하는데,

此는 無理(; 이치가 없음)이고 而^

愚(우; 어리석음)之^論調(논조; 이론)也이다 。

*羅(새 그물 라)
*盤(소반 반)

*納(바칠 납)
*與(더불어 여)
*仙(신선 선)
*剋(이길 극)

*刺(찌를 자)
*穴(구멍 혈)
*殺(죽일 살)

*愚(어리석을 우)
*論(말할 론)
*調(고를 조)

6-1. 三合家 分金이론은 오류

三合家는

又(우)^將(장; ~을)^120分金(; 24坐×5=120)을,

每山에 配(배; 배치)´5格(격; 칸)이고,

(1) 正線(정선; 중앙분금)

中間에 一格(; 정중앙 분금)은 爲´正線(정선)이고,

配´戊(무)・己(기)이고

謂(위; 부르다)´「龜甲空亡(귀갑공망)」이다;

*配(아내 배)

*謂(이를 위)
*龜(거북 귀)

(2) 左右邊 分金

最右에 一格(; 한 칸)은 配´甲・乙이고

最左에 一格(; 한 칸)은 配´壬・癸은

謂´「孤(고; 凶)」・「虛(허; 凶)」로

*孤(외로울 고)
*虛(빌 허)

此(; 正線, 孤, 虛는 三格은
皆^空白(; 사용하지 않기 때문에 글자가 없음)으로,
不用이다 。

(3) 中央左右分金만 사용
僅(근; 단지)^用´
中右의 一格·中左의 一格인데,
配´庚·辛·丙·丁은,
謂´「旺(왕)」·「相(상)」이다 。
此는 亦^無理(; 이치가 없음)之^論也이고,

蓋^
山川은 是´活的(활적; 살아 있는 것, 變易)이고,
氣運도 也^是´活的인데,
豈(기; 어찌)^能以^死板(사판; 無變化)的^
孤(고)·虛(허)·旺(왕)·相(상)·空亡인
這(저; 이)^5個의 分金으로 而^
束縛(속박)하여 得^住(; 고정)인가?

*旺(성할 왕)
*相(서로 상)

*豈(어찌 기)
*板(널빤지 판)

*束(묶을 속)
*縛(묶을 박)
*住(살 주)

6-2. 出卦(출괘; 大空亡)
玄空學은 以^
(1) [亥壬]·[壬亥];
(2) [癸丑]·[丑癸];
(3) [寅甲]·[甲寅];
(4) [乙辰]·[辰乙],
(5) [巳丙]·[丙巳];
(6) [丁末]·[末丁];
(7) [申庚]·[庚申];
(8) [辛戌]·[戌辛]은 。
8干支(간지; 天干, 地支)가 相兼(상겸; 만남)하면
爲´「出卦(출괘; 대공망)」인데,

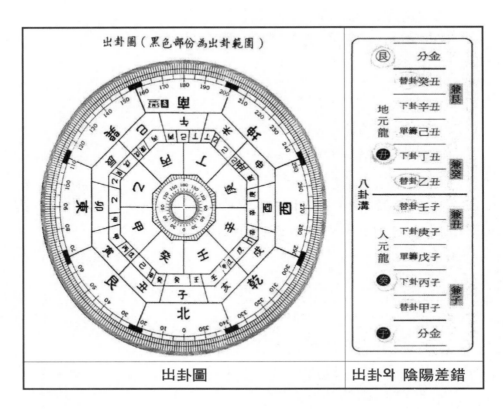

| 出卦圖 | 出卦와 陰陽差錯 |

凡^
來龍出脈・收水・山向(; 坐向)은
皆^忌(기; 꺼리다)'犯'之이다 。

*收(거둘 수)
*皆(다 개)
*忌(꺼릴 기)
*犯(범할 범)

6-3.「出卦」사용시 피해상황

「出卦」는
雖^亦^有´
當令(당령; 시기가 올바름)
合局(합국; 주변의 砂水가 올바름)之^時에도,
但^
難免(난면; 면하지 못함)´

(1) 發祿(발록)이 不足하고・
(2) 發丁(발정; 출산)하여도 不盛(불성)하고
(3) 有財하면 無丁하고・

*雖(비록 수)
*令(시기 령)
*難(어려울 난)
*免(면할 면)

*祿(복 록)
*盛(담을 성)

(ㄴ) 有丁^{하면} 無財^{하고} ·

(5) 房份(방빈; 형제간의 분배)이

不均(불균; 골지 못함)之^弊(폐; 단점)이다 。

若^

非囿(비유; 특별한 상황이 아님)'於^地形^{다면},

以^不用(; 불사용)이 爲'宜(의; 마땅함)^{하다} 。

詳(상; 상세히 읽어보다)'

第(제) 19條(조)에 所錄(쇼록)^

「立向須知(입향수지)」이다 。

*房(방 방)
*份(일부분 빈)
*均(고를 균)
*弊(해질 폐)

*若(만약 약)
*囿(구애될 유)

*宜(마땅할 의)
*錄(기록할 록)
*須(모름지기 수)

7. 玄空風水 전문용어

玄空地學^{에는}

有'專門術語(전문술어; 전문용어)인데,

爲'入門(입문; 초보자)^{하여}

須知(수지; 필수적으로 알아야 함)은,

擇(택; 선택)'其^要者(; 중요한 것),

解釋(해석)'於(어; ~에)^下이다:

*專(오로지 전)
*術(꾀 술)
*須(모름지기 수)
*擇(가릴 택)
*解(풀 해)
*釋(풀 석)

7-1. 下卦(하괘)

一(; 온)^周天(주천; 天體)은 360度(도)이고,

分配(분배)'24山이고,

每山은 得'15(; 360÷24坐=15도)度^{이고},

以^每山은 配(배)'5分金인,

則^

分金의 每格(매격; 모든 칸)은

佔(점; 차지)'3度(15÷5=3)^{이다} 。

所^立'山向(; 坐向)^이

若^

在^中間에 9度^範圍(범위)之^內者인,

*周(두루 주)
*配(아내 배)

*每(매양 매)
*度(법도 도)

*每(매양 매)
*格(바로잡을 격)
*佔(볼 점)

*範(법 범)
*圍(둘레 위)

即^以^下卦로 論이다 。

下卦9도. 替卦는 양쪽 변에 3도씩 도합 6도

7-2. 起星(기성: 일명 替卦[체괘])

起星(기성)又^稱(칭; 부르다)´替卦(체괘)이다 。
若^
所^立´山向이 超過(초과)´
中間9度之^範圍者(범위자)인,
即^以^起星(기성; 替卦)論(론)이다 。

《挨星訣(애성결; 또는 替卦口訣[체괘구결])》
云하기를:

『甲子癸申貪狼尋(갑자계신 탐랑심; 〈1〉),
 坤壬乙卯未巨門(곤임을묘미 거문; 〈2〉),
 巽乾六位皆武曲(손건륙위개 무곡; 〈6〉),
 艮丙辛酉丑破軍(간병신유축 파군; 〈7〉),
 若問寅午庚丁上(약문인오경정상; 〈9〉),
 一律挨來是弼星(일률애래시필성)이다 。』

〈貪狼1白〉·
〈巨門2黑〉·
〈武曲6白〉·
〈破軍7赤〉·
〈右弼9紫〉인데 ;
起´星數하여·替´卦數也이다 。

*起(일어날 기)
*又(또 우)
*稱(일컬을 칭)
*超(넘을 초)
*過(지날 과)
*範(법 범)
*圍(둘레 위)

*挨(칠 애)
*訣(비결 결)
*貪(탐할 탐)
*狼(이리 랑)

*巨(클 거)
*門(문 문)

*武(굳셀 무)
*曲(굽을 곡)

*破(깨뜨릴 파)
*軍(군사 군)

*弼(도울 필)
*星(별 성)

坐	下卦	替卦	代替	坐	下卦	替卦	代替
壬	+1	+2	○	丙	+9	+7	○
子	-1	-1	=	午	-9	-9	=
癸	-1	-1	=	丁	-9	-9	=
丑	-8	-7	○	未	-2	-2	=
艮	+8	+7	○	坤	+2	+2	=
寅	+8	+9	○	申	+2	+1	○
甲	+3	-1	○	庚	+7	+9	○
卯	-3	-2	=	酉	-7	-7	=
乙	-3	-2	=	辛	-7	-7	=
辰	-4	-6	○	戌	-6	-6	=
巽	+4	+6	○	乾	+6	+6	=
巳	+4	+6	○	亥	+6	+6	=

7-3. 空(공; 낮은 지대); 通

空(공)은

指′

有水(유수)・門路(문로)・通道(통도)

或^深凹(심요)・平坦空曠(평탄공광)・

無′建物之處(건축지처)이다 。

亦^稱(칭; 부르다)′「通(통)」이다 。

*通(통할 통)
*空(빌 공)
*指(손가락 지)
*深(깊을 심)
*坦(평평할 탄)
*曠(들판 광)
*凹(오목할 요)
*稱(일컬을 칭)
*通(통할 통)

7-4. 實(실; 낮은 지대); 不通

實(실)은 指(지)′

有′

大山(대산)・建築物(건축물)로

阻塞不通(조색불통)之^處 ,

高厚(고후)・凸出(철출)은 皆(개; 모두)^屬(속)之이다 。

*阻(험할 조)
*塞(막힐 색)
*厚(두터울 후)
*凸(볼록할 철)
*皆(다 개)
*屬(속할 속)

7-5. 山: 靜而不動(정이부동)

山은

高起(고기)之^山巒(산만)・樓房(누방)・

*靜(고요할 정)
*巒(뫼 만)
*樓(다락 루)
*房(방 방)

- 31 -

高壓電塔(고압전탑; 송전탑) ·

爐灶(노조; 부엌, 주방) · 神位(신위; 종교의식 공간) ·

床位(상위; 침대) · 事務桌(사무탁; 탁자) ·

大樹(대수; 큰 나무) · 電桿(전간; 전신주) …

皆^以^山으로 論하여;

泛指(범지; 총괄하여 가리키다)´

(1) 高大(고대) ·

(2) 厚實(후실) ·

(3) 凸起之物(철기지물) , 及(; 그리고)^

(4) 靜而不動(정이부동)者이다 。

*壓(누를 압)	
*塔(탑 탑)	
*爐(화로 로)	
*灶(부엌 조)	
*桌(탁자 탁)	
*樹(나무 수)	
*桿(자루 간)	
*泛(뜰 범)	
*指(손가락 지)	
*厚(두터울 후)	
*實(가득찰 실)	
*凸(볼록할 철)	
*靜(고요할 정)	
*動(움직일 동)	

7-6. 水; 流通而動(유통이동)

水는

江(강) · 湖(호) ·

河(하) · 海(해) ·

池塘(지당) · 埤(비; 낮음) · 潭(담; 연못) ·

魚塭(어온; 양식장) · 井(정) · 自來水(자래수) ·

魚箱(어상; 어항) · 浴廁(욕측; 목욕탕) ·

低窪處(저와처; 웅덩이) · 通道(통도; 도로) ·

電梯(전제; 엘리베이터) · 樓梯(누제; 사다리) ·

升降梯(승강제; 에스컬레이터) ,

及^

馬路(마로; 寬大者[과대자; 크고 넓은 도로]로,

*流(흐를 류)

*湖(호수 호)
*河(강 이름 하)
*池(못 지)
*塘(못 당)
*埤(낮을 비)
*潭(깊을 담)
*塭(땅 이름 온)
*箱(상자 상)
*浴(목욕할 욕)
*廁(뒷간 측)
*低(밑 저)
*窪(웅덩이 와)
*梯(사다리 제)
*寬(너그러울 관)

※ 특별히 山으로 간주하는 도로

若^是´

(1) 狹長直來(협장직래)之^巷道(항도; 골목길)는 反以
山論[반이산론; 오히려 山으로 간주함]) ·

(2) 低(저; 낮자)´於^三尺(삼척)之^
徑道(경도; 오솔길)는

*狹(좁을 협)
*港(골목 항)
*低(밑 저)
*徑(지름길 경)
*放(놓을 방)

皆^以^水論이다;

水는 以^明現放光者(; 穴에서 보이는 물)가
爲'重(; 중요)이다 。
泛指(범지; 총괄하여 가리키다)'
流通而動(유통이동)之^處이다 。

*泛(뜰 범)

7-7. 入囚(입수): 山星入首와 向星入首

入囚(입수)는
氣의 運行이 盡(진; 끝남)之^謂(위; 의미)인데,
如^
人이 犯法(범법)하여 入獄(입옥; 감옥에 들어감)인데,
不能^有'所^作爲(작위; 의식적인 방법)이고,
被(피; 받는다)'限制(한제; 통제)也이다 。

*入(들 입)
*囚(가둘 수)

*盡(다될 진)
*謂(이를 위)
*犯(범할 범)
*被(입을 피)
*限(한계 한)
*制(마를 제)

(1) 丁星入囚는,
　　人丁이 不旺(불왕; 出産低調[출산저조])이다 。
(2) 向星入囚는 ,
　　爲'禍(화)가 最^烈(열; 심함)하여,
　　主'
　　家破人亡(가파인망)이다 。

*旺(성할 왕)
*低(밑 저)
*調(고를 조)
*禍(재화 화)
*最(가장 최)
*烈(세찰 렬)
*破(깨뜨릴 파)
*亡(망할 망)

入囚之^運에는,
每^見'當家(당가; 집안일을 처리함)之^
要人(; 주도적인 사람)이 死亡이다 。
◉雙星會向(쌍성회향)之^局은,
以^向星이 飛至(비지; 이르다)이 坐山之^運이
爲'入囚之^時(; 시기)이다 。

7-8. 城門訣(성문결)

城門訣은 是/經'四位가 起'父母인데,

*城(성 성)
*經(지날 경)

觀´出脈(출맥)하고
立(; 定)´坐向之^秘法(비법)이다 。

本書의
原註(원주; 《심씨현공학》 이론과도 같음)에서는
以^向上(; 向宮)의 左右兩宮을,
其^飛臨(비림)之^運星이
可以^逆挨(역애; 逆行)하여
當令旺氣가 到´該宮(; 向宮의 左右)者는,
爲´可用之^「城門訣」이다 。

此^法은
是用來(; 이 방법을 사용하여)^
補救(보구)´山向之^不當元인데;

(1) 陰宅에서는 用以(; 사용하다)´收水(수수)이고 ,
(2) 陽宅에서는 用以(; 사용하다)´
開´門路・
安´福神(복신; 종교의식 공간)・
事務桌(사무탁; 집무공간)이다 。
若^得´其用하면 , 發財가 最^速(속)이다 。

[接(안)]
筆者(필자)의 經驗(경험)은 ,
以^向星之^旺氣・生氣가 ,
飛臨(비림)´最^有用之^「水」方이어야 ,
才(재; 비로소)^是´
最^準驗(준험; 정확)之^「城門訣」이다 。
眞正的^「城門訣」은
筆者는
是는 用/於^察´龍脈(용맥)・定´坐向이다 。

	*觀(볼 관)
	*脈(맥 맥)
	*秘(숨길 비)
	*註(주낼 주)
	*兩(두 량)
	*臨(임할 림)
	*逆(거스를 역)
	*挨(밀칠 애)
	*到(이를 도)
	*該(그 해)
	*宮(집 궁)
	*補(기울 보)
	*救(건질 구)
	*收(거둘 수)
	*事(일 사)
	*務(일 무)
	*桌(탁자 탁)
	=卓(탁자 탁)
	*按(생각할 안)
	*筆(붓 필)
	*驗(증험할 험)
	*才(비로소 재)
	*察(살필 찰)

讀者는
詳思(상사)´

《寶照經(보조경; 저자 楊筠松[양균송])》:
『五星一訣非眞術(오성일결 비진술),
 城門一訣最爲良(성문일결 최위량);
 識得五星城門訣(식득오성 성문결),
 立宅安墳定吉昌(입택안분 정길창)이다 。』
之^句인 卽^明也이다 。

7-9. 返吟(반음)・伏吟(복음)

返吟(반음)・伏吟(복음)은
挨星之^
山星・向星이 與(여; 과)^
「元旦盤(원단반; 낙서와 동일)」하여
(1) 相同(; 中宮의 山星이나 向星이 〈+5〉)은
   曰´
   「伏吟(복음)」이고
(2) 相反(; 中宮의 山星이나 向星이 〈-5〉)은
   曰´
   「返吟(반음)」이다 。

當令(; 得時)에는 猶(유; 아직)^可(; 가능)하지만,
失令(실령; 시기가 맞지 않음)인 則^爲´禍(화)가 甚(심;
매우)^烈(열)하고, ・
主´
(1) 疾病(질병)・
(2) 破財(파재)・
(3) 橫禍(횡화),
(4) 甚至(심지; 심지어)^絶嗣(절사; 후손이 끊어짐)이다 。

*詳(자세할 상)
*思(생각할 사)

*術(꾀 술)
*良(좋을 량)
*識(알 식)
*宅(집 택)
*安(자리잡을 안)
*墳(무덤 분)
*昌(창성할 창)
*句(글귀 구)

*返(돌아올 반)
*吟(신음할 음)
*伏(엎드릴 복)

*元(으뜸 원)
*旦(아침 단)
*盤(소반 반)

*猶(오히려 유)
*禍(재화 화)
*甚(심할 심)
*烈(세찰 렬)
*橫(갑자기 횡)
*嗣(이을 사)
*傷(상처 상)

⑴ 在^陰卦(; 中宮陰卦로 〈-2,-4,-7,-9〉는,
　傷(상)´女人^{이고};

⑵ 在^陽卦(; 中宮의 양괘로 +1+3+6+8〉는,
　傷(상)´男人^{이다} 。

　　一 · 九運之^壬(; 壬坐丙向)· 丙^{이고};
　　二 · 八運之^艮 · 坤 · 寅 · 申^{이고};
　　三 · 七運之^甲 · 庚^{이고};
　　四 · 六運之^巽 · 乾 · 巳 · 亥^{인데}

是는
犯(범)´
「伏吟」·「返吟」之^山向(; 坐向)^{인데},
宜´愼(신; 조심)^用(; 사용)^{이다} 。

*犯(범할 범)
*宜(마땅할 의)
*愼(삼갈 신)

8. 四局(사국):

玄空地理의 挨星(애성)에는,
歸納(귀납; 결과적)之^有´四局^{인데},
其^正確(정확)^用法은
如´下에 所述이다:

*挨(밀칠 애)
*歸(돌아갈 귀)
*納(바칠 납)
*確(굳을 확)
*述(지을 술)

8-1. △旺山旺向(왕산왕향): 背山臨水의 지형

△旺山旺向은 最^宜^用´於^山龍^{이며},
亦^最^迎合(영합)´大衆口味(대중구미)으로:

⑴ 坐後^{에는}
　有´秀麗端莊(수려단장)之^主星(; 主山)^{이고},
⑵ 龍虎(용호; 청룡백호)가 均(균니 모두)^停(정)^{이고},
⑶ 前面^{에는}
　有´
　曲折彎秀(곡절만수)的^水流가 朝抱(조포)^{하거나},
　或^有´
　澄泓停蓄(징홍정축)的^池湖(지호)가 放光하면,

*背(등 배)
*迎(맞이할 영)
*秀(빼어날 수)
*麗(고울 려)
*端(바를 단)
*莊(장중할 장)
*均(모두 균)
*停(머무를 정)
*曲(굽을 곡)
*折(꺾을 절)
*彎(굽을 만)
*秀(빼어날 수)
*抱(안을 포)
*澄(맑을 징)
*泓(깊을 홍)
*蓄(쌓을 축)

是는 爲´標準(표준)^形勢이다 。

*標(기준 표)
*準(수준기 준)

此^局은
須^
重´來龍星體(내룡성체)·過峽(과협)·
出脈(출맥)·束咽(속인; 結咽[결인], 束氣)하고,
穴星(혈장)은 以^
「尖(첨)」·
「圓(원)」·
「方(방)」은
爲´三吉星이고,
出脈은 與^結穴^坐向은
不能^犯´
出卦(출괘; 대공망)·差錯(차착; 소공망)이다 。

*此(이 차)
*局(판 국)
*須(모름지기 수)
*過(지날 과)
*峽(골짜기 협)
*脈(맥 맥)
#束(묶을 속)
#咽(목구멍 인)
#結(맺을 결)
*尖(뾰족할 첨)
*圓(둥글 원)
*方(네모 방)
*脈(맥 맥)
*與(더불어 여)
*差(어긋날 차)
*犯(범할 범)
*錯(섞일 착)

若^
合´淸純(청순)者이면, 發福이 悠久(유구)하고,
主´
(1) 正人君子(정인군자),
(2) 財丁貴壽가(재정귀수)
全(; 모두)^備(비)이다 。

*淸(맑을 청)
*純(생사 순)
*福(복 복)
*悠(멀 유)
*久(오랠 구)
*貴(귀할 귀)
*壽(목숨 수)
*備(갖출 비)

※ 奇局(기국)

挨星(애성; 飛星)이
又^得
(1)「合十(합십)」·
(2)「雌雄正配(자웅정배
    ;〈19〉,〈26〉,〈34〉〈78〉」·
(3)「三般卦(삼반괘; 부모삼반괘, 연주삼반괘)」

等^奇局(기국)者는,

*奇(기이할 기)
*又(또 우)
*得(얻을 득)
*雌(암컷 자)
*雄(수컷 웅)
*配(아내 배)
*奇(기이할 기)
*局(판 국)

福澤(복택)이 尤(우; 더욱)^厚(후; 많다)이다 。

*尤(더욱 우)
*厚(두터울 후)

| 三元 | 1~9運 | | 生成配合 | 正配 | |
			生成數 =聯星	夫婦配 =合十=沖剋	雌雄 正配
上元	1運	1	6	9	9
	2運	2	7	8	6
	3運	3	3	7	4
中元	4運	4	9	6	3
	5運(前10年)	5	9	·	·
	5運(後10年)		1	·	·
	6運	6	1	4	2
下元	7運	7	2	3	8
	8運	8	3	2	7
	9運	9	4	1	1

生成配合과 正配(夫婦配, 雌雄正配)

8-2. ✕上山下水(상산하수): 顚倒(전도)

✕上山下水는
最^宜´平洋地形(; 평지)이다 。
背後(배후)의 地勢는 較(교; 비교적)^低(; 낮음)하고,
稍(초; 조금)^遠方에는 有´溪河(계하)圳水(수수)가
流遠(유원)하거나,
或^有´地湖塘埤(지호당비)의 水가 聚(취)이다 。

前面地勢는 較(비)^高하고,
有´形狀(형상)이
美好的^山峯·岡阜(강부)·土壠(토롱)은
爲´朝案(; 朝山과 案山)者이다 。

陽宅以^背後(배후)에 有´空地·門路,
前面에는 有´高樓(고루; 높은 빌딩)者이면

*顚(넘어질 전)
*倒(넘어질 도)
*宜(마땅할 의)
*洋(바다 양)
*背(등 배)
*後(뒤 후)
*較(견줄 교)
*低(밑 저)
*稍(약간 초)
*遠(멀 원)
*溪(시내 계)
*河(강 이름 하)
*圳(밭둑도랑 수)
*埤(낮을 비)
*聚(모일 취)
*岡(산등성이 강)
*阜(언덕 부)
*空(빌 공)
*壠(언덕 롱)=壟

爲´合局이다 。

此局은 雖^以^<u>前高後低</u>(전고후저)로,
前實後空(; 배산임수의 반대)은 爲´合局인데,
但(단)^
要´明白이므로, 不可^誤解(오해)인데,
以^爲´只^要´坐後에 有水이고,
前面에는 有´山이어야
就(취; 바로)^用(; 사용가능)인데,
若^是^這樣(저양; 이러한 모양)인,
則^無處不地(무처부지; 好地)了이다 。

坐後之^水는 必須^彎抱(만포)하여
成´窩(와)・鉗(겸)之^形
(; 半圓形[반월형]이나 和^U字形)인데,
面前之^山峯(산봉)・岡阜(강부)・土壠(토롱)・
樓房建物(누방건물)은 要^隔(격; 일정한 간격을 두다)
´一段距離(일단거리; 無^逼壓感[핍압감])이고,
形狀(형상)이 端莊秀麗(단장수려
; 看起來[; 보기에] 順眼[순안; 마음에 듦])하여,
向^我하여 拱揖環抱(공읍환포)하면,
這(저)는 才(; 비로소)^是´有´氣脈的^地이고,
用之하면 方(; 비로소)^能´發福이다 。

若^
坐後之^水가 斜(사)・反(반)・沖激(충격)이나,
或^坑陷陡峭(갱함두초)이면;
面前之^山形이
⑴ 惡(악
 ; 崩裂[붕렬]・
   尖射[첨사]・

*樓(다락 루)
*雖(비록 수)
*前(앞 전)
*高(높을 고)
*後(뒤 후)
*低(밑 저)
*但(다만 단)
*誤(그릇할 오)
*解(풀 해)
*就(이룰 취)
*這(이 저)
*樣(모양 양)
*處(살 처)
*了(마칠 료)

*彎(굽을 만)
*抱(안을 포)
*窩(움집 와)
*鉗(칼 겸)
*岡(산등성이 강)
*阜(언덕 부)
*壠(언덕 롱)=壟
*樓(다락 루)
*房(방 방)
*逼(닥칠 핍)
*壓(누를 압)
*拱(두손잡을 공)
*揖(읍 읍)
*環(고리 환)
*抱(안을 포)

*斜(비낄 사)
*沖(충돌할 충)
*擊(부딪칠 격)
*坑(구덩이 갱)
*陷(빠질 함)
*陡(험할 두)
*峭(가파를 초)
*崩(무너질 붕)
*裂(찢을 렬)

開路鑿破[개로착파; 도로건설시 절단면]) ·

(2) 逼壓(핍압; 如´人이 面壁[면벽]) ·

(3) 向對來脈(;穴을 향하야 내려오는 龍脈):

這는 是´定^絶地(절지; 凶)이므로,

萬(; 만에 하나라도)^不可用이다 。

*尖(뾰족할 첨)
*射(쏠 사)
*鑿(뚫을 착)
*逼(닥칠 핍)
*壓(누를 압)
*面(낯 면)
*壁(벽 벽)

8-3: ◉雙星會向(쌍성회향): 下山局

◉雙星會向은

原註에 稱爲(칭위)´「七星打劫」이다 。

山星(; 丁星)·向星(; 財星)의

當令旺氣가 皆^在´前面(; 向首, 向宮)이다 。

*稱(일컬을 칭)
*打(칠 타)
*劫(위협할 겁)

(1) 來龍

此^局은 最宜(최의)´回龍顧祖(회룡고조)之^地이다:

龍脈이 脫卸(탈사; 殺氣를 벗음, 剝換[박환])하고,

落下´

平岡(평강)·平原(평원)·平洋(평양)이다,

*回(돌 회)
*顧(돌아볼 고)
*祖(조상 조)
*脫(벗을 탈)
*卸(풀 사)
*剝(벗길 박)
*換(바꿀 환)
*岡(산등성이 강)
*寬(너그러울 관)
*敞(평평할 창)
*拜(절 배)
*堂(집 당)
#倉(곳집 창)
#板(널빤지 판)
*澄(맑을 징)
*泓(깊을 홍)
*瀞(맑을 정)
*潴(웅덩이 저)
*滙(물 합할 회)
*聚(모일 취)

(2) 全面

面前은 寬敞(관창)하고,

有´水가 之玄으로 來朝하거나,

或^田水(; 논물)가 自(; 부터)^高而低拜堂(고이저배

당; 名은 倉板水[창판수; 계단식 논 모양]이거나,

或^有´方形·圓形之^池湖(지호)이거나,

澄泓瀞潴(징홍정저)가 滙聚(회취; 모이다)

´堂前(; 명당 앞)이다:

(3) 案山과 朝山

水外에는

有´文秀之^祖山(

; 方·圓·尖, 形이 端莊[단장])이

*方(모 방)

當(;되다)´朝案인데;
此는 爲´上格(; 吉格)之^地形이다 。

*圓(둥글 원)
*尖(뾰족할 첨)
*端(바를 단)
*莊(풀 성할 장)

※陽宅에서는
(1) 可以^大馬路(대마로; 큰 도로)는 當(; 되다)´水이
고,
(2) 樓房・遠方整齊(원방정제)之^樹林(수림)은
當´山이다 。
若^
有水無山는, 旺財하고 不旺丁이고;
有山無水는, 旺丁하고 不旺財이다 。
面前에 平坦空曠(평탄공광)者,
財와 丁(;인정, 사람)이 平平이다 。

*可(옳을 가)
*以(써 이)
*路(길 로)
*樓(다락 루)
*房(방 방)
*遠(멀 원)
*整(가지런할 정)
*齊(가지런할 제)
*樹(나무 수)
*坦(평평할 탄)
*曠(밝을 광)
*平(평평할 평)

注意(주의)는 面前之^山은
不可´
形(; 형기)이 惡・逼壓(핍압)인데,
否인 則^
出´人이 凶暴(흉포)・横死(횡사)・
甚至(심지; 심지어)^絶滅(절멸)한다 。

*注(물 댈 주)
*意(뜻 의)
*逼(닥칠 핍)
*壓(누를 압)
*凶(흉할 흉)
*暴(사나울 포)
*横(가로 횡)
*滅(멸망할 멸)

8-4. ▲雙星會坐(쌍성회좌):   上山局

▲雙星會坐는
財丁(; 向星과 山星)의 當令旺氣가
皆^在´背後(배후)이다 。
必須^背水立局(배수입국)이다 。

大都市(대도시)之^地形은,
通常(통상; 통상적)^背後에는

*背(등 배)
*後(뒤 후)
*都(도읍 도)

*河(강 이름 하)

都(도; 모두)^有´
河(하) · 溪流(계류)가 過(과; 지나감)하거나,
或^地勢(지세)가 較^低(저)이다 。

*溪(시내 계)
*較(견줄 교)
*低(밑 저)

此^局의 最佳(최가)者는
是´背後(배후)에
有´水窩(수와) · 鉗(겸)으로 彎抱(만포)하거나,
或^
圳(수; 도랑) · 溝(구; 도랑) · 池塘(지당) ·
湖埤(호비; 要´稍[초; 조금 遠處])이고,
水後엔 又^
有´
遠峯(원봉) · 岡壠(강롱) ·
墩阜(;돈부; 名´樂山[낙산] · 應山[응산])이다;
面前은 田原이 寬平(관평)하면,
此는 乃´上吉之^形이다 。

*最(가장 최)
*佳(아름다울 가)
*窩(움집 와)
*鉗(집게 겸)
*彎(굽을 만)
*圳(도랑 수)
*溝(도랑 구)
*池(못 지)
*塘(못 당)
*湖(호수 호)
*埤(낮을 비)
*岡(산등성이 강)
*壠(언덕 롱)
*墩(돈대 돈)
*阜(언덕 부)
*原(들판 원)
*寬(넓을 관)

※ 都市(도시)의 陽宅은
以^宅後에 有´空地하여,
造水池(조수지; 인공연못) · 花園(하원),
宅背(택배; 집의 뒤쪽)에 牆外(장외; 담장 밖)엔
又^有´高樓가 拱托(공탁)者가 爲´佳이다 。

*都(도읍 도)
*市(저자 시)
*空(빌 공)
*造(지을 조)
*池(못 지)
*園(동산 원)
*牆(담 장)
*外(밖 외)
*拱(두손잡을 공)
*托(밀 탁)
*佳(아름다울 가)
*屋(집 옥)

(; 至少[지소; 최소한]亦^要有´
大馬路(; 큰 도로) ·
水溝(수구)가 在^屋後(옥후)에 橫過(횡과)하거나,
或^有´後門엔 能通´大路이다 。

或^
本身之^建築(건축)은 是´五樓(; 5층)이라면,
前面은 是´四 · 五樓이고,

*樓=層(층 층)

- 42 -

後面은 三·四樓이고,
再^後엔 是′六·七樓^以上이다;

總之(총지; 종합하여)^
後面에는 要′
先低後高[선저후고]·先水後山[선수후산]이면
爲′合局이다 。)
若^

⑴ 有水無山이면,
　　旺財이나 而^少丁(출산저하)이고;

⑵ 有山無水이면,
　　破財(파재)·傷′人口,
　　災禍(재화)가 甚^多이고,
　　人丁도 亦^不旺하다 。

9. 形理兼察(형리겸찰)
玄空은
雖^以^星運理氣(성운이기; 현공)을 爲′主하지만,
但^
讀者(독자)는 要知′
<u>戀頭(만두; 형기)가 爲′體이고,</u>
<u>理氣(이기)는 爲′用이다 。</u>

戀頭(만두)가 不眞하면,
理氣는 無用이므로 。
<u>體에 無用이면 不靈(불령)하고,</u>
<u>用에 無體이면 不顯(불현)이다 。</u>

善用(선용; 잘 활용하다)′玄空者는,
須^
以形察氣(이형찰기; 형기로 이기를 살피고)이고,

*總(거느릴 총)
*後(뒤 후)
*面(낯 면)
*低(밑 저)
*局(판 국)

*若(같을 약)
*低(밑 저)
*旺(성할 왕)
*破(깨뜨릴 파)
*傷(상처 상)
*災(재앙 재)
*禍(재화 화)
*甚(심할 심)
*亦(또 역)

*兼(겸할 겸)
*察(살필 찰)

*運(돌 운)
*雖(비록 수)
*但(다만 단)
*讀(읽을 독)
*者(놈 자)
*要(구할 요)
*知(알 지)
*戀(뫼 만)
*頭(머리 두)

*靈(신령 령)
*顯(나타날 현)

*善(잘할 선)
*察(살필 찰)

- 43 -

因氣辨形(인기변형; 이기로 형기를 분별함)하면,
斷驗(단험; 감정)이 乃(내; 이다)ʹ神(; 정확)이다 。

《飛星賦(비성부)》
云하기를:
『因星度象(이선탁상; 因氣辨形),
　以象推星(이상추성; 以形察氣)』也^{이다} 。

*辨(분별할 변)
*形(모양 형)
*賦(문장 부)
*斷(끊을 단)
*驗(증험할 험)
*因(인할 인)
*度(헤아릴 탁)
*推(옮을 추)

10. 필자의 玄空風水 참고도서 소개

本書의 內^에
引用資料(인용자료)는,
均^於ʹ敍述(서술)時에 註明ʹ出處인,
故^不再^另(령; 별도로)^
列ʹ參考書目(참고서목)^{이다} 。
又(우; 또한),
閱讀(열독)ʹ本書하고
須^參閱(참람)ʹ拙著(졸저)

(1)《玄空星相地理學(현공성상 지리학)》·
(2)《玄空地理叢譚(현공지리 총담)》
　　第一輯(집)·第二輯·第三輯·
(3)《地理實用集(지리실용집)》·
(4)《玄空地理逸篇新解(현공지리 일편신해)》·
(5)《玄空現代住宅學(현공 현대주택학)》·
(6)《地理巒頭實務(지리만두실무)》·
(7)《地理明師授徒訣竅(지리명사 수도결규)》·
(8)《玄空地理秘中秘(현공지리 비중비)》
等의 書^{이다} ;

諸書는 爲ʹ體^{이고}·
本書는 爲ʹ用也^{이다} 。

*引(끌 인)
*資(재물 자)
*料(되질할 료)
*敍(차례 서)
*述(지을 술)
*另(별도 령)
*參(간여할 참)
*考(상고할 고)
*閱(검열할 열)
*讀(읽을 독)
*拙(졸할 졸)
*著(분명할 저)
*叢(모일 총)
*譚(이야기 담)
*輯(모을 집)
*逸(달아날 일)
*篇(책 편)
*實(열매 실)
*務(일 무)
*授(줄 수)
*徒(무리 도)
*訣(이별할 결)
*竅(구멍 규)
*秘(숨길 비)

11. 본서 완독을 적극 권장

閱讀(열독)´本書하는데

不可^只^

看´現時^當運的^24山의 解說(해설)이고,

如(여; 예컨대)^

現(; 본서 집필당시 1994年)은 値(치; 만나다)´

七運이므로, 只^看´七運이다 。

務必(무필; 반드시)^從(종; 부터)^

一運하여 開始(개시; 시작)하여,

至´九運按局하여 仔細(자세)^研習(연습)하시라,

因(인; 왜냐하면)^

筆者(필자)가 是´將(장; ~를)^玄空秘訣을

分散(분산)인데,

1~9運 24山인데, 分´下卦·起星이고,

計(계)는 得´432局인데,

每^一局內에는 都^有´

明師가 藏秘(장비; 숨긴)的^訣竅(결규; 秘法)를

透露(투로; 밝혀 놓음)가 在´解說(해설)中이므로,

讀者는 要能´融會貫通(융회관통; 완전한 이해)하여,

綜合하여 運用하는데,

勿以(물이; 하지마라)´

斷章取義(단장취의; 일부분의 내용만 공부함)이다 。

*閱(검열할 열)
*讀(읽을 독)
*看(볼 간)
*値(만날 치)
*務(반드시 무)
*從(좇을 종)
*按(설명할 안)
*仔(자세할 자)
*細(가늘 세)
*研(갈 연)
*習(익힐 습)
*筆(붓 필)
*秘(숨길 비)
*分(나눌 분)
*散(흩을 산)
*計(꾀 계)
*都(모두 도)
*藏(감출 장)
*秘(숨길 비)
*竅(비밀 규)
*透(통할 투)
*露(드러낼 로)
*融(화할 융)
*貫(꿸 관)
*通(통할 통)
*勿(말 물)
*取(취할 취)

12. 본서 내용은 陰宅위주이다

地理는

分´陰宅(음택)·陽宅(양택)인데,

陽宅方面에는

筆者가 另(령; 별도로)^著(; 저서)가
有´
《玄空現代住宅學(현공 현대주택학)》
專門(전문)^研討(연토)한 ,
故^本書內容은
偏重(편중)´於^陰宅案例(음택안례)的^
列擧(열거)與(여; 와)^解析(해석)이다 。

*另(별도로 령)
*討(토론할 토)
*偏(치우칠 편)
*案(사안 안)
*例(법식 례)
*列(벌일 렬)
*擧(들 거)
*與(더불어 여)
*解(풀 해)
*釋(풀 석)

13. 사례를 引用(인용)한 참고문헌 소개

本書의 內容에 引用´古例(고례) ,
多^出自(출자; 나오다):
(1) '明(; 명나라)' 徐善繼(서선계)・徐善述(서선술)
　《重刊人子須知資孝地理心學統宗
　　(중간 인자수지 자효지리심학통종)》・
(2) '淸'・'姚廷鑾(요정란)'
　《陽宅集成(양택집성)》・
(3) 民初(민초; 중화민국 초기)・
　'尤惜陰(우석음; 雪行[설행])'・
　'懺悔學人(참회학인 榮柏雲[영백운])'
　《宅運新案(택운신안)》・
　'榮柏雲(영백운)'의
　《二宅實驗(이택실험)》,
間採(간채; 부분적으로 발췌)´
時賢(시현; 뛰어난 실력자)著作中에 所述(소술)하였고 ,
而^筆者가 曾(증; 예전에)親臨(친림; 직접 用事)之
^例(예)하고 ,
加以´
補充解說(보충해설)하여 而^成하였다 。

*內(안 내)
*容(얼굴 용)
*引(끌 인)
*例(법식 례)
*資(재물 자)
*統(큰 줄기 통)
*宗(마루 종)

*懺(뉘우칠 참)
*悔(뉘우칠 회)
*榮(꽃 영)
*栢(나무 이름 백)
*雲(구름 운)

*採(캘 채)
*賢(어질 현)
*述(지을 술)

*親(몸소 친)
*臨(임할 림)

*補(기울 보)
*充(찰 충)
*解(풀 해)
*說(말씀 설)

14. 본서의 기본 문헌은《孔氏玄空寶鑑)》

本書의 下卦·起星之^

(1) 挨星盤圖式(애성반도식)及(급; 그리고)^

(2) 原註(원주)는,

載(재)´於^ '孔昭蘇(공소소; 혹는 聖裔[성예])'

《孔氏玄空寶鑑(공씨현공보감)》인데,

圖式(도식)은 筆者가 加以´改良(개량)하였고,

圖內(도내)及^原註之^錯誤(착오)는,

亦^

予以(여이; 하였다)´訂正(정정)이다 。

*寶(보배 보)
*鑑(거울 감)
*圖(그림 도)
*載(실을 재)
*寶(보배 보)
*鑑(거울 감)
*圖(그림 도)
*式(법 식)
*改(고칠 개)
*錯(섞일 착)
*誤(그릇할 오)
*予(줄 여)
*訂(바로 잡을 정)

15. 본서의 이론에 대한 참고문헌

筆者(필자)의 註(주)中에,

凡^

屬(속)´理論之^闡說(천설; 내용)은,

以^ '談養吾(담양호)' 著(저)한

(1) 《談氏三元地理大玄空路透
　　(담씨삼원지리 대현공로투)》·

(2) 《談氏三元地理大玄空實驗
　　(담씨삼원지리 대현공실험)》·

(3) 《地理辨正新解(지리변정신해; 담양호 저)》
　　與(여)^

(4) 湖南派玄空秘本(호남파현공비본)을
　　爲´主하였고,

(5) 外로는 佐(좌)´
　　以^ '蔣大鴻(장대홍)' 秘本(비본)及^

(6) 師授(사수; 스승에게 전수받음)·

(7) 箚記(차기; 연구기록물)之^口訣(구결)이다 。

*筆(붓 필)
*屬(속할 속)
*闡(밝힐 천)
*路(길 로)
*透(통할 투)

*實(열매 실)
*驗(증험할 험)

*辨(분별할 변)
*解(풀 해)
*湖(호수 호)
*派(물갈래 파)
*佐(도울 좌)
*將(장차 장)
*鴻(큰 기러기 홍)
*秘(숨길 비)
*師(스승 사)
*授(줄 수)

*箚(차자 차)
*記(기록할 기)

16. 空亡坐向(공망좌향)시 飛星盤(비성반)

凡^用´起星替卦는,

而^無替(무체)로 可^用者는,

'沈祖緜(심조면; 일명 沈甀民[심질민])'은

曰하였는데:

『凡^兼向(겸향)은, 不能^用´替者는,

另(영; 별도로)^飛´向上一盤(향상일반)이다 。』

惟^此法은 世人이 少知(소지; 소수만 앎)인데,

筆者(필자)는 僅(근; 단지)^

於^三運·四運等의 運內하여

舉(거)´數局(; 여러 국)하여 解說(해설)하였는데,

讀者는

可^循(순; 좇다)´書中之^例(예)하여,

自(; 스스로)^行´鑽研考證(찬연고증)하여라 。

*凡(무릇 범)
*起(일어날 기)
*替(쇠퇴할 체)
*兼(겸할 겸)
*另(헤어질 령)
*飛(날 비)
*盤(소반 반)

*惟(오직 유)
*筆(붓 필)
*舉(들 거)
*讀(읽을 독)
*循(좇을 순)
*例(법식 례)

*鑽(끌 찬)
*研(갈 연)
*考(상고할 고)
*證(증거 증)

17. 숫자조합의 기본적인 해석과 通變(통변)

每^運마다 各^山向(; 坐向)은

均^列´表格(표격)이고,

註明(주명; 설명)´山(; 山星)·水(; 向星)하였고,

吉凶(길흉)·主應事項(주응사항)이다 。

以^

旺(왕)·生(생)·退(퇴)·死(사)·煞(살)인데,

上元에는 兼´輔(보; 左輔; 〈8〉)·

下元에는 兼´貪(탐; 貪狼; 〈1〉)·

中元에는 貪輔(탐보; 〈1,8〉)를 兼用(겸용)한다,

*每(매양 매)
*均(모두 균)
*表(겉 표)
*格(네모칸 격)

*註(주낼 주)
*應(응할 응)
*項(목 항)

*輔(도울 보)
*貪(탐할 탐)
*狼(이리 랑)
*兼(겸할 겸)

視(시; 보다)´

(1) 上山(; ▲雙星會坐)·

(2) 下水(; ◉雙星會向)·

(3) △旺山旺向(왕산왕향)·

(4) ✖上山下水(상산하수)하고,

別(; 구별하다)´其^吉凶이다 。

*別(나눌 별)
*其(그 기)
*吉(길할 길)
*凶(흉할 흉)

以^

(1) 山·向星에 與(여)^

(2) 運盤(; 天盤)·

(3) 元旦盤(원단반; 낙서)之^交會(교회; 조합)하여,

度(탁; 헤아리다)´其^星情(성정)이다 。

*元(으뜸 원)
*旦(아침 단)
*盤(소반 반)
*度(헤아릴 탁)

參合(참합)´

《易經繫詞(역경계사)》·

《火珠林(화주림; 주역관련서적)》之^

卦情(괘정)·卦象(괘상)·卦性(괘성)이다 。

*叄(참고할 참)
*繫(맬 계)
*詞(말씀 사)
*珠(구슬 주)
*林(수풀 림)
*顯(나타날 현)

僅(근; 단지)^記(기; 기록하다)´

其^顯要(현요; 현직적이고 중요함)者而^言인데,

讀者(독자)는 須(수; 모름지기)^

隨(수; ~따라)´實地^山·水之^

遠近(원근; 大小도 포함)·美惡(미악)·

有情無情(유정무정)而^通變(통변)하여,

切(; 절대로)^

不可´拘泥(구니; 본서에 얽매임)이다 。

*隨(따를 수)
*遠(멀 원)
*近(가까울 근)
*通(통할 통)
*變(변할 변)
*拘(잡을 구)
*泥(진흙 니)

18. 八卦와 24山

表格에 所列(소열)^

坎坤震巽乾兌艮離^八宮은,

是´爲´編輯(편집)之^

方便(방편; 편리)하고 統一(통일)而^하여

列(열; 열거)´卦名(; 64괘의 명칭)하였고,

*列(벌일 렬)
*編(엮을 편)
*輯(모을 집)

*方(방식 방)
*便(편할 편)
*統(큰 줄기 통)

讀者(독자)는

當^知´將^24山分인

(1) [-子-午-卯-酉] ^ [+乾+坤+艮+巽]은
　　爲´「天元龍」이고,

(2) [-辰-戌-丑-未] ^ [+甲+庚+丙+壬]은
　　爲´「地元龍」이고,

(3) [+寅+申+巳+亥] ^ [-乙-辛-丁-癸]는
　　爲´「人元龍」이다 。

(1) 「天元龍」·「人元龍」은
　　可^合觀(합관; 可兼[가겸])하고,

(2) 「地元龍」은 獨立(독립)이다 。

*觀(볼 관)
*兼(겸할 겸)
*獨(홀로 독)

寅 巳 申 亥	艮 巽 坤 乾	丑 辰 未 戌	癸 乙 丁 申	子 卯 午 酉	壬 甲 丙 庚
人元	**天元**	**地元**	**人元**	**天元**	**地元**
順子	父母	逆息	順子	父母	逆息
可兼⇨	⇦可兼⇨		可兼⇨	⇦可兼⇨	
←不兼		←不兼→	←不兼		←不兼→
		[獨立]			[獨行]

如(;예컨대)^

辰戌丑未^甲庚丙壬의 山向은 [地元龍],

須(수; 모름지기)^

將(; ~을)^〈坎〉作´壬·〈坤〉作´未·
　　　〈震〉作´甲·〈巽〉作´辰·
　　　〈乾〉作´戌·〈兌〉作´庚·
　　　〈艮〉作´丑·〈離〉作´丙으로

觀(관; 간주함)한다 。

19. 立向須知(입향수지)

19-1. 正向(정향)

24山向(; 坐向)인,

即(즉)^以^

(1) 壬子癸(;坎), (2) 丑艮寅(;艮)·

(3) 甲卯乙(;震)·(4) 辰巽巳(;巽)·

(5) 丙午丁(;離)·(6) 未坤申(;坤)·

(7) 庚酉辛(;兌)·(8) 戌乾亥(乾)

之^干支卦位(간지괘위)는,

凡^

24字가 配訖(베흘; 배치되어 있음)이다。

每字는 占(점; 차지하다)´15度(도)로,

24字는 得(득)´360(; 24字×15度=360)度이다。

倘(당; 만약)^

縱線(종선; 세로線)子午(; 子坐午向)나,

或^

卯酉(; 卯坐酉向)^一字(; 한 일자로 가로線)之^

正中者는,

名(; 명칭)은 爲´

坐子向午(; 子坐午向)·

坐卯向酉(; 卯坐酉向)之^正向이다。

餘(여; 나머지)는 類推(유추)이다。

*干(천간 간)
*支(지지 지)

*配(아내 배)
*訖(이를 흘)
*占(차지할 점)

*倘(혹시 당)
*縱(세로 종)
#橫(가로 횡)
*線(줄 선)

*餘(남을 여)
*類(무리 류)
*推(옮을 추)

	午			
	↑	↑	↑	
	正向	正向	正向	
	壬子	庚子	戊子	丙子	甲子
癸		子		壬
	子坐午向 正向			

19-2: 兼向(겸향): 向을 기준으로 한다.
(1) 偏左(편좌)는 3度(+)

如(여; 예를 들어)^

偏左(편좌)^3度인,

則^爲´

⑴ [-子-午(; 子坐午向)]兼^

　　[+壬+丙; 壬坐丙向]^3度이고,

或^

⑵ [-卯-酉(; 酉坐卯向)兼^

　　[+甲+庚; 甲坐庚向)]^3度인데;

「兼字(겸자)」란

可作´「傾向(경향)」之^

「向」字의 意義(의의)로 看한다 。

*偏(치우칠 편)
*兼(겸할 겸)
*度(법도 도)

*傾(기울 경)
*意(뜻 의)
*義(옳을 의)
*看(볼 간)

	午			
			↑	↑
			偏左 3도	
壬子	庚子	戊子	丙子	甲子
癸		子		壬
	子坐午向兼壬坐丙向(; 偏左)			

(2) 偏右(편우)는 2度(-)

倘(당; 만약에)^

偏右(편우)^2度인, 則^爲´

⑴ [-子-午(; 子坐午向)]兼^

　　[-癸-丁(; 癸坐丁向)]^2度나,

或^

⑵ [-卯-酉(; 卯坐酉向)]兼^

　　[-乙-辛(; 乙坐辛向)]^2度이다 。

*倘(혹시 당)
*偏(치우칠 편)

		午			
↑	↑				
偏右 3도					
壬子	庚子	戊子	丙子	甲子	
癸		子			壬
子坐午向兼癸坐丁向((; 偏右))					

19-3: 陽山陽向은 陽數度數(; 짝수: 1도,3도)
陰山陰向은 陰數度數(; 홀수: 2도,4도)

凡^坐對가 陽山陽向(양산양향)者는,

所兼^度數(도수)는,

非^一(; 홀수)인 即^三(; 홀수)인데;

取(취)´陽數(; 홀수)也이다。　　　　　　　　*取(취할 취)

　　　　　　　　　　　　　　　　　　　　*俱(함께 구)

(1) +[甲庚壬丙^乾坤艮巽^寅申巳亥]^　　*屬(속할 속)

　　12山向은 俱(구; 모두)^屬´陽이다。

(2) -[辰戌丑未^子午卯酉^乙辛丁癸]^

　　12山向은 俱(구; 모두)^屬^陰인데,

其^坐對가 陰山陰向(음산음향)者는,

所兼의 度數(도수)는,

非´2(; 짝수)인 即^4(; 짝수)로,　　　　*對(대답할 대)

取´陰數(음수; 짝수)也이다。

是(; 이것는) 爲´合度(; 합당)之^兼法이다。

19-4: 立向은 자연적이어야 하며 중요하다.

且^

立向에 用´兼數(도수를 겸하는 방법)는,　　*漫(질펀할 만)

並非(병비; 결코 아님)^漫然(만연; 기분 내키는 대로)^　*然(그러할 연)

爲之(; 坐向의 度數를 정함)이고,　　　*收(거둘 수)

　　　　　　　　　　　　　　　　*消(사라질 소)

因(인; 따르다)´收山消水(수산소수)이고,　*斟(짐작할 짐)

　　　　　　　　　　　　　　　　*酌(따를 작)

　　　　　　　　　　　　　　　　*合(합할 합)

斟酌(짐작)´山情水意(산정수의; 형기풍수)之^合否(합부)   *否(아닐 부)

이므로 ,

而^有´此에 一舉(일거; 개론)하면 ,   *舉(들 거)
   *輕(가벼울 경)
不能(불능; ~해서는 안 된다)^   *忽(소홀히 할 홀)
   *看(볼 간)
輕忽(경홀; 경솔하게)^看過(간과; 지나침)이다 。   *過(지날 과)

19-5. 건축의 현실은 풍수를 고려하지 않는다.

凡^城市(성시; 도회지)中에   *寸(마디 촌)

有´「寸地寸金(촌지촌금; 아주 비싼 땅)」之^   *諺(상말 언)
   *往(갈 왕)
諺(언; 속담)인데도 ,   *就(이룰 취)
   *復(다시 부)
往往(왕왕; 항상)^就地(취지; 현장)하여 立局하는데 ,

不復(불부; 더는~않는다)^衡量(형량; 고려하다)´得失(득실;   *衡(저울대 형)
풍수상의 길흉)이다 。   *量(헤아릴 량)

往往(왕왕)^   *區(지경 구)

在(;~에서)^一(;같은)^區段(구단; 구역)中에서도 ,   *段(구분 단)
   *建(세울 건)
建築(건축)이 不合法之^凶宅(흉택)이   *築(쌓을 축)

數十百間(수십백간)이다 。   *間(방 간)

如(여; 예컨대)^

'上海(상해)' 等의 通商(통상; 상업)^大埠(대부;   *商(헤아릴 상)
대도시)' 는 , 經營(경영)´房産(방산; 임대사업)之^公司   *埠(선창 부)
   *房(방 방)
(공사; 회사)인데 ,   *産(낳을 산)

惟(유; 오직)^

希望(희망; 바라다)´   *租(세낼 조)
   *住(살 주)
房租收入(방조수입; 전월세 수입)之^豊富(풍부; 경제적   *戶(지게 호)
   *切(온통 체)
이득)하고 ,   *苦(쓸 고)
   *痛(아플 통)
住戶(주호; 주민)은 入宅(입택)한 後에는   *顧(원할 원)

所受(소수; 받은 것)´一切(일체; 모든)之^苦痛(고통)을

不顧(불원; 보살피지 않음)也이다 。

- 54 -

19-6. 純陰向(; 天元과 人元사이 同元)은 6도

除(제; 그리고)

① [-子-午]兼[-癸-丁]·② [-癸-丁]兼[-子-午]·

③ [-午-子]兼[-丁-癸]·④ [-丁-癸]兼[-午-子]·

⑤ [-卯-酉]兼[-乙-辛]·⑥ [-乙-辛]兼[-卯-酉]·

⑦ [-酉-卯]兼[-辛-乙]·⑧ [-辛-乙]兼[-酉-卯],

8個는 純陰向(습향)으로, 得兼(득겸)이 至´六度이다。

[+巳+巽]-辰	[-乙⑥⑤-卯]+甲	[+寅+艮]-丑	[-癸②①-子]+壬
[+亥+乾]-戌	[-辛⑧⑦-酉]+庚	[+申+坤]-未	[-丁④③-午]+丙
[+人+天]-地	[-人↑↑-天]+地	[+人+天]-地	[-人↑↑-天]+地
純陰向(; 天元과 人元사이)은 6도			

		坎卦			
人元		天元			地元
-癸		-子			+壬
←		15		→	
	壬子	庚子	戊子	丙子	甲子
替卦	替卦	下卦		替卦	替卦
兼子	兼癸	← 9	→	兼壬	兼子
3	3	4.5	4.5	3	3
← 7.5 →		← 7.5	→		
-純陰			陰陽差錯(:小空亡)		

19-7. 純陽向(;天元I人元)은 5도·7도

① [+乾+巽]兼[+亥+巳]·② [+亥+巳]兼[+乾+巽]·

③ [+巽+乾]兼[+巳+亥]·④ [+巳+亥]兼[+巽+乾]·

⑤ [+坤+艮]兼[+申+寅]·⑥ [+申+寅]兼[+坤+艮]·

⑦ [+艮+坤]兼[+寅+申]·⑧ [+寅+申]兼[+艮+坤],

8個는 純陽向으로, 得兼인 至´5度或7度이다。

以^陰陽은 一氣이기 故(고; 때문)이다。

[+巳④③+巽]-辰	[-乙-卯]+甲	[+寅⑧⑦+艮]-丑	[-癸-子]+壬
[+亥②①+乾]-戌	[-辛-酉]+庚	[+申⑥⑤+坤]-未	[-丁-午]+丙
[+人↑↑+天]-地	[-人-天]+地	[+人↑↑+天]-地	[-人-天]+地
純陰向(; 天元과 人元사이 同元)은 5·7도			

乾卦

人元	天元				地元
+亥	+乾				-戌
	←	15		→	
	壬戌	庚戌	戊戌	丙戌	甲戌
替卦	替卦	下卦			替卦	替卦
兼乾	兼亥	←	9	→	兼戌	兼乾
3	3	4.5		4.5	3	3
	←	7.5	→ ←	7.5	→	

+純陽　　　　　　　　　陰陽差錯(∴小空亡)

19-8. 出卦向(;地元∥人元): 大空亡은 6~7도

此(차; 이)^外에,

如^

① [甲庚]兼[寅申]·② [寅申]兼[甲庚]·

③ [庚甲]兼[申寅]·④ [申寅]兼[庚甲]·

⑤ [亥巳]兼[壬丙]·⑥ [壬丙]兼[亥巳]·

⑦ [巳亥]兼[丙壬]·⑧ [丙壬]兼[巳亥]·

⑨ [辰戌]兼[乙辛]·⑩ [乙辛]兼[辰戌]·

⑪ [戌辰]兼[辛乙]·⑫ [辛乙]兼[戌辰]·

⑬ [丑未]兼[癸丁]·⑭ [癸丁]兼[丑未]·

⑮ [未丑]兼[丁癸]·⑯ [丁癸]兼[未丑],

巳[巽辰]	⑨⑩	乙[卯甲]	①②	寅[艮丑]	⑬⑭	癸[子壬]	⑥⑤	亥[乾戌]
巽	⼍⼍⼍	震	⼍⼍⼍	艮	⼍⼍⼍	坎	⼍⼍⼍	乾
亥[乾戌]	⑪⑫	辛[酉庚]	③④	申[坤未]	⑮⑯	丁[午丙]	⑧⑦	巳[巽辰]
乾	⼍⼍⼍	兌	⼍⼍⼍	坤	⼍⼍⼍	離	⼍⼍⼍	巽
人[天地]	空亡	人[天地]	空亡	人[天地]	空亡	人[天地]	空亡	人[天地]
出卦(출괘: 人元과 地元사이는 大空亡)								

震卦   艮卦

	地元				人元
−卯		+甲			+寅
	←	15	→		
	壬寅	庚寅	戊寅	丙寅	甲寅
替卦 兼甲	替卦 兼卯	下卦		替卦 兼寅	替卦 兼甲
		←	9 →		
3	3	4.5	4.5	3	3
	←	7.5 →	← 7.5 →		

↑ 陰陽差錯(;小空亡)   ↑ 出卦(;大空亡)

16個의 山向(;坐向)은,

不得(;하지마라)^兼至(겸지)'6·7度으로,

是(시)'名(명)은「出卦向(출괘향)」인데

多^

爲'進退維谷(진퇴유곡)·

不能有爲(;吉이 될 수 없음)之^賤局(천국)이다 。

住'此^者는,

有'

⑴ 夫婦失歡(부부실환; 부부불화)이고,

⑵ 主從不洽(주종불흡; 勞使[노사]간에 불화)이고,

⑶ 兄弟不和(형제불화)…

*兼(겸할 겸)
*至(이를지)
*進(나아갈 진)
*退(물러날 퇴)
*維(묶일 유)
*谷(골 곡)
*賤(천할 천)

*夫(지아비 부)
*婦(아내 부)
*失(잃을 실)
*歡(기뻐할 환)
*主(주인 주)
*從(좇을 종)
*洽(윤택할 흡)
*勞(일할 로)

等
不幸(불행)^事情(사정)이,
陸續發生(육속발생; 계속 발생)이다 。

斯文人(사문; 점잖은 사람)이
住(주; 거주)´此하면,
(4) 多^患´神經病(신경병)이고,
(5) 自己^一人之^主張(주장)이고,
(6) 常^自^顚倒錯亂(전도착란; 혼란착각)이다 。
(7) 人이 已(이; 이미)^間(; 사이)에
意見之^紛歧(분기; 대립)하고,
衝突(충돌)之^引起(인기; 발생)하는데,
更無論(갱무론; 더 이상 말할 필요가 없음)矣 이다!

19-9. 陰差陽錯(; 天元I人元): 小空亡 6~7도
此^外에도,
更(갱; 또)^有´
① [子午]兼[壬丙]· ② [壬丙]兼[子午]·
③ [午子]兼[丙壬]· ④ [丙壬]兼[午子]·
⑤ [卯酉]兼[甲庚]· ⑥ [甲庚]兼[卯酉]·
⑦ [酉卯]兼[庚甲]· ⑧ [庚甲]兼[酉卯]·
⑨ [乾巽]兼[戌辰]· ⑩ [戌辰]兼[乾巽]·
⑪ [巽乾]兼[辰戌]· ⑫ [辰戌]兼[巽乾]·
⑬ [艮坤]兼[丑未]· ⑭ [丑未]兼[艮坤]·
⑮ [坤艮]兼[未丑]· ⑯ [未丑]兼[坤艮],
16個^山向은,
不得(; 하지마라)^兼´至6·7度인데,
此名은
「陰差陽錯(음차양착; 小空亡)」인데:

*使(시킬 사)
*幸(다행 행)
*陸(뭍 육{륙})
*續(이을 속)

*斯(이 사)
*住(살 주)
*張(베풀 장)
*顚(넘어질 전)
*倒(넘어질 도)
*錯(섞일 착)
*亂(어지러울 란)
*紛(어지럴질 분)
*岐(갈림길 기)
*衝(찌를 충)
*突(갑자기 돌)
*引(끌 인)
*起(일어날 기)

*差(어긋날 차)
*錯(섞일 착)

巳[巽⑪⑫辰]	乙[卯⑤⑥甲]	寅[艮⑬⑭丑]	癸[子①②壬]
亥[乾⑨⑩戌]	辛[酉⑦⑧庚]	申[坤⑮⑯未]	丁[午③④丙]
人[天↑↑地]	人[天↑↑地]	人[天↑↑地]	人[天↑↑地]
陰差陽錯(음차양착: 地元과 天元사이는 小空亡)			

坎卦

人元	天元				地元
-癸	-子				+壬
←	15			→	
	壬子	庚子	戊子	丙子	甲子
替卦	替卦	下卦			替卦	替卦
兼子	兼癸	← 9 →			兼壬	兼子
3	3	4.5		4.5	3	3
	← 7.5 →		← 7.5 →		

↑ 純陰   陰陽差錯(:小空亡) ↑

多^爲´

(1) 欲進不能(욕진불능),

(2) 欲退不得(욕퇴부득),

(3) 威權不立(위권불립),

(4) 聲名不振(성명부진),

(5) 擧措全乖(거조전괴),

(6) 是非蠭起(시비봉기; 시비가 벌떼처럼 발생),

(7) 虛擲心力(허척심력; 고생 끝에 낙이 없음),

(8) 毫無寸功(호무촌공; 공로 전혀 없음)之^

敗局(패국)이다 。

更^有/針이 落´兩字之^間이면,

曰´

「騎縫(기봉: 騎는 대공망, 縫은 소공망)」인데

*威(위엄 위)
*權(저울추 권)
*聲(소리 성)
*擧(들 거)
*措(둘 조)
*乖(어그러질 괴)
*蠭(벌 봉)
*起(일어날 기)
*虛(빌 허)
*擲(던질 척)
*毫(가는 털 호)
*寸(마디 촌)
*功(공 공)

*騎(말 탈 기)
*縫(꿰맬 봉)

是는 無向(무향)也이다 ;

兼向으로 用之는, 得´其^當(; 合局)이면,

亦^有´發福者이다 。

如^

'孫權(손권; 漢代말기의 吳나라[222~280年]의
초대황제로 재위기간은 222~252年),'之^

閏統(윤통; 정통이 아닌 非主流[비주류])은 ,

但^不久(불구; 머지않아)^便^

致(치; 이르다)´滅亡之禍(멸망지화)이므로 ,

究竟(구경; 마침내)^無取(무취)也이다 。

且^

其^氣運이 通利之^年에도 ,

亦^不能^成爲(성위)´全盛時代(전성시대)이고 ,

到底(도저; 마침내)演出(연출)´半生半死이고 ,

得半失半(득반실반)之^怪象(괴상)이다 。

*孫(손자 손)
*權(저울추 권)
*閏(윤달 윤)
*統(큰 줄기 통)
*致(보낼 치)
*滅(멸망할 멸)
*禍(재화 화)
*究(궁구할 구)
*竟(다할 경)

*盛(담을 성)
*到(이를 도)
*底(밑 저)
*演(멀리 흐를 연)
*半(반 반)
*怪(기이할 괴)

■ 特註(특주)
(1) 《靑囊奧語(청낭오어)》替卦口訣(체괘구결)

凡^

兼向(겸향)은 ,

向首天星은 當^用´替卦(체괘)인데 ,

《靑囊奧語(청낭오어)》에

曾(증; 예전에)^略言(약언)之이다 。

如:

『坤壬乙巨門從頭出(곤임을 거문종두출),

　艮丙辛位位是破軍(간병신 위위시파군),

　巽辰亥盡是武曲位(손진해 진시무곡위),

　甲癸申貪狼一路行(갑계신 탐랑일로행) 。』

24山向(; 坐向)中에 ,

*囊(주머니 낭)
*奧(속 오)
*曾(일찍 증)
*略(생략할 략)

僅(근; 겨우)^擧出(거출; 설명하다)´

半數(반수; 24坐중에 12坐)^替卦應用法(체괘응용법)이다 。

*僅(겨우 근)
*擧(들 거)
*應(응할 응)

先哲(선철)^'沈先生(심선생; 沈紹勳[심소훈])'의 名著(명저)인

《沈氏玄空學(심씨현공학)》中에

言´之(; 체괘구결)은 甚(; 매우)^詳(상; 자세함)이고,

內載(내재; 안에 있음)´

*哲(밝을 철)
*載(실을 재)

'章氏(; ' 章仲山 ')'의

《宅斷(택단; '심씨현공학' 내에 陰陽二宅錄驗[음양이택녹험]이란 제목으로 실려있음)》中에 擧例(거례; 예를 듦)이니,

可資推究(가자추구; 연구할 가치가 있음)이다 。

(見´本書^卷一[; 상권]에

壬山丙向^起星의 內文의 解說[해설]이다 。)

*資(제공할 자)
*推(옮을 추)
*究(궁구할 구)
*券(문서 권)

(2) 下卦와 替卦의 범위

文內에 所述(소술; 설명)^兼度(겸도)는,

是´自^每字의 正中에서부터 算起(산기)하는데,

在兼・右兼은 最多(최다)^7.5度이고,

至(지; 이르다)^7.5度인 即^兩字之^中線(중선)이다:

如^

⑴ 子山의 正中은 是´零度(영도)이고,

⑵ 在´7.5度인 即^癸之^初度(초도)이고,

乃^子癸之^中線(중선)이다 。

⑶ 右7.5度인 即^子之^初度이고,

乃^子壬之^中線(중선)이다 。

左・右4.5度半(: 共^9度)는 爲´「下卦」이고,

超過(초과)´此^範圍(범위)는

*述(지을 술)
*度(법도 도)
*算(셀 산)
*起(일어날 기)
*至(이를 지)
*線(줄 선)
*初(처음 초)
*度(법도 도)
*共(함께 공)

*超(넘을 초)
*過(지날 과)

*範(법 범)
*圍(둘레 위)

爲´「替卦」하여 用´起星(기성)이다 。

坎					
人元	天元				地元
-癸	-子				+壬
	←	15		→	
替卦	替卦	下卦		替卦	替卦
兼子	兼癸	← 9	→	兼壬	兼子
3	3	4.5	4.5	3	3
	←	7.5	→ ←	7.5 →	

如^
七政四餘星宗命法(칠정사여 성종명법
 ;‘張果老(唐朝 618~907年, 道人)’의
  28宿(수)五行을 使用하는 天星法으로
  일명「張果老星宗命法[장과로 성종명법]’)은,
安´命宮은
有´命主(; 下卦)·度主(; 替卦)之^
分(; 구분)也이다 。

*政(정사 정)
*餘(남을 여)

*張(베풀 장)
*果(실과 과)
*宿(별자리 숙)
*命(목숨 명)

20. 본서는 10年간 조금씩 집필하였다.

本書는
於^10年間에
涓滴(연적; 아주 조금씩)寫成(사성; 집필하다)하여,
疏漏(소루; 빠트린 부분)難免(난면; 불가피)하므로,
敬祈(공기; 바랍니다)´專家(; 전문가)는
先進(; 선진적인^指正(지정; 지도편달)하고,

當^於^再版(재판)時에
增刪(증산; 추가와 삭제)하고
訂正(정정; 바로잡음)이다 。

*涓(물흐를 연)
*滴(물방울 적)
*寫(베낄 사)
*疏(소홀할 소)
*漏(샐 루)
*難(어려울 난)
*免(면할 면)
*敬(공경할 경)
*祈(빌 기)
*版(널 판)
*增(불을 증)
*刪(깎을 산)
*訂(바로잡을 정)

5. ☶ 〈艮8白〉의 意象

1. 基本意象(기본의상)

爲´山이고,

象徵(상징´

靜止(정지) · 高尚(고상) · 儲蓄(저축) ·

沉着(침착) · 連接(연접) · 保守(보수) ·

傲慢(오만) · 等待(등대; 기다림) · 篤實(독실; 믿음) ·

謝絶(사절) · 頑固(완고; 어리석음) ·

退下(퇴하) · 要求(요구) · 守衛(수위) ·

防微杜漸(방미두점; 사전예방) ·

東北方(동북방) · 初春(초춘) · 陰霾(음매; 黃砂) ·

堅定不移(견정불이; 고정) · 樸實無華(박실무화) ·

執拗(집요; 고집) · 直立(직립) ·

附屬品(부속품) · 改革(개혁)이다。

*徵(부를 징)
*儲(쌓을 저)
*蓄(쌓을 축)
*沉(가라앉을 침)
*着(붙을 착)
*傲(거만할 오)
*慢(게으를 만)
*篤(도타울 독)
*頑(완고할 완)
*固(굳을 고)
*衛(지킬 위)
*微(작을 미)
*杜(팥배나무 두)
*漸(점점 점)
*霾(흙비 올 매)
*樸(통나무 박)
*拗(꺾을 요)

2. 人物(인물)

少男(소남) · 神職人員(신직인원) · 兒童(아동) ·

銀行員(은행원) · 跛者(파자; 절음발이) ·

指導人員(지도위원) · 守衛(수위) · 總務(총무) ·

經理(경리; 사장) · 公關(공관; 공적관계) ·

改革者(개혁자) · 親信(친신; 측근자)이다。

*兒(아이 아)
*跛(절뚝발이 파)
*守(지킬 수)
*衛(지킬 위)
*總(거느릴 총)
*務(일 무)
*改(고칠 개)
*革(가죽 혁)

3. 人體(인체)

鼻(비), 手臂(수비), 背脊(배척),

筋(근), 腦(뇌),

左足(좌족), 指趾(지지; 손가락, 발가락),

關節(관절) · 陽具(양구; 생식기),

脾臟(비장), 胃腑(위부), 自律神經(자율신경)이다。

*臂(팔 비)
*脊(등성마루 척)
*筋(힘줄 근)
*腦(뇌 뇌)
*趾(발 지)
*脾(지라 비)
*臟(오장 장)
*胃(밥통 위)
*腑(장부 부)

4. 物象:

小路(쇼로) · 小石(쇼석) · 倉庫(창고) ·
銀行(은행) · 神位(신위) · 大廈(대하; 빌딩) ·
墓(묘) · 桌子(탁자) · 寺廟(사묘) ·
洞穴(동혈; 동굴, 터널) · 牆垣(장원; 담) ·
城(성) · 旅館(여관) · 家宅(가택) ·
不動産(부동산) · 樹節(수절; 나무 마디) ·
硬木(경목; 단단한 목재) · 狗(구; 개) ·
狐貍(호리; 살쾡이) · 瓜果(과과) ·
鼠類(서류; 설치류) · 小器物(쇼기물) ·
零件(영건; 부속품)。

*倉(곳집 창)
*庫(곳집 고)
*銀(은 은)
*廈(처마 하)
*墓(무덤 묘)
*桌(탁자 탁)
*洞(골 동)
*牆(담 장)
*垣(담 원)
*旅(나그네 려)
*硬(굳을 경)
*狐(여우 호)
*貍(삵괭이 리)
*瓜(오이 과)
*鼠(쥐 서)
*零(비올 령)
*件(사건 건)

5. 疾病(질병)

關節炎(관절염) · 自律神經失調(자율신경실조) ·
精神分裂症(정신분열증) · 痴呆症(치매증) ·
結石(결석) · 便閉(변폐; 변비) · 扭傷(뉴상; 탈구) ·
坐骨神經痛(좌골신경통) · 鼻炎(비염) ·
肥胖症(비반증) · 脚氣病(각기병) · 風濕痛(풍습통) ·
食慾不振(식욕부진) · 陽萎(양위; 발기부전) ·
胃病(위병) · 膽結石(담결석) · 脊椎病(척추병)。

*調(고를 조)
*裂(찢을 렬{열})
*痴(어리석을 치)
*呆(어리석을 매)
*閉(닫을 폐)
*扭(묶을 뉴{유})
*炎(불탈 염)
*肥(살찔 비)
*胖(살찔 반)
*濕(축축할 습)
*萎(마를 위)
*椎(몽치 추)

◆ 八白
(1) 得令 · 合局

出入이

溫厚和平(온후화평) · 有始有終(유시유종),
洞曉明徹(통효명철), 高下瞻仰(고하첨앙),
背圓腰濶(배원요활) · 眉秀眼長(미수안장),
性情穩重(성정은중)。

若^龍眞穴的之^大地局은
更^出′

*溫(따뜻할 온)
*厚(두터울 후)
*曉(새벽 효)
*徹(통할 철)
*瞻(볼 첨)
*仰(우러를 앙)
*濶(근고할 활)
*眉(눈썹 미)
*穩(평온할 온)
*若(같을 약)
*局(판 국)

聖賢(성현)・宗師(종사; 종교지도자)가,
名垂千秋(명수천추; 명성이 날림)이다。

*垂(드리울 수)
*秋(가을 추)

(2) 失令・不合局

出人輕薄(출입경박), 貧窮困苦(빈궁곤고),
鰥寡孤獨(환과고독), 識見浮淺(식견부천),
蕭索乖戾(숙색괴려; 활기가 없고 괴팍하고 사나움)。
甚者는 叛亂絶滅(반란절멸)이다。
8白艮⊕之^主^作用은
爲′
儲蓄(저축)・改革(개혁)。

*輕(가벼울 경)
*薄(엷을 박)
*窮(다할 궁)
*鰥(홀아비 환)
*寡(적을 과)
*淺(얕을 천)
*蕭(맑은대쑥 소)
*索(찾을 색)
*乖(어그러질 괴)
*戾(어그러질 려)
*叛(배반할 반)
*儲(쌓을 저)
*蓄(쌓을 축)

◆ 職業範圍(직업범위)와 種類(종류)

礦業(광업)・旅館(여관)・賓館(빈관; 호텔)・
公寓(공우; 아파트)・倉庫(창고)・
百貨公司(백화공사; 백화점)・
超級市場(초급시장; 대형마트)・貨運(화운; 화물업)・
房地産(방지산; 부동산)・仲介商(중개상)・
肉類加工(육류가공)・皮革製造(피혁제조)・
砂石場(사석장)。

*鑛(쇳돌 광)
*業(업 업)
*旅(나그네 려)
*館(객사 관)
*賓(손 빈)
*寓(머무를 우)
*倉(곳집 창)
*庫(곳집 고)
*貨(재화 화)
*仲(버금 중)
*介(끼일 개)
*皮(가죽 피)
*革(가죽 혁)

骨科(골과)・腦科(뇌과)・耳鼻咽喉(이비인후)・
小兒科醫生(소아과의생; 소아과의사)・
瓜果商(과과상; 청과상)・養犬業(양태업)・
馴犬師(순견사; 개훈련사)・保全公司(보전공사)・
警衛人員(경위위원; 경호원)。

*腦(뇌 뇌)
*鼻(코 비)
*咽(목구멍 인)
*喉(목구멍 후)
*瓜(오이 과)
*馴(길들 순)
*警(경계할 경)
*衛(지킬 위)

公寓(공우; 아파트)・
大樓管理員(대루관리원; 빌딩관리인)・
登山社(등산사)・山訓人員(산훈인원)・

*寓(머무를 우)
*管(관리할 관)
*訓(가르칠 훈)
*按(누를 안)
*摩(갈 마)

指壓(지압)・按摩(안마)・
推拿(츄나)・武術(무술)。

*推(옮을 추)
*拿(붙잡을 나)
*武(굳셀 무)
*術(꾀 술)

山産行(산산행; 임업)・
零件配件經銷商(영건배건경소상; 부품배달업)・
青少年輔導(-보도; 청소년지도)・
CAD終端製圖員(캐드종단 제도원; 終端:단말기)・
CAD零件編目人(캐드영건 편목인; 캐드 설계자)・
助理人(조리인; 보조인)・遺傳工程師(유전공정사)・
都市設計專家(도시설계전가)。

*零(영락할 령)
*件(사건 건)
*配(아내 배)
*銷(녹일 소)
*端(바를 단)
*售(팔 수)
*轄(비녀장 할)
*欠(하품 흠)
*寧(편안할 녕)
*尼(여중 니)
*昇(오를 승)

銷售代表(소수대표; 판매업)・
批發商(비발상; 도매업)・
博物館管理(박물관관리)。

*銷(녹일 소)
*售(팔 수)
*批(칠 비)
*博(넓을 박)
*館(객사 관)

※ ‘談氏’의
《三元地理大玄空路透(삼원지리대현공로투)》
에 云하기를

『艮卦의 位는 居(게)′東北이고,
　五行은 屬′⊕이고,
　星은 屬′左輔(좌보)이고,
　數는 屬′〈8〉이고,
　轄(할)′甲申・甲午20年(2004~2023年)이고,
　爲′囚白運이고;
　以^〈九紫(구자)〉는 爲′生氣이고,
　〈891〉・〈876〉은
　爲′「三般卦」之^用神이고;

　用′於^
⑴ 旺運은,

*位(자리 위)
*居(있을 거)
*屬(속할 속)
*輔(덧방나무 보)
*轄(관할 할)

*般(돌 반)

可^

(1-1) 旺´田宅·

(1-2) 多´忠良之臣(충량지신)이고;

(2)

其失時也는,

(2-1) 小口(; 미성년자)가 欠寧(흠령; 피해)이거나,

(2-2) 或^出´僧尼(승니; 독신자)이고;

(3)

當^其主宰(주재)之^時는,

(1) 國家는 昇平(승평)하고,

(2) 文風도 亦^盛이다。』

*旺(성할 왕)
*田(밭 전)
*宅(집 택)
*良(좋을 량)
*臣(신하 신)

*欠(하품 흠)
*寧(편안할 령)
*僧(중 승)
*尼(여중 니)

*宰(재상 재)
*昇(오를 승)
*平(평평할 평)
*亦(또 역)
*盛(담을 성)

羅經圖(나경도)

제 2 부

八運 壬山丙向【下卦】

兼亥 [丁亥]分金・觀卦(관괘)
正線 [己亥]分金・比卦(비괘)
兼子 [辛亥]分金・比卦(비괘)

*觀(볼 관)
*比(견줄 비)

巽 巳 丙午 丁 未 坤		
5 2 七	▲9 7 三	7 ⑨● 五
6 ① 六	−4 +3 八	2 5 一
①1 6 二	8 8 四	3 4 九

辰 乙 卯 甲 寅 艮 丑 癸 子 壬 亥 乾 戌 辛 酉 庚 申 坤

壬				
癸亥	辛亥	己亥	丁亥	乙亥
352 351 350	349 348 347	346 345 343	342 341 340	339 338 337

四局	▲雙星會坐(向星上山)
地運	80年 (三運 入囚)
城門	正城門; ✗ 副城門; 未方
特記	

山 5	吸毒(흡독)・癌腫(암종)・出´鰥寡(환과)・長婦不利。	山 ▲9	出´美女・軍事人才(군사인재)・律師(율사;변호사)。	山 7	性病・火災・服毒・灼傷(작상; 화상)・燙傷(탕상)。
水 2	鰥寡(환과; 홀아비, 과부),疾病損人(질병손인), 癌腫(암종)。	水 7	火災・服毒・好色・性病。食道癌(식도암)・灼傷(작상)・燙傷(탕상)	水 9●	九運에 發財(발재),宜´小水(소수)・暗水(암수)。
山 6	四~三運 腦出血(뇌출혈)・肺病(폐병)。要´水外之峰。	山 4		山 2	疾病纏綿(질병전면)・出´鰥寡(과부)・癌腫(암종)。
水 1	出´科甲(과갑)・文章(문장)。	水 3		水 5	服毒(복독)・癌腫(암종)・出´鰥寡(과부)・少女不利。
山 1	宜´文筆峰(문필봉),出´貴,生´文人秀士(문인수사)。	山 8	出´善良之ˆ賢才(현재),兄弟同發(형제동발)。	山 3	肝膽病(간담병)。出´賊盜(적도)・脚病(각병;다리병)。
水 6	四~三運에 肺病(폐병)・腦出血(뇌출혈)。	水 8	發財,不動産(부동산)・山産大利(산산대리)。	水 4	肝膽病・出´乞丐(걸개;거지)・蕩子(탕자)・不明事理(불명사리)。

[原註]

　　令星(; 旺星)^이 會合(회합)´坐山^{하므로}

　　　[▲雙星會坐]，

　　背後(배후)에 有´水者는 可^用^{이다}。

　　坤方(; 〈⑨〉)은 爲´生氣^{이다}。

　　如^向首(; 向宮, 〈⑦〉)에 有水^{이면}。

　　破敗(파패)는 不堪(불감; 심하다)하고，

　　又(우; 또)^

　　主´

　　(1) 缺脣(결순; 언청이; 〈57〉)

　　(2) 損齒(손치)^{이다}。

　　《玄空秘旨(현공비지)》에

　　　有´云^{하기를}:

　　『兌(7)가 缺陷(결함)하면 而^

　　　脣亡齒寒(순망치한)^{이다}。』

　　《玄機賦(현기부)》에

　　　云^{하기를}:

　　『兌(7)가 不利(불리)歟(여)하면，

　　　脣亡齒寒(순망치한)^{이다}。』

　　●

　　離上(; 〈⑦〉)에 有´水는，

　　更^防´水災(수재)^{이다}。

【鐘註】

　　■

　　[未坤申]方^의 挨星은

　　〈7̲⑨五〉^로，

　　忌(기; 꺼리다)^安(; 놓다)´爐灶(노조; 부엌, 주방)인데，

　　有´尖角(첨각)・粗惡之山(조악지산)은 [紅色도 포함]；

*令(시기 령)
*會(모일 회)
*合(합할 합)
*背(등 배)
*後(뒤 후)
*破(깨뜨릴 파)
*敗(깨뜨릴 패)
*堪(견딜 감)

*又(또 우)
*缺(이지러질 결)
*脣(입술 순)

*損(덜 손)
*齒(이 치)

*秘(숨길 비)
*旨(맛있을지)

*缺(이지러질 결)
*陷(빠질 함)
*脣(입술 순)
*亡(망할 망)
*齒(이 치)
*寒(찰 한)

*賦(문장 부)
*利(이익 이)
*歟(어조사 여)

*防(막을 방)
*災(재앙 재)

*忌(꺼릴 기)
*爐(화로 로)
*灶(부엌 조)
*尖(뾰족할 첨)
*粗(거칠 조)

《飛星賦(비성부)》에
云하기를:
『紫(; 〈9〉; 藥[약]) ·
　黃(; 〈5〉; 毒[독]은 毒藥(독약)으로,
　鄰宮(인궁; 同宮數)에
　兌(; 〈7〉)인 口는
　莫(막; ~마라)'嘗(상; 만남)이다。』로
主′
(1) 服毒(복독) ·
(2) 性病(성병) ·
(3) 火災(화재) ·
(4) 灼傷(작상) ·
(5) 月經不調(월경부조; 월경불순)이다。

●

[丙午丁]方(; 〈9⑦〉)에 有′水도,
同此而斷(동차이단; 이와같이 감정함)이다。

《淵海子平(연해자평; 명리학 서적)》에
『水能剋火(수능극화; 본래는 ⑳剋⑳이지만),
　火多水熱(화다수열; 불이 강하면 물이 끊어오른다)。』

向上의 挨星은 〈9⑦〉인데,
《玄空秘旨》에
　云하기를:
『午酉(; 〈97〉)가 逢(봉)이면, 而^
　江湖花酒(강호화주; 유흥가에서의 술과 여자)이다。』

[鮑士選(포사선; 人名)]의
註(주)에:
『主/

*飛(날 비)
*星(별 성)
*賦(구실 부)

*紫(자줏빛 자)
#藥(약 약)
#毒(독 독)
*鄰(이웃 린)
*莫(없을 막)
*嘗(맛볼 상)

*服(먹을 복)
*毒(독 독)
*性(성품 성)
*病(병 병)
*災(재앙 재)
*灼(사를 작)
*傷(상처 상)
*經(날 경)
*調(고를 조)

*同(한가지 동)
*此(이 차)
*斷(감정할 단)

*淵(못 연)
*海(바다 해)

*能(능할 능)
*剋(이길 극)
*熱(더울 열)

*逢(만날 봉)
*江(강 강)
*湖(호수 호)
*花(꽃 화)
*酒(술 주)

*鮑(어물 포)
*士(선비 사)

敗(패)´風俗(풍속; 美風良俗)이고,
蕩(탕; 방탕)´花酒(; 여자와 술)하고,
又^有/
成´癆瘵(노체; 폐결핵)者인데;
蓋(개),
癆瘵(노체; 폐결핵)는
亦^好色之^所致(소치; 까닭)也이다。』

火剋金(; 9→7〉은,
主´
(1) 結核(결핵)·
(2) 肺炎(폐염)·
(3) 性病(성병)이다。

*選(가릴 선)
*風(바람 풍)
*俗(풍속 속)
*良(좋을 량)
*蕩(방탕할 탕)
*癆(중독 로)
*瘵(앓을 채)
*色(빛 색)
*所(바 소)
*致(이를 치)

*結(맺을 결)
*核(씨 핵)
*肺(허파 폐)
*炎(불탈 염)
*性(성품 성)
*病(병 병)

八運 壬山丙向[起星]

兼亥 [乙亥]分金・觀卦(관괘)　　　　*觀(볼 관)
兼子 [癸亥]分金・比卦(비괘)　　　　*比(견줄 비)

巽	巳	丙	午	丁	未	坤
辰		7 ⑨●	2 5	▲⑨ 7		申
		七	三	五		庚
乙		⑧ 8	-6+①	4 3		酉
卯		六	四	一		辛
甲		3 4	① 6	5 2		戌
寅		二	四	九		
艮	丑	癸	子	壬	亥	乾

壬														
癸亥			辛亥			己亥			丁亥			乙亥		
352	351	350	349	348	347	346	345	344	343	342	341	340	339 338 337

四局	山星: 甲
	向星: 甲
地運	40年 (二運 入囚)
城門	正城門: ✗
	副城門: 未方
特記	

山 7	性病・男盗女娼(남도여창)・火災(화재)・血症(혈증)・乏嗣(핍사)	山 2	癌腫(암종)・出´鰥寡孤獨,疾病淹久(질병엄구; 고질병)	山 ▲9	囚運에 出´律師(율사;변호사)・美女・軍事家(군사가)。
水 9●	發財(발재), 秀水(수수), 出´美女(미녀)。	水 5	絶嗣(절사)・敗絶・破産・腫毒(종독)・橫禍(횡화)。	水 7	男盗女娼(남도여창)・損丁(손정)・火災・殘疾(잔질)。
山 ⑧	出´賢才(현재)・高僧(고승)・在野之賢人(재야지현인)。	山 6		山 4	肝膽病・股病(고병)・神經痛・出´人不明事理。
水 ⑧	當元發財・不動産・山産大利。	水 1		水 3	出´盗賊(도적)・昧事不明反覆無常之人(반복무상지인)。
山 3	暗探山(암탐산;규봉), 出´盗賊(도적);脚病(각병)・肝膽病(간담병)。	山 1	宜´文筆山(문필산), 科甲貴顯(과갑귀현)。	山 5	疾病損人(질병손인), 出´鰥寡(환과)・絶嗣(절사)。
水 4	脚病(각병), 出´賊盗(적도)・作事反覆無常之人。	水 6	長房退財(장방퇴재), 但´出´文人秀士(문인수사)。	水 2	絶嗣・破産(파산)・疾病纏綿(-전면)・鰥寡孤獨(환과고독)。

[原註]

向首(; 〈⑤〉)에
　　有水는 不可^用이다。
甲方(; 〈⑧〉)은
　　爲'當元에 旺水(왕수)이다。
辰方(; 〈⑨〉)은
　　爲'生氣이다。
如^坤方(; 〈⑦〉)에 有'水는,
　　爲'殺水이고,

且^是'
『 〈79〉가 合轍(합철)하여,
　　主(; 주관하다)'
　　回祿之災(회록지재; 화재)이다。』이다.

【鐘註】

●
向首(; 向宮)之^水의 挨星 〈⑤〉는,
是'殺水(살수)인데;

《飛星賦(비성부)》에
曰하기를:
『黑黃(; 〈25〉)兮는,
　　釀疾堪傷(양질감상; 질병)이다。』

《紫白訣(자백결)》에
曰하기를:
『 〈5〉는
　　主'孕婦(잉부; 임산부)가 受災(수재; 피해)이고,
　　黃(; 〈5〉)가 遇(우)'
　　黑(; 〈2〉)은

*向(향할 향)
*首(머리 수)
*不(아닐 불)
*可(옳을 가)
*用(쓸 용)

*旺(성할 왕)
*殺(죽일 살)
*且(또 차)
*是(옳을 시)
*合(합할 합)
*轍(흔적 철)
*主(주인 주)

*回(돌 회)
*祿(복 록)
*災(재앙 재)

*挨(칠 애)
*殺(죽일 살)

*黑(검을 흑)
*黃(누를 황)
*兮(어조사 혜)

*釀(빚을 양)
*疾(병 질)
*堪(할 감)
*傷(상처 상)

*孕(아이 밸 잉)
*婦(며느리 부)
*受(받을 수)
*災(재앙 재)
*遇(만날 우)

是/出´寡婦(과부)이다。』

*寡(적을 과)
*婦(며느리 부)

6	❷■	4
5	+❼	9
1	3	8
辛卯(2011年)		
庚子(2020年)		

9	❺■	7
8	+❶	3
4	6	2
戊子(2008年)		
丁酉(2017年)		

辛卯(2011年)·
庚子(2020年)은
❷黑이 飛臨이고;

戊子(2008年)·
丁酉(2017年)에는
❺黃이 飛臨인데;

*飛(날 비)
*臨(임할 림)

必^主´
疾病(질병)損人(손인)이고,
飛災(비재)橫禍(횡화)이다。

*損(덜 손)
*橫(가로 횡)
*災(재앙 재)
*禍(재화 화)

9	5	❼■
8	+1	3
4	6	2
戊子(2008年)		
丁酉(2017年)		

未坤申方之^水는
挨(애)´〈⑦〉은,
是´「退氣水」인데,
〈❶白〉이 入中之^年인,
即^戊子(2008年)·丁酉(2017
年)으로,
❼赤이 又^飛到´坤宮하여,
必^主´破財(파패)이다。

*挨(칠 애)
*退(물러날 퇴)
*入(들 입)
*卽(곧 즉)

*破(깨뜨릴 파)
*敗(깨뜨릴 패)

2	7	❾·
1	+❸	5
6	8	4
丙戌(2006年)		
乙未(2015年)		

〈❸碧〉이 入中之^年인,
即^
丙戌(2006年)과,
乙未(2015年)二年은,

❾紫가 飛臨(비림)하여,
必^主´

*臨(임할 림)

損丁(손정)·火厄(화액; 火災, 火傷)이다。
(; 九運的^
甲辰年(; 2024年)·癸丑年(; 2033年)·
壬戌年(; 2042年)에도
亦(역; 또한)^有´此應[차응]이다。)

*損(덜 손)
*丁(장정 정)
*厄(액 액)
#傷(상처 상)
*亦(또 역)
*應(응할 응)

▲
辰巽巳(; 〈7⑨七〉)方에
見´
(1) 高山이 逼近(핍근; 매우 근접함)하거나,
(2) 巨石이 巉岩(참암; 가파르고 험함)하거나·
(3) 枯木(고목; 죽은 나무)이 槎枒(차야; 凶象)하거나·
(4) 廟宇(묘우; 사당)의
    飛脊(비척; 火體)漆紅(칠홍; 검붉은 색)이면,
亦^
同´此하여 斷(; 必^主´損丁·火厄)이다。

*逼(닥칠 핍)
*近(가까울 근)
*巉(가파를 참)
*岩(바위 암)
*枯(마를 고)
*槎(뗏목 차)
*枒(야자나무 야)

*廟(사당 묘)
*飛(날 비)
*脊(등성마루 척)
*漆(옻 칠)
*此(이 차)
*斷(끊을 단)

▲
庚方의 山星은 挨´〈4〉인데,
〈4〉之^地元인 即^辰으로,
有´尖角(첨각)은,
主´
(1) 好鬪(호투; 폭력)·
(2) 訟(송; 소송)으로,
(3) 有´牢獄之災(뇌옥지재; 감옥살이)이다。

*尖(뾰족할 첨)
*角(뿔 각)

*鬪(싸움 투)
*訟(송사할 송)
*牢(우리 뇌)
*獄(옥 옥)

八運 子山午向【下卦】

兼壬 [丙子]分金・坤卦
正線 [戊子]分金・坤復卦
兼癸 [庚子]分金・復卦

*復(돌아올 복)

巽 巳 丙 ⑭午 丁 未 坤			
辰	3 4 / 七	⑧ ⑧ / 三 下水	⑴ 6 / 五	申
乙 卯 甲	2 5 / 六	+4 −3 / ⑧	6 ⑴ / 一	庚 酉 辛
寅 艮 丑	7 ⑨● / 二	▲⑨ 7 / 四	5 2 / 九	戌 乾 亥
癸 子 壬			

子					
壬子	庚子	戊子	丙子	甲子	
007 006 005	004 003 002	001 000 359	358 357 356	355 354 353	

四局	◉雙星會向(；山星下水)
地運	160年（七運 入囚）
城門	正城門：《巽方》
	副城門：✗
特記	

山3	出´賊盗(적도;깡패)・昧事不明之人・肝膽病(간담병)。	山⑧	明山秀水,文才忠孝・富貴壽考(부귀수고)	山1	宜´文筆峰(문필봉)・出´科甲, 功名不絶(공명부절)。
水4	顚倒反覆(전도반복)・肝膽病・放浪飄蕩(방탕표탕)。	水⑧	秀水秀案,文才忠孝・富貴壽考(수고;장수)。	水6	宜(의)´遠水(원수), 催貴(최귀)。
山2	疾病・迷信(미신)・暗悶(암민)・災晦(재회)・瘡癰(창옹)・鰥寡(과부)。	山4		山6	宜(의)´遠峰呈秀(원봉정수.呈;드러날 정), 催貴(최귀)。
水5	販毒(판독)・破産(파산)・疾病損主・鰥寡孤獨。	水3		水1	宜´秀水圓亮(원수원량), 催貴, 勤儉興家(근검흥가)。
山7	火災・血症(혈증)・腸炎(장염),剋´女童・小女。	山▲9	出´美女・法官・辯護士・評論家・名儒(명유)。	山5	瘡疽腫毒(창저종독)・橫禍怪事・鰥寡孤獨。
水9●	發財(발재), 但´乏嗣(핍사)。忌´大水湍急沖激(단급충격)。	水7	火災・血症・腸炎・殘疾(잔질), 剋´女童・小女。	水2	久病暗悶(구병암민)・鰥寡孤獨・家破人亡。

[原註]

　合´「離宮打劫(이궁타겁)」으로,

向首에 有´水가 光者는

當元에 進財이다。

*劫(위협할 겁)
*進(나아갈 진)
*財(재물 재)

　艮方(; 〈⑨〉)은

　　爲´生氣이고,

　巽方(; 〈④〉)은

　　可^用´「城門訣」이다。

3	❽ ■	1
2	+❹	6
7	9	5
癸卯(2023)年 年紫白		

癸卯(2023年)에

〈❹綠〉이 入中하여,

〈❽白〉이

又^到(도; 이르다)´離(이)하여,

主´官貴(관귀)이다。

[최주]

❶	❻	❽
❾	+❷	❹
❺	❼	❸
2016年 年紫白		

❾	❺	❼
❽	+❶	❸
❹	❻	❷
2017年 年紫白		

年과 月의 紫白法의 中宮의 숫자를 계산하는 방법은 서기년도를 단 단위로 합산하여 11(; 고정된 수)에서 빼주면 中宮의 숫자가 되며 항상 順行(순행)한다.

예들 들어
서기 2016년의 경우는
2+0+1+6=9가 되고
11(고정수)-9는 ❷가 中宮숫자가 된다.

그리고 그 다음해는 중궁수가 하나씩 감소된다. 따라서 2017년의 중궁수는 ❶이 된다.

다만 日紫白과 時紫白은 계산하는 방법이 다르다.

【鐘註】

「打劫(타겁)」은
另^有´看法(간법)으로,
[原註]에서
所謂(소위)的^「離宮打劫」은,
是´《沈氏玄空學》一家之^言으로,
不足採信(부족채신; 믿을 수가 없음)이다.

● 眞城門訣(진성문결)

子山(; 子坐午向)的^「城門訣」은
是´

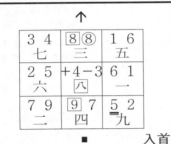

↑		
3 4 七	8⑧ 三	1 6 五
2 5 六	+4-3 八	6 1 一
7 9 二	9 7 四	5 2 九

■　　　　　入首

四運 子坐午向 [下卦]
◉雙星會向

↑		
6	1	8
7	-5	3
2	9■	4

■

四運 子坐午向 [下卦]
◉雙星會向

乾龍(; 〈⑤②九〉)
入首에,

[최주]
乾宮山星 〈-⑤〉順行하여,
坐宮에 次生氣〈9■〉가
이른다.

午水(; 〈⑧〉)가 朝入(; 得水)하고,
水는 出´艮(; 〈⑨〉)이나,
或^出´丙午丁(; 〈⑧〉)이면,
此는 爲´「眞城門訣」이다.

《秘本(비본)》에
云하기를:
『四運에 子午(자좌오향)^兼^癸丁(계좌정향)은,

向上에 令星이 雙到(쌍도)하여,
剋出(극출)하므로,
可^許´旺財이다.

*到(이를 도)
*剋(이길 극)
*許(허락할 허)

■ 坤申(;〈①⑥〉), 酉辛(;〈⑥①〉)은
有´佳(가; 아름다운)^山水는,
催官之兆(최관지조; 관직에서 승진의 조짐)이다.

*佳(아름다울 가)
*催(재촉할 최)
*兆(조짐 조)
#朕(기미 짐)

■ 山上(; 坐宮)의
〈⑨⑦四´一´水
; ⑦金⇨一´水⇨四´木⇨⑨火〉은
遞生(체생; 循環相生[순환상생]하여,
至´九運하여 必^旺丁인데,
然^
切(절; 반드시)^忌(기)´凶山惡水이다.

*遞(번갈아 체)
#循(좇을 순)
#環(고리 환)
*至(이를 지)
*切(끊을 절)
*忌(꺼릴 기)
*凶(흉할 흉)
*惡(악할 악)

■ 艮寅(;〈⑦⑨〉)·
卯乙(;〈②⑤〉)·
巽巳(;〈③④〉)는,
亦^不宜(; 마땅하지 않음)´
山水가 共^見하므로,
當(; 마땅히)^
斟酌(짐작)´
取裁而用(취재이용
; 取捨選擇[취사선택]하여 활용)이다.』

*亦(또 역)
*宜(마땅할 의)
*斟(짐작할 짐)
*酌(취할 작)
*取(취할 취)
*裁(마를 재)

*取(취할 취)
*捨(버릴 사)
*選(가릴 선)
*擇(가릴 택)

■

巽巳方의 挨星(애성)
〈③④〉는,
不^當令(당령; 得令, 得時)이므로,
見山見水는 均(균; 모두)^忌(기; 꺼리다)이고,

- 82 -

尤(우; 특히)^

忌´山水가 反背(반배)하면,

主出´

⑴ 娼優賊丐(창우적개)이다。

*忌(꺼릴 기)
*背(등 배)
*娼(창녀 창)
*優(배우 우)
*賊(도둑 적)
*丐(빌 개)

八運 子山午向[起星]

兼壬 [甲子]分金·剝卦(박괘)
兼癸 [壬子]分金·頤卦(이괘)

*剝(벗길 박)
*頤(턱 이)

巽	巳	丙	(壬)	丁	未	坤

```
辰                                    申
      5 3      ①7      3 5
       七        三       五
乙                                    庚
      4 4     +6-2     8⑨●
       六        八       一
卯                                    酉
甲    ▲9⑧      2 6      7①
       二        四       九
寅                                    戌
艮    丑    癸    子    壬    亥    乾
```

子				
壬子	庚子	戊子	丙子	甲子
007 006 005	004 003 002 001	000 359 358 357 356	355 354 353	

四局	山星: 酉 向星: 艮
地運	60年 (三運 入囚)
城門	正城門:《巽方》 副城門: ✗
特記	向星合十

山5	乏丁(핍정)·絕嗣(절사)·肝膽病·股病(고병)·賊盜(적도)·橫死。	山1	宜´文筆峰·出´秀麗溫文儒雅之人(수려온문유아지인)。	山3	肝膽病·脚瘡潰爛(각창궤란)·出´賊盜強樑(적도강량)·凶死。
水3	劫盜·蛇咬·觸電·雷擊(뇌격)·炸死·槍決(창결)。	水7	貪花戀酒·逃亡(도망)·殘疾(잔질)·官訟是非。	水5	販毒·密輸·摔死(솔사)·毒死·槍決·橫禍。
山4	肝膽病·股病(고병)·乳病·出´浪蕩之人。	山6		山⑧	位列朝班·子孫蕃盛(자손번성)·文才忠孝。
水4	肝膽病·窒息(질식)·股病(고병)·紅杏出牆(홍행출방)·破敗(파패)。	水2		水9●	中男·中女發財,名庭光顯。
山▲9	子孫繁盛(자손번성)·富貴壽考。	山2	鬼神崇尚(귀신수상)·人心不足·寒熱往來。	山7	貪花戀酒·跛(파;절름발이)·眇·缺脣·肺病·喉症。
水⑧	田園富盛(전원부성), 少男發達·富貴壽考(부귀수고)。	水6	鬼神崇尚·人心不足·寒熱往來·不治病·迷信(미신)·官司(관사)	水1	勤儉創業興家, 漁業(어업)·仲介業大利(중개업대리)。

[原註]

全局이 「合十(; 向星合十)」이고,

艮方(; 〈⑧〉)은 爲´當元에 旺水(왕수)이다.

巽方(; 〈③〉)은 可^用´「城門訣」이다.

向首(; 〈⑦〉)는 犯(범)´殺氣(살기)로,

有´水者는 切(절; 절대로)´不可^用이다.

(; 主´

⑴ 破敗(파패)^且^

⑵ 缺脣(결순; 언청이)

⑶ 損齒(손치)인데;

因^合´

《玄空秘旨》에

所云으로:

『兌(; 〈7〉)가 缺陷(결함)이면 而^

脣亡齒寒(순망치한)이다。』

及(급; 그리고)^

《玄機賦》에

所云이다:

『兌(; 〈7〉)가 不利^歟(여)는,

脣亡齒寒(순망치한)이다。』)

又^主´

出人이

⑴ 貪花戀酒(탐화연주)이다。

*缺(이지러질 결)
*脣(입술 순)
*損(덜 손)
*齒(이 치)

*缺(이지러질 결)
*陷(빠질 함)

*脣(입술 순)
*亡(망할 망)
*齒(이 치)
*寒(찰 한)

*利(이익 리)
*歟(어조사 여)

*又(또 우)
*貪(탐할 탐)
*花(꽃 화)
*戀(사모할 련)
*酒(술 주)

【鐘註】

向盤挨星(; 向星)^與(여)^

運盤(운반; 天盤)이 合十으로,

最^利´於^財이다。

*盤(소반 반)
*於(어조사 어)
*財(재물 재)

- ● **眞城門訣(진성문결)**

> 乾方의 向盤挨星인 〈①白〉 ^與^
>
> 元旦盤(원단반)의 〈乾六白〉은
>
> 生成(; 〈16〉, 〈27〉, 〈38〉, 〈49〉)으로,
>
> 此宮에 有水는,
>
> 才(재; 비로소)^是´眞正的^「城門訣」이다。

至´於^[原註]에 所云的^

巽水(; 〈③〉)는,

是´凶水로, 決(결)^不可^用이다。

*至(이를 지)
*於(어조사 어)
*決(결코 결)

●

兌(; 〈⑧⑨〉)·

乾(; 〈⑦①〉)·

坎(; 〈②⑥〉)·

艮(; 〈⑨⑧〉)

四宮의,

向盤挨星은 〈⑨·①·⑥·⑧〉로,

有´水가 相連(상련)은,

是´得生´

(; 〈⑨①〉)·旺(; 〈⑧〉)·輔佐(; 〈⑥〉)으로,

「三星五吉」之^局(국)으로,

發福이 不替(불체; 오래감)이다。

*相(서로 상)
*連(잇닿을 련)

*旺(성할 왕)
*輔(도울 보)
*佐(도울 좌)

*吉(길할 길)
*福(복 복)
*替(쇠퇴할 체)

*尤(더욱 우)
*奇(기이할 기)

▲

尤^奇者(기자)는, 山盤挨星(; 山星)이

[離巽]은 [①⑥(; ⑤인데 中宮인 ⑥이 됨)]이고·

[震艮]은 [④⑨]이고·

[坎乾]은 [②⑦]이고·

[坤兌]는 [③⑧]로,

兩兩(양량; 쌍쌍으로)이 生成(생성)하여,

若(약)^

得(득)´此局은,

地大(; 大吉地)는 不可言이다(; 좋은 역량이 말할 것도 없이 크다는 의미)。

用´替卦起星(체괘기성)은,

有´種種(종종)^「奇局」이니,

讀者(독자)는 宜´用心研究(용심연구)하다。

*兩(두 량)
*得(얻을 득)

*替(교체할 체)
*起(일어날 기)

*宜(마땅할 의)
*研(갈 연)
*究(궁구할 구)

八運 癸山丁向【下卦】

兼子 [丙子]分企·屯卦(둔괘)
正線 [戊子]分企·屯卦
兼丑 [庚子]分金·益卦(익괘)

*屯(진 칠 둔)
*益(더할 익)

巽 巳 丙 午 丁 未 坤

3 4 七	8 8 三	1 6 五
2 5 六	+4 -3 八	6 1 一
7 9● 二	▲9 7 四	5 2 九

辰 乙 卯 甲 寅 艮 丑 癸 子 壬 亥 乾 戌 辛 酉 庚 申

癸

壬子	庚子	戊子	丙子	甲子
022 021 020	019 018 017	016 015 014	013 012 011	010 009 008

四局	●雙星會向(; 山星下水)
地運	160年 (七運 入囚)
城門	正城門: 巳方 / 副城門: ✗
特記	

山3	出´賊盜(도적)·俳優(배우)·肝膽病·脚氣病。	山8	文秀忠孝, 富貴壽考, 兄弟同科(형제동과)。	山1	添丁出貴·叁謀(참모)·文豪(문호)·秀士。
水4	出´乞丐(걸개; 거지)·娼妓·肝膽病·浪蕩破家。	水8	文秀忠孝, 富貴壽考, 兄弟齊發(형제제발)。	水6	有´文名·貴人相助(귀인상조)·退「歡喜財」。
山2	鰥寡孤獨·疾病死喪·暗悶抑鬱(암민억울)	山4		山6	宜´遠峰呈秀(원본정수), 添丁(첨정), 出´貴。
水5	販毒密輸(판독밀수)·破産凶死·怪病·腫毒(종독)。	水3		水1	勤儉創業·貴人提拔(귀인제발)·富而不俗(부이불속)。
山7	陰神滿地(음신만지),淫亂(음란)·乏嗣(핍사)·血症(혈증)·火災。	山▲9	出´佳麗美人(가려미인)·法官·辯護士(변호사)·軍事家(; 군사전문가)。	山5	乏丁(핍정)·鰥寡孤獨(고독)·災晦怪異(재회괴이)·橫死(횡사)。
水9●	發財, 工商百業(상공백업)咸^吉。 宜´小水·暗水。	水7	火災·血症·色癆(색로:폐결핵)·性病·毀容·傷殘。	水2	火災·疾病·暗悶·瘡癰腫瘤(창옹종류)·死喪(사상)。

吉凶이 與^子午[下卦]圖와 同이다。　　　　　*圖(그림 도)

【鐘註】
　〈8白〉令星(영성; 시기의 별)이
　會合´於^向首(향수; 向宮)로,　　　　　　*令(시기 령)
　有´秀水秀案(수수수안)은,　　　　　　　*於(어조사 어)
　主´財丁가 兩旺이다。　　　　　　　　　*首(머리 수)
　坐山은 得´生龍(; 〈⑨〉)하여,　　　　　*秀(빼어날 수)
　要´端正不偏(단정불편)은,　　　　　　　*案(책상 안)
　亦^主´添丁(첨정; 출산)이다。　　　　　*端(바를 단)
　　　　　　　　　　　　　　　　　　　　*偏(치우칠 편)
　　　　　　　　　　　　　　　　　　　　*添(더할 첨)
　　　　　　　　　　　　　　　　　　　　*丁(장정 정)

[최주]
*坎宮의 坐가 ◉雙星會向이 되면 항상 坐宮의 山
星은 生氣가 된다。
*生氣는 미래이기 때문에 添丁(첨정; 출산)에 유리
하다。

■

　艮寅(; 〈⑦⑨〉)方은
　宜´
　田水(; 논물)·圳溝(수수; 도랑물) 等의 小水는,　*宜(마땅할 의)
　主´積富(적부)이다。　　　　　　　　　　　　*田(밭 전)
　　　　　　　　　　　　　　　　　　　　　　*圳(도랑 수)
　若^見´　　　　　　　　　　　　　　　　　　*溝(봇도랑 구)
　山峰·房屋(방옥; 건물)·橋梁; 무지개형의 교량)은,　*等(무리 등)
　爲´〈⑦赤〉은 衰星(쇠성)이므로,　　　　　　*積(쌓을 적)
　諸事(제사; 모든 일)가 不利하다。　　　　　*富(가멸 부)
　　　　　　　　　　　　　　　　　　　　　　*橋(다리 교)
　　　　　　　　　　　　　　　　　　　　　　*梁(들보 량)
　　　　　　　　　　　　　　　　　　　　　　*衰(쇠할 쇠)
■　　　　　　　　　　　　　　　　　　　　　*諸(모든 제)

　兌宮 〈⑥①〉이 會合하여,
　若^有´

明堂·三叉合水(삼차합수)·文筆山(문필산)은,
主´
(1) 旺財發丁⁰¹고,
(2) 兼(겸)^出´秀士이다。

*叉(깍지 낄 차)
*筆(붓 필)
*兼(겸할 겸)
*秀(빼어날 수)
*士(선비 사)

■

坤宮〈①⑥〉도, 與^此하여 同斷이다。

*與(더불어 여)
*斷(끊을 단)

■

乾〈⑤②〉·
震〈②⑤〉兩宮은,
見´高山大水이면,
主´
(1) 疾病으로 損主(; 세대주가 피해)이거나,
(2) 鰥寡孤獨(환과고독)이다。

*疾(병 질)
*病(병 병)
*損(덜 손)

*鰥(홀아비 환)
*寡(과부 과)
*孤(외로울 고)
*獨(홀로 독)

■

巽宮의,
挨星은〈③④〉인데,
《飛星斷(; 飛星賦)》에
云하기를:
『同來震巽(동래진손;〈34〉)는,
  昧事(매사; 무능력)하고
  無常(무상; 발전이 없음)이다。』;

*斷(끊을 단)
*云(이를 운)
*昧(어두울 매)
*事(일 사)
*無(없을 무)
*常(항상 상)

『震之^聲(성)·巽之^色(색)이고,
  向背當明(; 向是當令, 背是失令。)이다。』
으로,

*聲(소리 성)
*色(빛 색)
*背(등 배)

見´高山大水는,
主出´

⑴ 不明´事理(; 업무 처리)하고

⑵ 反覆無常(반복무상; 발전이 없음)之^人이고 及^

⑶ 優伶(우령; 삼류 탈렌트)·娼妓(창기; 기생)이다。

*覆(뒤집힐 복)
*優(넉넉할 우)
*伶(영리할 령)
*娼(기생 창)
*妓(기생 기)

《玄空秘旨》에
　云하기를:
　　『震巽(; 〈3,4〉)이 失宮(; 失運)이면
　　　而^生´賊丐(적개)』이고,

*失(잃을 실)
*宮(집 궁)
*而(말 이을 이)
*賊(도둑 적)
*丐(거지 개)

⑴ 探頭山(탐두산)·穿砂(천사; 射)·
　　刺面砂(자면사)는,
出´賊盜(도적)이고;

*探(찾을 탐)
*頭(머리 두)
*穿(뚫을 천)
#射(쏠 사)
*刺(찌를 자)

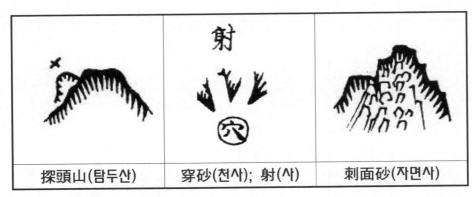

| 探頭山(탐두산) | 穿砂(천사); 射(사) | 刺面砂(자면사) |

⑵ 挽籃山(만람산)·提籃山(제람산)·
　　反弓水(반궁수; 일명 反身水)는,
出´乞食之人(걸식지인; 거지)이다。

*挽(당길 만)
*籃(바구니 람)
*提(끌 제)
*弓(활 궁)
*乞(빌 걸)

八運 癸山丁向 [起星]

兼子 [甲子]分金・頤卦(이괘)
兼丑 [壬子]分金・益卦(익괘)

*頤(턱 이)
*益(더할 익)

巽 巳 丙 午 ⑦ 未 坤			癸				
			壬子	庚子	戊子	丙子	甲子
辰 5 3 ① 7 3 5 申			022	019	016	013	010 008
乙 七 三 五 庚			021	018	015	012	009
卯 4 4 +6-2 ⑧⑨● 酉	四局		山星: 辛				
甲 六 八 一 辛			向星: 寅				
寅 ▲⑨⑧ 2 6 7 ① 戌	地運		60年 (三運 入囚)				
艮 丑 ㉛ 子 壬 亥 乾	城門		正城門: 巳方				
			副城門: ✗				
	特記		向星合十				

山 5	乏丁(핍정)・絶嗣(절사)・肝膽病・股病(고병)・賊盗(적도)・橫死。	山 1	宜´文筆峰(문필봉)・出´秀麗溫文儒雅之人(수려온문유아지인)。	山 3	肝膽病・脚瘡潰爛(각창궤란)・出´賊盗强樑(적도강량)・凶死。
水 3	劫盗・蛇咬(사교)・觸電(촉전)・雷擊(뇌격)・炸死・槍決(창결)。	水 7	貪花戀酒(탐화연주)・逃亡(도망)・殘疾(잔질)・官訟是非。	水 5	販毒・密輸(밀수)・摔死(솔사)・毒死・槍決・橫禍。
山 4	肝膽病・股病・乳病・出´浪蕩之人(낭탕지인)。	山 6		山 ⑧	位列朝班・子孫蕃盛(자손번성)・文才忠孝。
水 4	肝膽病・窒息・股病・紅杏出牆(홍행출장)。破敗。	水 2		水 9●	中男・中女發財, 名庭光顯(명정광현)。
山 ▲9	子孫繁盛(자손번성)・富貴壽考(부귀수고)。	山 2	鬼神崇尚(귀신수상:*崇[귀신피해수])・人心不足・寒熱往來。	山 7	貪花戀酒・跛(파;절름발이)・眇(묘)・缺脣(결순)・肺病・喉症(후증)。
水 ⑧	田園富盛(전원부성), 少男發達・富貴壽考(부귀수고)。	水 6	鬼神崇尚・人心不足・寒熱往來・不治病・迷信・官司	水 1	勤儉創業興家, 漁業(어업)・仲介業大利(중개업대리)。

[原註]
　　吉凶이 與^子午[起星]圖와 同이다。　　　　*圖(그림 도)

【鐘註】
　　此局은 請^參閱(참열)´
　　前^節의 筆者的^解說(해설)하시라。　　　　*請(청할 청)
　　　　　　　　　　　　　　　　　　　　*閱(검열할 열)

　　■

　　坐山의 挨星은 〈②⑥〉로,
　　〈⑥〉인 即^乾・
　　〈②〉인 即^坤으로,
　　《飛星斷(; 飛星賦[비성부])》에
　　云하기를:　　　　　　　　　　　　　*云(이를 운)
　　　　　　　　　　　　　　　　　　　　*與(더불어 여)
　　『乾坤(; 〈62〉)은 鬼(; 〈2〉)神(; 〈6〉)으로,　*祥(상서로울 상)
　　　與^他가 相剋은 非^祥이다。』;

　　　『交至´乾坤(; 〈62〉),　　　　　　　*交(사귈 교)
　　　吝心(인심; 아껴주는 마음)이 不足이다。』;　*至(이를 지)
　　　　　　　　　　　　　　　　　　　　*吝(아낄 린)
　　　　　　　　　　　　　　　　　　　　*足(발 족)

　　　『乾(; 〈6〉)은 爲´寒(한)이고,　　　*寒(찰 한)
　　　坤(; 〈2〉)는 爲´熱(열)이므로,　　　*往(갈 왕)
　　　往來(왕래; 만남)를 切(절; 부디)^記하라。』*來(올 래)
　　　　　　　　　　　　　　　　　　　　*切(끊을 절)
　　　　　　　　　　　　　　　　　　　　*記(기록할 기)

　　若^有´
　　高峰이 逼壓(핍압)・　　　　　　　　　*逼(닥칠 핍)
　　大水가 撞背(당배; 뒤에서 춤)는,　　　　*壓(누를 압)
　　主´　　　　　　　　　　　　　　　　*撞(칠 당)
　　　　　　　　　　　　　　　　　　　　*背(등 배)
　　⑴ 鬼神(; 祖靈・家神)이 不安・　　　　*棍(몽둥이 곤)
　　⑵ 出´神棍(신곤; 사이비 종교)・　　　　*迷(미혹할 미)
　　⑶ 迷信之人(미신지인)・　　　　　　　*貪(탐할 탐)
　　⑷ 貪心(탐심; 욕심)이고,
　　⑸ 患(환)´寒熱(한열; 장티푸스)이 往來之^病이다。

陽宅의 背後에 採光(채광)이 不良(불량)이거나,　*採(캘 채)
幽暗陰濕者(유암음습자)도 亦^同이다。　*幽(그윽할 유)
　*暗(어두울 암)

■

艮寅方(; 〈⑨〉)에 有山 ·
酉辛方(; 〈⑨〉) 有水은,
主´　*厚(두터울 후)
⑴ 婚喜重來(혼희중래 ´;結婚·生子)이고,　*晉(나아갈 진)
⑵ 位가 列´朝班·家業富厚(가업부후)·　*爵(벼슬 작)
⑶ 加官晉爵(가관진작; 승진)이다。

「下元에 兼(겸)´貪⑴」은,
午丁之^山(; 〈①〉), 次生氣[차생기],
乾亥之^水(; 〈①〉), 次生氣[차생기]은,　*次(버금 차)
正^是´用神(; 사용하는데 필요한 것)으로,　*悠(멀 유)
取´悠久之道(유구지도; 地運이 오래감)이다。　*久(오랠 구)

反´之하여,
午丁見水(; 〈①⑦〉)·　*倒(넘어질 도)
乾亥見山(; 〈⑦①〉)인,　*置(둘 치)
則^用神이 倒置(도치)되어,
出´　*貪(탐할 탐)
⑴ 貪花戀酒(탐화연주)之^徒(도),　*戀(사모할 련)
⑵ 少女가 喜伴(희반)^中男하여 行(; 행위)이다。　*酒(술 주)
　*徒(무리 도)
　*喜(기쁠 희)
　*伴(짝 반)

一山·一水는, 吉凶이 迥異(형이; 다름)이니,　*迥(멀 형)
習(습; 학습)´玄空者는,　*異(다를 이)
切(절; 결코)^須´注意(주의)하라。
　*習(익힐 습)

▲
癸方의 山星은 挨´〈②〉인데,
〈②〉之^人元인 即^申인데,

見´尖角(첨각)은,

主´

(1) 興訟(흥송; 주로 민사소송사건 발생)이거나 .

(2) 寡婦(과부, 〈2〉)가 爭(쟁; 다투다)´財産(재산)으로
    打´官司(관사; 소송『申尖興訟(신첨흥송)』)이다。

[최주]

　地元의 坐에 砂도 地元의 方向에 있으면
『申尖興訟(신첨흥송)』이다

*尖(뾰족할 첨)
*角(뿔 각)
*興(일 흥)
*訟(송사할 송)
*爭(다툴 쟁)
*打(칠 타)
*官(벼슬 관)
*司(맡을 사)

*興(일어날 흥)
*訟(송사할 송)

八運 丙山壬向【下卦】

兼巳 [丁巳]分金・壯卦(장괘)
正線 [己巳]分金・有卦(유괘)
兼午 [辛巳]分金・有卦(유괘)

*壯(씩씩할 장)

			丙			
癸巳	辛巳	己巳	丁巳	乙巳		
1/7 2	1/7 1	1/7 0	1/6 9	1/6 8	1/6 7	1/6 6	1/6 5	1/6 4	1/6 3	1/6 2	1/6 1	1/6 0	1/5 9	1/5 8

巽 巳 丙 午 丁 未 坤

2 5 七	7 ⑨● 三	▲9 7 五
①6 六	+3-4 八	5 2 一
6 ① 二	8 8 四	4 3 九

辰 乙 卯 甲 寅 艮 丑 癸 子 壬 亥 乾 戌 辛 酉 庚 申

四局	●雙星會向(；山星下水)
地運	20年（九運 入囚）✔
城門	正城門：✗
	副城門：丑方
特記	

山2	鰥寡孤獨・災晦暗悶(재회암민)・疾病損人。	山7	火災・血症・傷殘・色癆(색로)・出人刻薄(출인각박)。	山▲9	出´美女・法官・辯護士(변호사)・軍事家・科學家。
水5	痲藥密輸(마약밀수)・怪疾橫禍・家破人亡。	水9●	宜´田源・溝圳(구수；도랑)之水・由小積大・漸富。	水7	服毒・吸毒(흡독)・性病・火災(화재)・家破人亡。
山1	添丁・科甲功名不絶，出´多聰慧謀士(총혜모사)。	山3		山5	乏丁・絶嗣・痴呆(치매)・瘡疽癰癌(창저옹암)・橫禍。
水6	宜´遠秀(원수)，出´文士・顧問(고문)・謀士(모사)。	水4		水2	鰥寡孤獨・災晦暗悶(재회암민)・疾病死喪(질병사상)。
山6	宜´遠秀，出´顧問(고문)・謀士(모사)。往來無白丁。	山8	出´聖賢(성현)・高僧(고승)・善人(선인)・忠良(충량)・文士(문사)。	山4	肝膽病(간담병)・反覆無常(반복무상)・娼妓淫蕩(창기음탕)。
水1	勤儉創業・貴人提拔(귀인제발)・出入近貴。	水8	進益田産(진익전산)・善於理財(선어이재)・巨富財閥(거부재벌)。	水3	肝膽(간담)・腿脚(퇴각)之病，出´浪子,淫婦(음부)・娼優(창우)。

[原註]

合´「坎宮打劫」이다。

丑方(; 〈①〉)은 可^用´「城門訣」이다。

次運(차운; 五運)에 敗財이다。

*次(버금 차)
*敗(깨뜨릴 패)
*財(재물 재)

[최주]

五運에 向星이 坐宮에 있으므로, 뒤에 물이 있으면
敗財가 아니다.

【鐘註】

[原註]에 所謂的(소위적)^

「坎宮打劫(감궁타겁)」·

「城門訣(성문결)」은,

都(도)^

不是´玄空的^眞法이므로,

不可´採信(채택과 믿음)이다。

*所(바 소)
*謂(이를 위)
*的(~것 적)

*都(도읍 도)
*採(가릴 채)
*信(믿을 신)

● 眞城門訣

眞的^「城門訣」은 是´

未龍(; 〈5〉)入首에,

坎水(; 〈8〉)가 朝入하고,

巽(; 〈5〉)·坤(; 〈7〉)·坎(; 〈8〉)로

爲/出´水口이다。

《秘本(비본)》에

云하기를:

『五運에

丙壬(; 丙坐壬向)^兼^

壬丙(; 壬坐丙向)는,

向上(; 〈8 8 土〉) ← 〈四 木〉)이 剋出하여,

非不^旺財이다。

山上(; 〈三木〉 ← 〈7金〉 ← 〈9火〉)은
重重(중중; 거듭)으로 <u>剋入</u>하여,
必^損(손)人丁이고,
且^係(계; ~이다)〈97〉이 相逢(상봉)하고,
若^遇(우)
凶山(흉산)・惡水(악수)・ 屋脊(옥척)・
大路(대로)・橋梁(교량)・沖射(충사)는,
(1) 定^遭(조)回祿(회록; 화재)인데,

*遇(만날 우)
*屋(집 옥)
*脊(등성마루 척)
*橋(다리 교)
*梁(들보 량, 다리 량)
*沖=衝(찌를 충)
*遭(만날 조)
*回(돌 회)
*祿(복 록)

9	⑤•	7
8	+❶	3
4	6	2
丙午(2026)年		

3	8	1
2	+❹	6
7	⑨•	5
壬子(2032)年		

至´五運하여
丙午(; 〈❶白〉入中)・
壬子(; 〈❹綠〉入中)流年에,
竟(; 마침내)^
至´再三^火災(화재)가 不已(불이; 계속됨)이다。

*至(이를 지)
*流(흐를 류)
*竟(다할 경)
*再(두 재)
*已(그칠 이)

倘(당; 만약)^
未坤(; 〈9 7〉)에 有´此인,
則^較(비; 비교적)^輕(경; 가볍다)인데,
以^

*倘(만약 당)
*較(견줄 교)
*輕(가벼울 경)

7	3	⑤•
6	+❽	1
2	4	9
丁巳(2037年)		

丁巳(; 西紀 2037年,
〈❽白〉入中하여,
〈❺黃〉이 到´坤이고)・

5	1	❸•
4	+❻	8
9	2	7

己未(2039年)

己未(; 西紀 2039年,
〈❻白〉入中^{하여},
〈❸碧〉이 到´坤)流年은
爲´驗(험; 증험)이다。

*驗(증험할 험)

[최주]
　坤宮(;〈⑨⑦〉)의 경우에는 비교적 가볍다고 한 이유
는, 정면이 있지 않기 때문이다.

　　　即使(즉사; 설령~일지라도)^
　　　丑艮(;〈⑥①二〉)·
　　　甲卯(;〈①⑥六〉)에
　　　山水는 皆^吉^{하여},
　　　儘(진)^
　　　可^名成利就(명성이취)이지만,
　　　終究(종구; 결국, 運이 바뀌면)에는
　　　難解(난해)´焚巢之患(분소지환; 화재)이고·
　　　乏嗣之憂(핍사지우; 절손)이고,

　　　且^
　　　中宮(;〈③④〉)는,
　　　皆^剋入^{하여},
　　　空氣로 受(수; 받다, 당하다)´傷(상)이고,
　　　通盤飛星이 皆^剋戰(극전)으로,
　　　仍(이; 여전히)^亦^必^凶이므로,
　　　此^向은 愼而用之(신이용지)^{하라}。』

*使(하여금 사)

*儘(단지 진)
*終(끝날 종)
*究(궁구할 구)
*難(어려울 난)
*解(풀 해)

*焚(불사를 분)
*巢(집 소)
*乏(가난할 핍)
*嗣(이을 사)
*憂(근심할 우)

*且(또 차)

*皆(다 개)
*空(빌 공)
*傷(상처 상)
*通(통할 통)
*戰(싸울 전)
*仍(인할 잉)
*愼(삼갈 신)

八運 丙山壬向[起星]

兼巳 [乙巳]分金・壯卦(장괘)   *壯(씩씩할 장)
兼午 [癸巳]分金・夬卦(쾌괘)   *夬(터놓을 쾌)

巽	巳	丙	午	丁	未	坤				丙				

左측 차트:

```
巽  巳  丙  午  丁  未  坤
辰              ▪
乙   ▲9 7   5 2   7 9●     申
     七      三      五      庚
卯
甲   8●8   +1-6   3 4       酉
     六      八      一      辛
寅
艮   4 3   6 1   2 5        戌
     二      四      九
     丑  癸  子  壬  亥  乾
```

우측 상단 표:

癸巳	辛巳	己巳	丁巳	乙巳
172 171 170	169 168 167	166 165 164	163 162	160 159 158

四局	山星: 甲
	向星: 甲
地運	140年 (囚運 入囚)
城門	正城門: ✗
	副城門: 丑方
特記	

山 ▲9	出´美女・法官・辯護士(변호사)・軍事家・佈道家(포도가)。	山 5	鰥寡孤獨・瘡癰瘤癌(창옹유암)・災晦怪異(재회괴이)。	山 7	血症・火災・跛(파:절름발이)・眇(묘)・缺脣(결순)・淫亂・姦殺。
水 7	血症・火災・色癆(색로)・肢體傷殘・乏嗣(핍사)。	水 2	鰥寡孤獨・腹症・癌症(암증)・暗悶多病(암민다병)。	水 9●	宜´田源・溝圳小水(구수소수)・由小積大・漸富(점부)。
山 8	出´聖賢(성현)・高僧(고승)・忠良(충량)・善人(선인)。	山 1		山 3	出´賊丐(적개)・不明事理・不知進退・手脚之病。
水 8	進益田産土地・巨富財閥(거부재벌)。	水 6		水 4	肝膽病・不明事理(불명사리)・好訟・浪蕩(낭탕)。
山 4	肝膽病・懦弱怕事(나약파사)・昧事不明(매사불명)・好訟。	山 6	宜´遠秀(원수), 出´文人, 亦發´外姓承祧之子(:外孫奉祀[외손봉사])。	山 2	鰥寡孤獨・久病暗悶・腫毒怪病。
水 3	肝膽病・反覆失敗・出´娼妓(창기)・俳優(배우)。	水 1	勤儉興家・貴人相助・名利雙收(명리쌍수)。	水 5	痲藥密輸(마약밀수)・怪病(괴병)・橫禍・家破人亡。

甲(; 〈⑧⑧〉)方은 爲´當元(; 當運)에 旺水이다。

丑方(; 〈④③〉)은 可用´「城門訣」이다。

【鐘註】

甲方에는 〈雙8〉이 會合하여,

要^有´池湖毓秀(지호육수)이고,　　　　　　*池(못 지)

水外에 有´端莊(단장)的^山峰은,　　　　　　*湖(호수 호)

主´　　　　　　　　　　　　　　　　　　*毓(기를 육)

(1) 富貴雙全이고,　　　　　　　　　　　*秀(빼어날 수)

(2) 出´孝義忠良(효의충량)之^人이다。

　　　　　　　　　　　　　　　　　　　*端(바를 단)

　　　　　　　　　　　　　　　　　　　*莊(성할 장)

《都天寶照經(도천보조경)》에　　　　　　*雙(쌍 쌍)

云하기를:　　　　　　　　　　　　　　*良(좋을 량)

『甲庚壬丙(갑경임병)은 最爲榮(최위영)이고,　*都(도읍 도)

　下後兒孫(하후아손)은 出神童(출신동)이고;　*寶(보배 보)

　未審何山(미심하산)은 消此水(소차수)이고,　*照(비출 조)

　合得天心(합득천심)은 造化工(조화공)이다。』

　　　　　　　　　　　　　　　　　　　*榮(꽃 영)

　　　　　　　　　　　　　　　　　　　*審(살필 심)

　　　　　　　　　　　　　　　　　　　*何(어찌 하)

　　　　　　　　　　　　　　　　　　　*消(사라질 소)

此局은

要´辰龍(; 〈⑨〉)入首이고,

撒落(철락)´平地는,　　　　　　　　　　*撒(뿌릴 철)

　　　　　　　　　　　　　　　　　　　*落(떨어질 락)

《經(; 도천보조경, 저자 양균송)》에　　　*坡(고개 파)

云하기를 :　　　　　　　　　　　　　　*葬(장사지낼 장)

『辰戌丑未(진술축미)가 四山坡(사산파)하고,　*墳(무덤 분)

　甲庚壬丙(갑경임병)은 葬墳多(장분다)인데;　*依(의지할 의)

　若依此理(약의차리)에 無差謬(무차류)이고,　*差(어긋날 차)

　清貴聲名(청귀성명)은 天下無(천하무)이다。　*謬(그릇될 류)

　爲宮自有(위궁자유)에 起身路(기신로)이면,　*聲(소리 성)

　兒孫白屋(아손백옥)에 出公卿(출공경)이다。』*兒(아이 아)

　　　　　　　　　　　　　　　　　　　*孫(손자 손)

　　　　　　　　　　　　　　　　　　　#白屋:가난한 집

　　　　　　　　　　　　　　　　　　　*公(공변될 공)

　　　　　　　　　　　　　　　　　　　*卿(벼슬 경)

又^

得´向上(; 〈⑥①〉; 壬兼子)에

有´九曲水가 逆朝(역조; 물이 穴로 향함)이고,

水外에 有´貴人峰(귀인봉)이고,

水口가 出´甲(; 〈⑧〉)인데,

有´金馬門이 爲´水口山은,

必^爲´大地로,

出´

(1) 神童狀元(신동장원)이고,

(2) 名聞天下(명문천하)이다。

平洋穴(; 평지혈)에서는,

要^開´窩(와)^或^開´鉗(겸)이고,

▲

忌(기; 꺼리다)´坐後(; 〈⑤②〉)에

高大(고대)하거나或^

有´巨石(거석)・高樓(고루; 빌딩)・高峰은,

主´

(1)

鰥寡孤獨(환과고독;

홀아비・과부・고아・늙어서 무자식)이다。

《寶照經 中篇》

天機妙訣本不同, 八卦只有一卦通,

<u>乾坤艮巽</u>躔何位, <u>乙辛丁癸</u>落何宮,

<u>甲庚壬丙</u>來何地, 星辰流轉要相逢,

莫把天罡稱妙訣, 錯將八卦作先宗。

<u>乾坤艮巽</u>出官貴, <u>乙辛丁癸</u>田庄位,

<u>甲庚壬丙</u>最爲榮, 下後兒孫出神童,

未審何山消此水, 合得天心造化工。

*得(얻을 득)
*曲(굽을 곡)
*逆(거스를 역)
*朝(향할 조)
*峰(봉우리 봉)

*童(아이 동)
*狀(형상 상, 문서 장)
#狀元(장원; 中)
=壯元(장원; 韓)

*洋(바다 양)

*開(열 개)
*窩(움집 와)
*或(혹 혹)
*鉗(집게 겸)
*巨(클 거)
*樓(다락 루)

*鰥(환어 환)
*寡(적을 과)
*孤(외로울 고)
*獨(홀로 독)

*寶(보배 보)
*照(비출 조)
*妙(묘할 묘)
*躔(궤도 전)
*何(어찌 하)
*轉(구를 전)
*莫(없을 막)
*把(잡을 파)
*錯(섞일 착)
*庄(농막 장)

八 運 午山子向【下卦】

兼丙 [丙午]分金·乾卦(건괘)
正線 [戊午]分金·乾´姤卦(구괘)　　　　　*姤(만날 구)
兼丁 [庚午]分金·姤卦(구괘)

巽 巳 丙 午 丁 未 坤			午				
辰 乙 卯 甲 寅 艮 丑 癸 子 壬 亥 乾			壬午	庚午	戊午	丙午	甲午

左盤:

4 3 七	8 8 三	6 ① 五
5 2 六	-3+4 四	① 6 一
▲9 7 二	7 9• 四	2 5 九

右表:

午				
壬午	庚午	戊午	丙午	甲午
187 186 185	184 183 182 181	180 179 178 177	176 175 174 173	

四局	▲雙星會坐(: 向星山星)　(向星生氣 到向)
地運	100年(四運 入囚)
城門	正城門: 乾方 副城門: ✗
特記	

山 4	肝膽病·反覆無常·自命(;自稱)清高·放蕩(방탕)。	山 8	出´文士·忠厚賢良(충후현량)·善有善報(선유선보)。	山 6	添丁,出´文人秀士,亦發´外姓承祧(외성승조;외손봉사)。
水 3	肝膽病(간담병)·腿脚病(퇴각병)·劫盜官災·浪蕩。	水 8	錢財進益·田産富厚·兄弟提拔(형제제발)。	水 1	勤儉興家(근검흥가),文士呈祥(정상),發福悠久。
山 5	乏丁·絶嗣(절사)·癡呆(치매)·黃腫·怪異·橫死。	山 3		山 1	出´謀士(모사)·教師(교사)·名儒(명유)·思想家。
水 2	腫瘤癌症·災晦怪異·鰥寡孤獨。	水 4		水 6	添丁(첨정;출산)·出´文人秀士。退歡喜財。
山 ▲9	出´佳麗美人(가려미인)·法官·辯護士)·軍事家。	山 7	血症·火災·老化·跛(파)·眇(묘)·缺脣(결순)·色癆(색로;폐결핵)。	山 2	腫瘤癌症(종유암증)·災晦怪異(재회괴이)·鰥寡孤獨(환과고독)。
水 7	血症·火災·老化·跛·眇(묘;애꾸눈)·缺脣·色癆。	水 9•	宜´田水·溝洫(구혁;도랑물)·主積富。	水 5	癡呆·黃腫·癌症·鬼神崇尚(귀신수상)·死喪。

- 103 -

[原註]

　令星(영성; 旺星)이 會合′坐山(; 〈8⑧〉)이고,

　向首(; 〈7⑨〉)는 爲′生氣이다.

　乾方(; 〈⑤〉)은 可^用′「城門訣」이다.

　巽方(; 〈四③〉)은 犯′「伏吟(복음)」이다.

*伏(엎드릴 복)
*吟(읊을 음)

　■

　如^

　向首(; 〈7⑨〉)에 無′水이고,

　艮方(; 〈9⑦〉)之^白虎砂가 巉岩(참암)이고,

　流年客星(; 年紫白星)이 再^逢(봉)′

　〈❸(; 㐬)〉·

　〈❺(; =٩㊋)〉·

　〈❹(; 㐬)〉가

*白(흰 백)
*虎(범 호)
*砂(모래 사)

*巉(가파를 참)
*岩(바위 암)
*流(흐를 류)
*再(두 재)
*逢(만날 봉)

　加臨(가림)′宮內하면,

　主′

(1) 火災(화재)이다.

　艮方(; 〈9⑦〉)에

　有′水者도 亦^然(; 그러함)이다.

*加(더할 가)
*臨(임할 림)

*災(재앙 재)

【鐘註】

　'談養吾(담양오)'의

　《大玄空路透(대현공로투)》에

　云하기를:

　「本^山向(; 좌향)은,

　〈8白〉令星이 會合′坐山(; 〈8⑧〉)하여,

　有′

　聚水(취수)·三叉(삼차; 合水)·

　高山·峻嶺(준령)者는,

　當元(; 四運)에 丁財가 大發하고,

*談(말씀 담)
*養(기를 양)
*吾(나 오)

*路(길 로{노})
*透(통할 투)

*聚(모일 취)
*叉(깍지 낄 차)
*峻(높을 준)
*嶺(재 령)

並(병; 아울러)^

產′

*産(낳을 산)
*厚(두터울 후)
*欽(공경할 흠)

(1) 文士(; 교양있는 사람),

(2) 忠厚可欽(충후가흠)이다。

■

向首(; 〈7⃞9⃞〉)의

〈9⃞紫〉는 生氣로,

有′小水(;[최주] 또는 暗水・靜水)는 爲′吉이고,

有′案山(; 〈7⃞〉)者는, 凶禍가 立^至이다。

#暗(어두울 암)
#靜(고요할 정)
*暗(어두울 암)
*靜(고요할 정)
*凶(흉할 흉)
*禍(재화 화)
*立(즉시 립)

■

坤宮(; 〈6⃞1⃞〉)에는

有′

之玄之水(지현지수)나,

或^

秀峰(수봉)者는,

之玄之水(지현지수)

發福이 悠久(유구; 〈1b8〉은 三吉數로 오래감)이고,

文士가 呈祥(정상)이다。

*呈(드릴 정)
*祥(상서로울 상)

■

兌宮(; 〈1⃞6⃞〉)에는 會合′相同은,

惟^

取′山峰하여 爲′合이다。

■

乾(; 〈2⃞5⃞〉)・巽(; 〈4⃞3⃞〉)・

震(; 〈5⃞2⃞〉)・艮(; 〈9⃞7⃞〉)의 諸^宮에,

見形・見氣인

則^

凶禍(흉화)가 連綿(연면)하고,

*諸(모든 제)
*凶(흉할 흉)
*禍(재화 화)
*連(잇닿을 련)
*綿(이어질 면)

陽宅에서는
主(; 주관한다)′

(1) 孕婦(잉부; 임산부)가 外症(외증)이고 ·

(2) 腹疾(복질)이 不止(부지; 그치지 않음)이다』 ;

『內門 · 房門 · 灶門(조문; 부엌문)은

●

開在′離宮(;〈⑧〉)者는,
丁財가 勃發(발발)인데 ;

●

在^坤宮(;〈①〉)者는,
　貴子가 連生(연생)하고,
　欲^求(구)′富貴功名(부귀공명)이고,
　舍此沒由(사차몰유; 이런 집은 버릴 이유가 없다.);

●

乾(;〈⑤〉) ·
震(;〈②〉) ·
巽(;〈③〉)宮은
均(; 모두)^凶이다』 。

[按]
向首(;〈7⑨〉)에 有′案山(안산)이면,
凶禍(흉화)가 立(;즉시)^至(지; 이르다)인데,
是는
指(지)′近而高大(근이고대)^逼塞(핍색)的^案山이다.

*孕(아이 밸 잉)
*婦(며느리 부)

*症(증세 증)
*腹(배 복)
*疾(병 질)
*止(발 지)

*房(방 방)
*灶(부엌 조)

*勃(갑자기 발)

*欲(하고자할 욕)
*求(구할 구)
*舍=捨(버릴 사)
*沒(가라앉을 몰)
*由(말미암을 유)

*均(모두 균)

*按(의거할 안)
*至(이를 지)
*近(가까울 근)
*逼(닥칠 핍)
*塞(막힐 색)

八運 午山子向[起星]

兼丙 [甲午]分金・夬卦(쾌괘)
兼丁 [壬午]分金・大過卦(대과괘)

*夬(터놓을 쾌)

巽 巳 丙 壬 丁 未 坤			
辰	3 5 ㄴ七	7 ① ㄴ三	5 3 ㄴ五	申
乙 卯	4 4 ㄴ六	−2+6 ㄴ八	•9⑧ ㄴ一	庚 酉 辛
甲 寅	8⑨• ㄴ二	6 2 ㄴ四	①7 ㄴ九	戌
艮 丑 癸 子 壬 亥 乾			

午

	壬午	庚午	戊午	丙午	甲午
	18/7 18/6	18/5 18/4 18/3 18/2	18/1 18/0 17/9	17/8 17/7 17/6	17/5 17/4 17/3
四局	山星: 艮				
	向星: 酉				
地運	140年 (囚運 入囚)				
城門	正城門: 乾方				
	副城門: ✗				
特記	山星合十				

山 3	肝膽病・手脚殘疾(수각잔질)・出´賊盜强樑・凶死。	山 7	貪花戀酒・淫亂・腎臟病(신장병)・聾啞(농아)・姦殺。	山 5	乏丁(핍정)・絶嗣・傷殘痴聾(상잔치롱)・怪病橫禍。
水 5	痲藥密輸・感電死・槍決(창결)・蛇咬(사교)・家破人亡。	水 1	勤儉興家(근검흥가)・善於´經營理財(경영이재)。	水 3	肝膽病・手脚傷殘・槍決・炸死(작사)・路死。
山 4	肝膽病・股病・乳病・氣喘・瘟疫(온역)・放蕩。	山 2		山 ▲9	婚喜重來・子孫繁衍(자손번연)・職位崇顯(직위숭현)。
水 4	放蕩多敗(방탕다패)・肝病・風癱(풍탄)・醜聞(추문)・窒息(질식)。	水 6		水 ⑧	田園富盛(전원부성)・富貴壽考(부귀수고;장수)。
山 ⑧	喜慶連綿・位列朝班・子孫蕃衍(자손번연)。	山 6	寒熱往來(한열왕래)・鬼神崇尚(귀신수상)・迷信貪痴(미신탐치)。	山 1	出´儒雅(유아)・溫文(온문)・秀麗之人・叅謀(참모)・外交家。
水 9•	田園富盛(전원부성)・子孫蕃衍(자손번연)。	水 2	寒熱往來・鬼神崇尚(귀신수상)・疾病死喪。	水 7	酒色破家・淫亂(음란)・腎臟病(신장병)・肺病・姦殺。

[原註]

　　全局이 「合十」이다。

　　●

　　酉方(;〈⑨⑧〉)은 爲´當元에 旺水이다。

　　●

　　艮方(;〈⑧⑨〉)은 犯´「伏吟(복음)」이다。

　　●

　　乾方(;〈①⑦〉)은 可^用´「城門訣」이다。

　　▲

　　坐山(; 巽宮〈③離宮〉〈⑦〉)은
　　犯(범)´〈③⑦〉凶星이다。

【鐘註】

　　《沈氏玄空學遺稿(심씨현공학유고)》에
　　云하기를:
　　『合十이란,
　　　乃^通´中五의 戊己之氣(무기지기)으로,
　　　而^萬物이 生焉·萬物이 育焉으로,
　　　生生育育하고, 而^
　　　變化無窮(변화무궁)焉이다。

　　　'老子'는 號(호; 부르다)´中五(; 中宮의 五)를
　　　爲´玄牝之門(현빈지문; 하늘과 땅의 근본)으로,
　　　其^中에 神妙(신묘)는,
　　　誠(성; 정말로)^
　　　令(영; ~하게 만들다)´人을
　　　有´不可思議(불가사의)者矣이다。

　　　是以(시이; 그리하여)^
　　　墓宅(묘택; 음양택)之^山向의 挨星·飛星이
　　　得´滿盤(만반; 九宮전체)이 合十者인,

*遺(끼칠 유)
*稿(볏짚 고)`

*焉(어조사 언)
*育(기를 육)
*變(변할 변)
*化(될 화)
*窮(다할 궁)

*號(부르짖을 호)
*玄(검을 현)
*牝(암컷 빈)
*神(귀신 신)
*妙(묘할 묘)
*誠(정성 성)
*矣(어조사 의)

則^

八宮의 卦氣가 均^與^中五하여 相通한,

即^藉(자; 의지하다)´中宮의 戊己之力으로,

陰陽의 二氣가 互(호; 서로)^爲´交感(교감)하여,

化育(; 變化+育成)이 無窮(무궁)하여,

而^丁財가 自然^鼎盛(정성; 대단함)矣이다.

故^

山向의 星盤이 滿盤合十(만반합십)은,

爲´最吉이다.

僅^

中宮^與^山(; 山星)^或^向(; 向星)이

合十者는,

亦^

得´吉徵(길징; 길한 조짐)이다.』

四運에 全盤「合十」的^山向(; 좌향)은,

筆者가 沒有(몰유)´考驗(고험;

본서는 七運에 출판되었으므로 四運에 用事(경험이 없다는 의

미)이지만,

但(단; 단지)^

曾(증; 예전에)^考驗^過(;~적이 있다)´

(1) 四運^及^六運에

甲山庚向[下卦]・庚山甲向[下卦]는,

(2) 七運에

午山子向・丁山癸向[下卦]^及^

子山午向・癸山丁向[下卦] 等의

合十的^實例(실례)는,

印證的(인증적)^結果(결과)로,

*藉(의지할 자)
*互(서로 호)

*交(사귈 교)
*感(느낄 감)
*鼎(솥 정)
*盛(담을 성)

*僅(단지 근)

*吉(길할 길)
*徵(조짐 징)

*筆(붓 필)

*沒(가라앉을 몰)

*考(상고할 고)
*驗(증험할 험)

*過(지날 과)

*實(열매 실)
*例(법식 례)

*印(도장 인)
*證(증거 증)

「合十」은
確(확; 확실히)^
有´丁財´가 鼎盛(정성; 왕성)的^效應(효응)이다。

*果(실과 과)
*確(굳을 확)
*鼎(솥 정)
*效(본받을 효)

[최주]
《道德經》第 6章
『谷神不死 是謂玄牝(곡신불사 시위현빈)
 玄牝之門 是謂天地根(현빈지문 시위천지근)
 綿綿若存 用之不勤(면면약존 용지불근)』

*谷(골 곡)
*牝(암컷 빈)
*綿(이어질 면)
*勤(부지런할 근)

[역문]
계곡의 신은 죽지 않아, 그것은 신비한 여인,
여인의 문은, 하늘과 땅의 근원,
끊어질듯 이어지고, 아무리 써도 다할 줄을 모른다.

八運　丁山癸向【下卦】

兼午 [丙午]分金・鼎卦(정괘)
正線 [戊午]分企・鼎卦(정괘)
兼未 [庚午]分金・恒卦(항괘)

*鼎(솥 정)
*恒(항상 항)

巽 巳 丙 午 丁 未 坤 申		

飛星盤:

```
巽 巳 丙  午  丁  未 坤
辰          上山 ■     申
乙   4 3    8 8   6 ①   庚
卯    七      三      五
甲   5 2   -3+4   ① 6   酉
     六      八      一    辛
寅   ▲9 7   7 ⑨●  2 5   戌
      二      四      九
艮  丑  ㊝  子 壬  亥 乾
        癸
```

丁					
壬午	庚午	戊午	丙午	甲午	
2020 2021 2022	1998 1999 2000	1995 1996 1997	1992 1993 1994	1989 1990 1991	1988

四局	▲雙星會坐(：向星上山) (向星生氣 到向)
地運	100年（四運 入囚）
城門	正城門: 亥方　副城門: ✗
特記	

山 4	肝膽病・反覆無常(반복무상)・自命(;自稱)清高・放蕩(방탕)。	山 8	出´文士(문사)・忠厚賢良(충후현량)・善有善報(선유선보)。	山 6	添丁(첨정),出´文人秀士,亦^發´外姓承祧之子(외성승조지자)。
水 3	肝膽病(간담병)・腿脚病(퇴각병)・劫盜・官災橫禍。	水 8	錢財進益・田産富厚・兄弟齊拔(형제제발)。	水 1	勤儉興家(근검흥가),文士呈祥(문사정상),發福悠久(발복유구)。
山 5	乏丁(핍정)・絶嗣・痴呆(치매)・黃腫・怪異・橫死。	山 3		山 1	出´叄謀(참모)・教師・名儒(명유)・思想家。
水 2	腫瘤癌症(종류암증)・災晦怪異・鰥寡孤獨。	水 4		水 6	添丁(첨정)・出´文人秀士。退´歡喜財。
山 ▲9	出´佳麗美人・法官・辯護士・軍事家・佈道家(포도가)。	山 7	血症・火災・老化・跛・眇・缺脣(언청이)・色癆。	山 2	腫瘤癌症(종류암증)・災晦怪異・鰥寡孤獨。
水 7	血症・火災・老化・跛(파)・眇(묘)・缺脣・色癆(색로)。	水 9●	宜´田水(;논물)・溝洫(구혁;도랑물)・主´積富。	水 5	痴呆(치매)・黃腫・癌症・鬼邪崇尚(귀사수상)・死喪。

與^午子[下卦]圖와 仝(=同)^{이다}。　　　　　*仝(한가지 동)

【鐘註】

此局(^{차국})은

請(^청; ^{하세요})^參閱(^{참열})´午山子向之^解說^{하라}。　*請(청할 청)
*叅(참고할 참)
*閱(검열할 열)

■

艮方(;〈⑨⑦〉)^은　　　　　*抬=擡(올릴 대)

忌(^기; ^{꺼리다})´「白虎抬頭(^{백호대두})」^{인데}　*聳(솟을 용)

右砂^가 高起尖聳(^{고기첨용})^{이거나},　　*筍(죽순 순)
*刃(칼날 인)

土石^이 黑赤(^{흑적})^{이고},

不生´草木(^{초목})^{이거나};　　　　*揷(꽂을 삽)
*列(벌일 렬)

或^見´石^이 筍(^순; ^{죽순})^{하여}

如´利刃(^{이인}; ^{날카로운 칼날})^이 揷列(^{삽열})^{하거나}:　*飛(날 비)
*脊(등성마루 척)

或^見´

廟宇(^{묘우}; ^{사당})^의 飛脊(^{비척})^이 漆紅(^{칠홍})^{이거나};　*漆(검은 칠)
*樹(나무 수)

或^見´

古樹(^{고수})^의 枯枝(^{고지}; ^{죽은 가지})^{이거나} ;　*枯(마를 고)
*枝(가지 지)

或^見´

巨石(^{거석})^이 嶙峋(^{인순})^{이거나};　　*嶙(가파를 린)
*峋(깊숙할 순)

或^見´　　　　　*沖(빌 충)
*激(부딪쳐흐를 격)

大水(^{대수})^가 沖激(^{충격})^{이다}。

逢(^봉; ^{만나다})´流年客星(^{유년객성}; 1年 단위의 자백성)^

〈❸碧(; 木)〉・

〈❹祿(; 木)〉・

〈❺黃(; =9火)〉가

飛臨(^{비림})^은,

必^主´火災(^{화재})^{이다}。

8	4	6
7	+❾	2
❸•	5	1

〈❸碧〉이 到´艮은:
己丑(2009年)·戊戌(2018年)·
丁未(2027年)·丙辰(2036年)......은,
以下는 類推(유추)인,
即^〈❾紫〉入中之^年에,
9年이 輪(륜; 돌아오다)´一次(일차; 한 번)이다.

*推(옮을 추)
*輪(바퀴 륜)
*次(버금 차)

7	3	5
6	+❽	1
❷•	4	9

〈❷〉이 到(도; 이르다)´艮인데:
庚寅(2010年)·己亥(2019年)·
戊申(2028年)·丁巳(2037年)......은,
以下는 類推(유추)인,
即^〈❽白〉이 入中之^年은,
9年에 輪´一次이다.

6	2	4
5	+❼	9
❶•	3	8

〈❺黃〉이 到´艮는:
辛卯(2011年)·庚子(2020年)·
己酉(2029年)·戊午(2038年)......은,
以下는 類推인,
即^〈❷黑〉이 入中之^年은,
9年에 輪´一次이다.

上에 列(열; 열거)한 各^年에,
如果(여과; 만약)^
又(우; 또)^
逢´
(1) 寅(;火局)·午(;火局)·戌(;火局)·
(2) 申年에는,
更^驗(험)이다.

*列(벌일 렬)
*如(같을 여)
*果(실과 과)
*又(또 우)

*逢(만날 봉)
*更(다시 갱)
*驗(증험할 험)

[최주]
　寅·午·戌年은 三合으로 ㊋局이기 때문이고,
　坤宮(; 〈2㊋〉〈7㊋〉중에서도 〈2〉중에서도人元龍인 丁
　坐癸向이므로 未坤申(; 〈2〉)年중에서도 同元인 申年
　(; 〈2〉)만 해당된다.

八運　丁山癸向[起星]

兼午 [甲午]分金・大過卦(대과괘)
兼未 [壬午]分金・恒卦(항괘)

*恒(항상 항)

巽 巳	丙 午 丁	未 坤
辰		申
35 ╰七	7① ╰三	53 ╰五
乙		庚
44 ╰六	-2+6 ╰八	▲9⑧ ╰一
卯		酉
甲		辛
8⑨• ╰二	62 ╰四	1⑦ ╰九
寅		戌
艮 丑	癸 子 壬	亥 乾

丁				
壬午	庚午	戊午	丙午	甲午
2021 / 2020	1999 / 1998 / 1997	1996 / 1995 / 1994	1993 / 1992 / 1991	1990 / 1989 / 1988

四局	山星: 寅
	向星: 辛
地運	140年 (囚運 入囚)
城門	正城門: 亥方
	副城門: ✗
特記	山星合十

山 3	肝膽病・手脚殘疾・出´賊盜强樑(적도강량)・凶死。	山 7	貪花戀酒・淫亂・腎臟病(위장병)・聾啞(농아)・姦殺(간살)。	山 5	乏丁(핍정)・絶嗣・傷殘痴聾(상잔치롱)・橫禍怪異。
水 5	痲藥密輸・電死・槍決・蛇咬(사교)・家破人亡。	水 1	勤儉興家(근검흥가)・善於理財投資。	水 3	肝膽病・手脚傷殘・槍決(창결:총살)・炸死・路死。
山 4	肝膽病・股病・乳病・氣喘(기천)・瘟疫(온역)・放蕩。	山 2		山 ▲9	婚喜重來・子孫蕃衍(자손번연)・職位崇顯(직위숭현)。
水 4	放蕩多敗(방탕다패)・肝病・風癩(풍탄)・醜聞。	水 6		水 ⑧	田園富盛・工商百業發財。
山 ⑧	子孫蕃衍(자손번연)・職位崇顯(직위숭현)・富貴壽考(부귀수고)。	山 6	寒熱往來・鬼神崇尙・迷信貪痴(미신탐치)。	山 1	出´儒雅(유아)・溫文・秀麗之人・談判高手(담판고수)。
水 9•	田園富盛(전원부성)・鉅富旺丁(거부왕정)	水 2	寒熱往來(한열왕래)・鬼神崇尙(-수상)・疾病損人。	水 7	酒色破家・淫亂・腎臟病・肺病・姦殺(간살)。

[原註]
　　與^午子[起星]圖와　仝(동; 同)이다。　　　　　　　*仝(한가지 동)

【鐘註】
　　此局(차국)은
　　全盤(; 九宮 전체)이「合十」으로,
　　據(거; 근거)´
　　筆者的^考驗心得(고험심득; 경험으로 터득)하면,

　　「合十」은
　⑴　可^使´吉凶感應를　加倍(가배)시키고,
　　　且(차; 또한)^
　⑵　具有´化解(화해)´凶災(흉재)的^作用
　　　(; 絶[; 절대로]^不至´於^
　　　家破人亡[가파인망]과　絶嗣滅宗[절사감종]으로;

　⑴　山盤合十
　　山盤^與^運盤의「(山星)合十」은,
　　多^出´貴子이다。

　⑵　向盤合十
　　向盤^與^運盤의「(向星)合十」은,
　　多^出´巨富이다。

　　「入囚(입수)」時일지라도,
　　因(인; 때문에)^山과　水가　通氣하므로,
　　不敗이다。

■
遞生(체생)
　坐山(;〈⑦金⇨①水⇨三木⇨九火〉);
　⑴　挨星〈⑦赤金〉은　生´〈①白〉하고,
　⑵　〈①水〉는　生´〈三碧木〉하고,

*此(이 차)
*筆(붓 필)
*考(생각할 고)
*驗(증험할 험)
*得(얻을 득)

*吉(길할 길)
*凶(흉할 흉)
*感(느낄 감)
*應(응할 응)
*倍(곱절 배)
*具(갖출 구)
*破(깨뜨릴 파)
*嗣(이을 사)
*滅(멸망할 멸)

(3) 〈三(木)〉은 生´元旦盤 〈離九紫(火)〉하여,

是는 爲´遞生(체생; 돌아가며 연속으로 相生)으로,

若^

有´「金帶水」가 環抱(환포)하거나,

或^遠水(연수)가 映照(영조; 눈에 잘 보임)하면,

合´於^

「下元에 兼´貪(탐; 탐랑l 보좌기)」之^用神으로,

必^主´發福이 悠久(유구)이다。

*遞(번갈아 체)

*帶(허리띠 대)
*環(고리 환)
*抱(안을 포)
*映(비출 영)
*照(비출 조)
*悠(멀 유)
*久(오랠 구)

一~九運別 衰旺表(쇠왕표)								
運＼氣	退氣	吉氣			凶氣			補佐氣
		旺氣 大吉	生氣 吉	進氣 平	衰氣 小凶	死氣 大凶	殺氣 大凶	
上元 一運	9	1	2	3.4	⑦	6	5.⑦	8
上元 二運	1	2	3	4	9	6	5.7	8
上元 三運	2	3	4	5	1	6	7.9	8
中元 四運	3	4	5	6	2	⑧	7.9	1.⑧
中元 五運	4	5	6	7	3	2	9	1.⑧
中元 六運	5	6	7	⑧	4	9	2.3	1.⑧
下元 七運	6	7	8	9	5	4	2.3	1
下元 八運	7	8	9	①	6	2	3.4.5	①
下元 九運	8	9	①	2	7	6	3.4.5	①

■

艮宮〈8⑨〉

當令(당령)之^〈8白〉^丁星(; 山星)이

到´艮寅方(; 〈8⑨〉)하여,

宜´高大한 金星山이고;

交(; 만나다)´〈⑨紫〉에는,

宜´之玄(지현)^秀水(수수)이다。

合´於^

*宜(마땅할 의)
*交(사귈 교)

- 117 -

《玄機賦(현기부)》에
云하기를:
『輔(; 〈8〉)가 臨´
　丙丁(; 〈9〉, 午도 포함됨)는,
　位(; 지위)가 列´朝班(조반; 국가공무원)이다。』

*輔(도울 보)
*臨(임할 림)
*列(벌일 렬)
*朝(조정 조)
*班(양반 반)

《玄空秘旨(현공비지)》에
云하기를:
『天市(; 天市垣, 〈8艮〉; 하늘의 市場)가
　合´丙坤(; 〈9, 2〉)은,
　富가 堪^敵(적; 대적하다)´國이다。』

*垣(담 원)
*堪(이를 감)
*敵(대등할 적)

天市垣圖(천시원도)

《紫白訣(자백결)》에
云하기를:
『八이 逢(봉)´紫曜(; 9)는,
　婚喜(혼희; 결혼, 출산)가 重(; 거듭)^來이다。』

*逢(만날 봉)
*婚(혼인할 혼)
*喜(기쁠 희)

主′

(1) 三多九如(삼다구여;

　① 多富　②多壽　③多男와

　①山　②阜[부; 언덕]　③崗[강; 산등성이]
　④陵[능; 큰 언덕]　⑤川之至[천지지]
　⑥月之恆[월지긍; 반달]　⑦日之升[일지승])
　⑧南山之壽[남산지수]
　⑨松柏之茂[송백지무; 송백처럼 오랜기간의 영화]），

(2) 富貴壽考(부귀수고)이다。

■

酉辛方(; 〈⑨⑧〉)에
有′秀水・明山이면,
亦^同′此한 斷(단; 감정)이다。

[최주]
　〈⑧⑨(; ⑨⑧)〉는
출산・애인・결혼・합격・승진・출세・건강・수명장
수 등의 의미가 있는데, 연령과 상황에 따라 적당하
게 적용하여 감정한다.

*埠(선창 부)
*崗(언덕 강)
*陵(큰 언덕 릉)
*至(이를 지)
*恆(반달 긍)
*升(되 승)
*壽(목숨 수)
*松(소나무 송)
*柏(나무 이름 백)
*壽(목숨 수)
*考(상고할 고)

八運 丑山未向【下卦】

兼癸 [丁丑]分金・震卦
正兼 [己丑]分金・噬嗑(서합)卦
兼艮 [辛丑]分金・噬嗑(서합)卦

*噬(씹을 서)
*嗑(말 많을 합)

巽	巳	丙	午	丁	未↗	坤
辰		3 6 ∟七	7 ① ∟三	5 ⑧ ∟五		申
乙卯甲		4 7 ∟六	-2-5 △八	▲⑨3 ∟一		庚酉辛
寅		⑧2 ∟二	6 ⑨● ∟四	①4 ∟九		戌
艮		丑	癸 子 壬		亥	乾

	丑				
癸丑	辛丑	己丑	丁丑	乙丑	
037 036 035	034 033 032	031 030 029	028 027 026	025 024 023	

四局	⊿旺山旺向
地運	120年 （五運 入囚）
城門	正城門: ✗ 副城門: ✗
特記	山星合十

山3	肝膽病・脚病(각병)・傷殘・人命官司・凶死。	山7	出´酒色之徒(주색지도)・腎病・肺病・聾啞(농아)・姦殺。	山5	乏男´丁・絶嗣・惡報・瘡毒癌症・脊椎病(척추병)。
水6	頭痛・腦震盪(뇌진탕)・刀傷・官訟退財(관송퇴재)。	水1	勤儉創業興家(근검창업흥가), 人品儒雅優秀。	水⑧	進´田産・家業興隆・善有善報。
山4	文章不顯・肝膽病・瞽目殘疾(고목잔질)・神經痛。	山2		山▲9	出´聰明之^奇士(기사), 富貴有聲(부귀우성)。
水7	刀傷・肺病・勒死分屍・瘋狂(풍광)・産癆(산로)。	水5		水3	目疾(목질)・足病・肝炎・車禍(차화)・空難(공난)・火災。
山⑧	旺´人丁(인정)・積德善行(적덕선행), 出´高僧(고승)・聖賢(성현)。	山6	血症・肺病・腦炎・腦出血, 逆子(역자;불효자)・逆媳(역식;불효며느리)。	山1	宜´文筆峰(문필봉), 人丁・科名鼎盛(과명정성; 과거급제)。
水2	出´僧尼・精神病・腹病・狗咬(구교)・退´家産。	水9●	貴客而有長壽・工商百業發財。	水4	宜´暗水, 大水主淫蕩・漂泊(표박; 떠돌이)・失敗。

[原註]

合´「△旺山旺向」이다。

壬方(; 〈⑨〉)은 爲´生氣이다。

天(; 天盤 또는 運盤, 〈二⊕〉)・

地(; 〈8②〉; 山星과 向星)의

兩盤(; 天盤과 地盤의 두 개의 ⊕가

比和(비화; 같은 五行)하여, 吉하고;

向首(; 〈5⑧〉)에 有´水는,

今(; 四運)에「零神(영신)」으로,   *零(영 령)

發福이 最速(최속)이다。   *速(빠를 속)

【鐘註】

⑴ 合局

△旺山旺向은

宜´坐實朝空(좌실조공; 背山臨水[배산임수])이고,   *宜(마땅할 의)

爲(; ~되다)´

《玄機賦(현기부)》에   #背(등 배)
                                                  #臨(임할 림)
所云으로:

『巨(; 巨門 〈2〉)가   *連(잇닿을 련)

　　入´艮坤(; 〈8, 2〉)는,   *阡(두렁 천)
                                                  *陌(두렁 맥)
　　田(전; 논과 밭)이

　　連´阡陌(천맥)이다。[부동산 갑부]』

之^局으로, 財와 丁이 兩旺이다。

⑵ 不合局

反´之로,

若^坐空朝實(좌공조실; 배산임수의 반대)인,

則^

爲´《玄空秘旨》에

所^云으로는:

- 121 -

『丑未(; 〈82〉)가 換局(; 不合局)은 而^
　　出´僧尼(승니이다 』 之^局이다。

*換(바꿀 환)
*局(판 국)
*僧(중 승)
*尼(여승 니)

●
壬(; 〈6⑨〉)・
丙(; 〈7①〉)^兩方之^水는
爲´生氣이지만,
惟^
挨星이 〈6⑨〉・〈7①〉之^配(배; 배합)는

*配(짝 배)
*潺(물 흐를 잔)
*湲(물 흐를 원)

[山星이] 不正(; 生旺氣가 아님)이므로,
只^宜´小水로 潺湲(잔원)하고,
不^宜´大水가 浩蕩(호탕)이다。

*浩(클 호)
*蕩(쓸을 탕)

■
戌方은 〈1④〉交會(교회)하여,
　宜^山이고 不宜^水인데,
「下元에는 兼´貪(; 貪狼l은 보좌기)」 也로,
　主發´

*戌(개 술)

*貪(탐할 탐)
#狼(이리 랑)

　⑴ 科名之顯(과명지현)인데;
　若^
　無´秀峰(수봉)이고, 只^有´大水는,
　反^

*顯(나타날 현)

　⑵ 主´淫蕩(; 음탕; ㄴ蕩l淫)이다。

*淫(음란할 음)
*蕩(쓸을 탕)

[최주]
만약에 水面위에 반사된 秀峰이 보여도 된다.

■
庚(; 〈9③〉)方에 有´峰은,

- 122 -

爲´《玄空秘旨》에
云하기를:
  『木(; 〈3·4〉)이 見´火(; 〈9〉)는, 而^
    生´聰明奇士(총명기사)이다』이고,
見´大水는,
  爲´
  『見´祿存(녹존; 〈3〉),
    瘟(온; 전염병)이 必^發이다』이다。

■
震(; 〈④←⑦〉)·
巽(; 〈③←⑥〉)^兩宮은,
山水가 均(; 모두)^不宜^見이므로,
挨星(애성)은 逢´凶(흉)也하다。

[최주]
  이 坐向은 五運에 入囚가 되지만, 向星②가 坐宮에
있기 때문에 실질적으로 三運에 敗´家産이 된다.
  한편 三運에 丑坐未向은 △旺山旺向이므로 換天心
法(환천심법)을 활용하면 入囚(입수)가 되지 않는다.

*聰(귀 밝을 총)
*奇(기이할 기)

*祿(복 록)

*瘟(염병 온)

*逢(만날 봉)

*凶(흉할 흉)

兼癸 [乙丑]分金・震卦(진괘)
兼艮 [癸丑]分金・隨卦(수괘)

*隨(따를 수)

巽 巳 丙 午 丁 ㊤ 坤			丑					
辰 14 69 82 申	癸丑	辛丑	己丑	丁丑	乙丑			
乙卯 3 6 7 ① 5 ⑧ 庚								
七 三 五	037 036	035 034	033 032	031 030	029 028	027 026	025 024	023
甲 93 +2+5 47 酉	四局	⊿旺山旺向						
4 7 −2−5 ▲9 3 辛	地運	120年 (㊄運 入囚)						
六 ⊿八 一	城門	正城門: ✗						
寅 58 71 36 戌		副城門: ✗						
⑧2 6 ⑨● ①4	特記	山星合十						
二 四 九								
艮 ㊅ 癸 子 壬 亥 乾								

山 3	肝膽病・脚病・父子成仇(仇;원수 구)・劫盜・官災。	山 7	刀傷・不和・肺病・骨病・淫亂(음란)。	山 5	筋骨傷殘・乏男丁・絶嗣・出´僧尼(승니)。
水 6	頭痛(두통)・腦震盪(뇌진탕)・窒息(질식)・色情惹禍(색정 야화)。	水 1	發財, 福澤悠久。	水 ⑧	宜´遠水(원수), 否 則發財而多病・暗 悶(암민)。
山 4	婦女當家(부녀당 가),久而乏嗣(구이 핍사)。	山 2	[註] 大空亡 若´丑兼´癸은, 用´〈+4−3〉入´中하 여, 另´飛´一盤하여, +4順−3逆이다。	山 ▲9	出´聰明之奇才・文人・法官。
水 7	男盜女娼(남도여 창)・劫盜(겁도)・官災・刀傷(도상)・吐血(토혈)。	水 5		水 3	男盜女娼・劫盜(겁 도)・官災(관재)・刀 傷・吐血(토혈)・暴 力(폭력)。
山 ⑧	宜´遠山, 忌(기)´逼 塞(핍색),主黃腫・痴呆(치매)。	山 6	血症・肺病,出´逆 子・乏嗣(핍사)・淫 亂(음질)。	山 1	多生男丁・出´文人秀士・發科 甲功名。
水 2	出´僧尼(출승니)・田産土地發財, 多病。	水 9●	發財(발재), 福澤 悠久(복택유구)。	水 4	忌´近水,主´官司(관 사)・破財・身敗名裂 (裂;찢을 렬)。

- 124 -

[原註]
無´「替」는 可^尋(심)으로,
一切(일체)가 與^丑未[下卦]圖하여 同이다。

*替(쇠퇴할 체)
*切(온통 체)

【鐘註】
‘沈瓞民(; 심질민; ‘沈紹勳[심쇼훈]’의 長男)’이
云하기를:
『凡^兼向(; 大空亡)은,
  不能^用´「替」者이므로,
   另(; 별도로)^飛´山向一盤이다。』

*瓞(북치 질)
*縣(햇솜 면)

本局은 採用(채용)´其法(; 大空亡)하여,
以^阿拉伯[아랍백; 아라비아]數字는,
於^九宮中에,
另^飛´山向盤하여,

*採(캘 채)

*阿(언덕 아)
*拉(꺾을 랍)

一은 順(; ✖上山下水)이고
一은 逆(; △旺山旺向)인데,
讀者는 當^
合觀(합관; 丑坐替卦와 艮坐替卦)´之이다。

此局은 用´「替」인데 而^
不能^「替」에는,
吉凶이 參半(참반
 ;✖上山下水와 △旺山旺向)으로,
宜´於^平洋(; 平地)에 立穴이다。

*叁(섞일 참)
*半(절반 반)
*宜(마땅할 의)
*於(어조사 어)
*洋(바다 양)

●
丙壬^二方은,
向上挨星이
得´〈丙①; 次生氣〉・〈壬⑨; 生氣〉하여,
皆^爲´未來之^生氣이므로,

宜´水이다。

■

向上(; ⟨5⃞8⃞⟩)은 宜´遠山(원산)이고,
坐後(; ⟨8⃞2⃞⟩)에 宜´遠水(; 不見)가
遶抱(요포)이다。

*遠(멀 원)
*遶(두를 요)
*抱(안을 포)

●

庚・甲二方에,
向上挨星 ⟨庚; ⑦③⟩ ・ ⟨甲; ③⑦⟩ 으로,
《紫白訣》에
云하기를:
『 ⟨37⟩이 疊至(첩지; 중첩)는,
   被劫(피겁)이고
   更^見´官災(관재)이다。』로

*疊(겹칠 첩)
*被(당할 피)
*劫(위협할 겁)
*災(재앙 재)

見´水는,
定(; 必)^主´
⑴ 劫盜(겁도; 37)・
⑵ 官災(관재; 소송, 7)・
⑶ 吐血(토혈; 7, 9)・
⑷ 刀傷(도상; 7)・
⑸ 出´刻薄暴戾之人(각박폭려지인; 깡패・강도)이다。

*劫(위협할 겁)
*盜(훔칠 도)
*官(벼슬 관)
*災(재앙 재)
*吐(토할 토)

*刻(새길 각)
*薄(엷을 박)
*暴(사나울 폭)
*戾(어그러질 려)

■

辰・戌二方은,
⟨1⃞④⟩ ・ ⟨3⃞6⃞⟩이 并見(병견)하여,
宜´遠山・遠水가 秀麗照映(수려조영)은,
交至´上元(; 一⃞~三⃞運)하여,
文人秀士가 以^出하여,
科甲功名이 鼎盛(정성; 대단함)이다。

*麗(고울 려)

*照(비출 조)
*映(비출 영)

*鼎(솥 정)
*盛(담을 성)

八運 艮山坤向【下卦】

兼丑 [丁丑]分金・妄卦(망괘)
正線 [己丑]分金・妄ㅣ明卦
兼寅 [辛丑]分金・明卦

*妄(허망할 망)

巽	巳	丙	午	丁	未	坤 ↗
辰		①4	6⑨●	⑧2		申
乙		七	三	五		庚
卯		▲9 3	+2+5	4 7		酉
甲		六	八	一		辛
寅		5⑧	7①	3 6		戌
艮		二	四	九		乾
	丑	癸	子	壬	亥	

艮

癸丑	辛丑	己丑	丁丑	乙丑
052 051 050	049 048 047	046 045 044	043 042 041	040 039 038

四局	✗上山下水・伏吟
地運	120年 (五運 入囚)
城門	正城門: 酉方 / 副城門: 午方
特記	父母三盤卦(147´258´369)

山1	宜´文筆峰,出´科甲魁元(과갑괴원)·文人秀士。	山6	血症·肺病·腦炎·腦出血(뇌출혈)·出´逆子·逆婦。	山8	添丁(첨정;출산),積德行善, 出´聖賢·高僧(고승)。
水4	宜´遠水呈秀(원수정수),文人秀士。忌´近大之水。	水9●	貴客(귀객)而^長壽(장수)·商工百業發財(상공백업발재)。	水2	疾病淹久(질병엄구)·出´僧尼(승니)·精神異常(정신이상)·狗咬(구교)。
山▲9	出´聰明之^奇士(기사),富貴福壽(부귀수고)。	山2		山4	文章不顯·肝膽病·瞽目(고목; 장님)·殘疾·神經病。
水3	目疾·足病(족병)·肝炎(감염)·車禍·空難(공난)·電傷。	水5		水7	癲疾瘋狂·刀傷·喘嗽(천수)·勒死分屍·産厄。
山5	乏(핍)´男丁·絶嗣·出´僧尼·惡症·脊椎病(척추병)。	山7	出´酒色之徒(주색지도)·腎病·肺癆·聾啞(농아)·姦殺。	山3	脚病·肝膽病·肢體傷殘(지체상잔)·人命官司·凶死。
水⑧	發財(발재)·進´田産(;부동산)·得´善報(선보)。	水1	勤儉興家(근검흥가),出´文雅之人·名人秀士。	水6	頭痛·腦震蕩(뇌진탕)·刀傷·摔傷(솔상;落傷)·破財

[原註]

令星이 顚倒(전도; ✖上山下水)되어,
損丁破財(손정파재)인데,
向首(; 〈②〉)에 有´水光者는,
更^主´疾病(질병)이 連綿(연면; 장기간 연속)·
宅母(택모; 가정주부)가 不利이고;

午·酉^兩方은 可用´「城門訣」이고;
滿盤(만반; 九宮전체)이 犯´「伏吟」으로;

▲

兌方(; 〈④←⑦〉)은
形勢(형세; 형기)가 高壓(고압)者는,
更^主´
⑴ 癲疾瘋狂(전질풍광; 미친병)인데;

《玄空秘旨》에
云하기를:
『破軍(파군; 〈7〉)이 居´
  巽位(손위; 〈4〉)는,
  癲疾瘋狂(전질풍광)이다。』

[최주]
〈-4木〉 ← 〈-7金〉
⑴ 兩陰은 牝鷄司晨(빈계사신;
   여성이 마음대로 일을 처리함)이고,
   淫亂(음란), 絶孫(절손)이다.

⑵ 〈4木〉文昌星이 相剋을 받으므로
   不出´文秀이고, 功名이 無望(무망)이다.

⑶ 失令時에는 〈7金〉은
   口舌是非(구설시비), 刀兵之厄(도병지액).

⑷ 〈4木〉으로 肝膽病(간담병)이 발생한다.

*顚(정수리 전
      넘어질 전)
*倒(넘어질 도)
*綿(이어질 면)

*壓(누를 압)
*癲(미칠 전)
*瘋(미칠 풍)

*牝(암컷 빈)
*鷄(닭 계)
*司(맡을 사)
*晨(새벽 신)

*厄(액 액)

【鐘註】　● 眞城門訣

> 艮山之^「眞城門訣」은
> 是´巽(; ⒈)龍이 入首하고,
> 坤水(; ②)가 來朝하여,
> 震(; ③)・坎(; ①)・坤(; ②)으로 出水이다。
> (※本運에서는 不可^出´震(; ③)이다。)

《秘本(비본)》에
云하기를:
『四運에
　艮坤(; 艮坐坤向)^兼(겸; 分金)^
　寅申(; 寅坐申向)은,

■

向(; 向宮)은 喜´
山과 水가 並(; 아울러)^見이고,

■

巽巳(; 〈⒈④〉)・
午丁(; 〈⒍⒐〉)는
遇(우)´山水之秀이면,

*遇(만날 우)
*催(재촉할 최)
*貪(탐할 탐)

⑴ 催官(최관; 승진)이 甚(심; 매우)^速(속; 빠름)하고,
⑵ 且^會´下元에 兼(겸)´貪(; 〈⒈〉)之^局이다.

■

子癸(; 〈⒎①〉)・
卯乙(; 〈⒐③〉)은
忌(기)´凶山惡水이고,
　〈7←9〉는
在´下元에 本^吉星이지만,
然^不免´同宮이 剋戰(극전; 相剋)이다。

此(; 四運)는 與^三·五運에 正向(;下卦)은

略(;개의)^同으로,

倘(당; 만약)^

得´山水가 合格(; 合局)이면,

亦^貫(관; 관통)´三元(; 上元·中元·下元)하여

不敗이다(; 父母三般卦)。』

*略(다스릴 략)
*倘(혹시 당)
*貫(꿸 관)

4 7 一	9 3 六	②5 八
3 6 九	+5+8 三	7 1 四
8② 五	1 4 七	6 9 三
三運 艮坐坤向 ✖上山下水 父母三般卦		

7 1 四	3 6 九	⑤8 二
6 9 三	+8+2 五	1 4 七
2⑤ 八	4 7 一	9 3 六
五運 艮坐坤向 ✖上山下水 父母三般卦		

1 4 七	6 9 三	⑧2 五
9 3 六	+2+5 四	4 7 一
5⑧ 二	7 1 四	3 6 九
四運 艮坐坤向 ✖上山下水 父母三般卦		

♣ 父母三般卦 ♣

此局은 向盤挨星인

〈②〉는 到´坤 · 〈⑦〉은 到´兌 ·

〈⑥〉은 到´乾 · 〈①〉은 到´坎 ·

〈⑧〉은 到´艮 · 〈③〉은 到´震 ·

〈④〉는 到´巽 · 〈⑨〉는 到´離 ·

〈⑤〉는 入´中하여,

星宮이 復位(복위; 연위치)되어,

名´「滿盤伏吟(만반복음)」으로,

不宜(불의)´山龍之地(산룡지지)하고,

只^宜´平洋立穴(평양입혈)이다。

此局은

雖^然^山水令星이 顚倒(전도; 順行)되어,

犯´「✖上山下水」及^「滿盤伏吟」이지만,

*復(돌아올 복)
*滿(찰 만)
*盤(소반 반)
*宜(마땅할 의)
*顚(뒤집을 전)
*倒(넘어질 도)

但^

全局이 合´「父母三般卦」로

《沈氏玄空學遺稿(심씨현공학유고
 ; 저자는 沈紹勳[심소훈])》에

云하기를:

『即^九宮이 各^本宮之^挨星으로,

飛星은 要´各^自^合得´

〈147〉・〈258〉・〈369〉之^

父母三般卦가 是也이다。

父母三般卦之^妙用(묘용)은,

在´能^貫通(관통)´上・中・下^三元之^氣로,

使^天地陰陽之^化機(화기; 변화작용)되어,

隨時(수시)로 孕育(잉육)하여,

生生이 不已(불이; 끊어지지 않음)으로,

而「✖上山下水」・「反伏吟」

皆^受´卦氣之^潛移默化(잠이묵화)라도,

而^不致(불치; 이르지 않음)´爲凶(위흉; 흉함)이다。

玄空之^理는,

奧妙(오묘)가 如(여; ~같다)´是(시; 이것)이고,

《易》之^用은, 其^大矣(대의)哉이다!

茲(자; 여기에)^

擧(거)´實例(실례)하여 爲´證하자면:

▶《宅運新案(택운신안)》事例 (1)

某姓(모성)이,

三運에 葬(장; 장사하다)´其祖하였는데,

寅山申向으로,

犯´「✖上山下水」・「返伏吟」인데,

*遺(전할 유)
*稿(원고 고)

*貫(꿸 관)
*隨(따를 수)
*孕(아이 밸 잉)

*潛(잠길 잠)
*移(옮길 이)
*默(잠잠할 묵)

*奧(속 오)
*妙(묘할 묘)
*矣(어조사 의)
*哉(어조사 재)

*茲(이 자)
*擧(들 거)
*實(열매 실)
*例(법식 례)
*證(증거 증)

得´全局이 合´「三般卦」이다。
葬後에 大發´財丁이고,
爲´一族冠(일족관; 최고의 가문)이다。

*族(가계 족)
*冠(갓 관)

▶ 《宅運新案(택운신안)》事例 ⑵

*陸(뭍 육)

又:
'陸姓(육성)'은,
三運에 造´宅인데,
坤山艮向이고,
犯´「✖上山下水」・「返伏吟」인데,
得´全局이 合´「三般卦」이다。
'陸氏(육씨)'의 子孫은 興旺(흥왕)하였고,
置´田(; 논밭)이 三千^畝(무)인데。
皆^事實(사실)也이다。』

*置(둘 치)
*興(일 흥)
*旺(성할 왕)
*畝(이랑 무)

《宅運新案(택운신안)》初集(초집)에
內載(내재)´
三運에 坤山艮向(; ✖上山下水+부모삼반괘)・
四運에 丑山未向(; ✖上山下水+부모삼반괘)之^
發宅(; 발복받은 주택)인데,

*初(처음 초)
*載(실을 재)
*宅(집 택)

'沈瓞民(심질민; 沈祖緜[조면])'은
均^批(비; 비평하다)하기를:
『此는 全局이 合成´三般卦이다』・
『此^局은, 亦^全局이 合成´三般卦으로,
  居(거; 거주하다)´之하면 安吉이다』
等의 語이다。

*均(모두 균)
*批(비평할 비)

可^見´「三般卦」는
能^化解(화해)´「✖上山下水」・「返伏吟」으
로,

- 132 -

有/轉凶(전흉)은 爲′吉的^功用(공용; 효능)이다。　　　　　*轉(구를 전)

[최주]
《宅運新案(택운신안)》은
'策群(책군; 본명 '尤雪行[우설행]' 호는 '惜陰[석음]'
법명은 '演本法師';1872～1957年)'의 저서로 1927年
에 上海에서 출간되었으며, 내용은 현공풍수이론과
많은 사례로 현공풍수를 연구하는 학자들에게 지침서
가 되고 있는 좋은 서적이다.

《玄機賦》에
云하기를:　　　　　　　　　　　　　　　　　*通(통할 통)
『坤艮(;〈28〉)이　　　　　　　　　　　　　*偶(짝 우)
　通′偶爾之情(우이지정; 연인의 좋은 만남)이다』,　*爾(너 이)

'沈祖緜(심조면)'의 註(주)에:
『三·五·四運之^
　坤艮(; 坤坐艮向)·
　艮坤(; 艮坐坤向)·
　寅申(; 寅坐申向)·
　申寅(; 申坐寅向)은,
　全局이 合成′「三般卦」는,
　得′貞元(; 순수하고 올바름)之^氣로,　　　*貞(곧을 정)
　山向飛星이　　　　　　　　　　　　　*元(으뜸 원)
　雖^有′「返吟(반음)」·「伏吟(복음)」이지만,
　而^
　坐空朝滿(; 背山臨水의 반대)之^局인데,　*背(등 배)
　用′之하면, 亦^無咎(무구; 허물이 없음)이다。*臨(임할 림)
　若^
　坐實朝空(; 背山臨水[배산임수])인,
　即^　　　　　　　　　　　　　　　　*咎(허물 구)

- 133 -

《玄空秘旨(현공비지)》에

所謂(소위; 이른바)^

「丑未(; 〈82〉)가 換局(환국; 不合局)이면,

　而^出´僧尼(승니; 승려, 神父, 독신자)」가

　是(시; 이것)也이다。』

*換(바꿀 환)
*僧(중 승)
*尼(여승 니)

兼丑 [乙丑]分金・隨卦(수괘)
兼寅 [癸丑]分金・明, 賁卦(비괘)

*隨(따를 수)
*賁(클 분→비)

巽 巳 丙 午 丁 未 坤↗		
3 6　①　4　七	**7 1**　6　⑨●　三	**5 8**　⑧　2　五
4 7　▲⑨　3　六	**-2-5**　+2+5　八	**9 3**　4　7　一
8 2　5　⑧　二	**6 9**　7　①　四	**1 4**　3　6　九

(外:辰 乙卯 甲寅 艮 / 申 庚 酉 辛 戌 乾 / 丑 癸 子 壬 亥)

艮				
癸丑	辛丑	己丑	丁丑	乙丑
052 051 050	049 048 047	046 045 044	043 042 041	040 039 038

四局	✕ 上山下水
地運	120年 (五運 入囚)
城門	正城門: 酉
	副城門: 午
特記	父母三盤卦

山1	長房出逆子(역자;불효자)・次房(차방)出貴子。	山6	淫亂(음란)・乏嗣・血症・肺病・刀傷交戰(교전)。	山8	添丁(첨정), 但有肢體畸形者(지체기형자)。
水4	姦殺(간살), 金錢(금전)・色情紛糾(색정분규)・退財産(퇴재산)。	水9●	勤儉興家(근검흥가), 工商百業發財(상공백업발재)。	水2	出僧尼(승니)・鰥寡孤獨・疾病暗悶(질병암민)。
山9▲	出聰明(총명)之奇才(기재), 文風鼎盛(문풍정성)。	山2	[註]; 挨星圖는 是坐가 艮兼丑이고 向은 坤兼未的 挨星法이다.	山4	婦女當家・好善禮佛・久而乏嗣。
水3	手脚傷殘(수각상잔)・男盜女娼(남도여창)・官訟是非。	水5		水7	劫盜官災(겁도관재)・疾病傷殘・男盜女娼(남도여창)
山5	乏(핍)男丁・絶嗣・出僧尼(승니)・筋骨病痛(근골병통)	山7	酒色淫亂(주색음란)・劫掠(겁략)殺傷・爭訟交戰。	山3	長房出逆子・次房出貴子。
水⑧	進田産土地・巨富。	水1	勤儉興家(근검흥가), 工商百業發財。	水6	姦殺, 金錢(금전)・色情糾紛(색정규분)・中風。

[原註]
無´「替」는 可^尋이고,
吉凶은 與^艮坤[下卦]하여 相同이다。

*尋(찾을 심)

【鐘註】
用´「替」인데 而^
不能「替」이므로 [; 大空亡의 의미],
另(영; 별도로)^飛´山向盤인데,
見´丑山未向[起星]之^解說(해설)하라。

坐向(; 大空亡^坐向은
　　　　△旺山旺向과 ✖上山下水이므로)은
半山半水(; 낮은 산과 적은 물)이지만,
坐後^及^向首(향수; 向宮)之^
山峰·流水는 均(균; 모두)^宜´遠(원; 멀다)인데,

*均(고를 균)
*遠(멀 원)

(1) 最好는
是´不見水光(; 보이지 않는 물)的^暗拱水(암공수)이다。

*好(좋을 호)
*暗(어두울 암)
*拱(맞잡을 공)

(2) 最忌(최기)는
近而明顯(근이명현; 가까워 잘 보임)的^高山大水이다。

*忌(꺼릴 기)
*顯(나타날 현)

向盤挨星(; 向星)은
犯´「伏吟(복음)」·「返吟(반음)」으로,
宜´一片平原(일편평원; 평지)이다。
若^
葬(장; 장사하다)´山龍之穴은, 不吉이다。

●
子癸(; 〈7①〉)·午丁(6⑨)）兩宮은
[陰宅] 宜´田源(전원; 논물)·圳溝小水(수구소수)이고,
陽宅에서는 宜^門路·樓梯(누제; 엘리베이터)로,
主´

*源(근원 원)
*圳(밭도랑 수)
*溝(봇도랑 구)
*樓(다락 루)
*梯(사다리 제)

(1) 發財積富(발재적부),

(2) 諸事順利(제사순리)이다。

■

其餘의 各^宮은,

近山・近水은 皆^有′不利的^影響(영향)이므로,

宜′靜(; 不動)이고 不宜′動이고,

宜′平坦(평탄)이고 不宜′突窪(돌와; 와겸유돌의 의미가 아

님, 주변의 산세가 우묵하게 낮다는 의미)이다。

*積(쌓을 적)
*諸(모든 제)

*餘(남을 여)
*影(그림자 영)
*響(울림 향)
*坦(평평할 탄)
*突(갑자기 돌)
*窪(웅덩이 와)

▲

中宮의 〈2⑤〉는,

建墓(; 陰宅)에는 忌′巍峨(외아; 험하고 높음)이고,

陽宅에는 忌′幽暗(유암; 어둠)으로,

主′

(1) 鬼邪怪異(귀사괴이),

(2) 疾病災晦(질병재회),

(3) 鰥寡孤獨(환과고독)이다。

*建(세울 건)
*墓(무덤 묘)
*巍(높을 외)
*峨(높을 아)
*幽(그윽할 유)
*暗(어두울 암)
*鬼(귀신 귀)
*邪(간사할 사)
*怪(기이할 괴)
*異(다를 이)
*災(재앙 재)
*晦(그믐 회)

[최주]

1. 中宮의 〈2⑤〉는 四運에는 失令이지만,

合局이 되면

中宮의 山星〈2〉는 坐宮의 〈8〉와 상통하고,

中宮의 向星〈⑤〉는 向宮의 〈⑧〉과 상통하므로,

四運 기간에는 문제는 없다.

다만 四運이 지나면 〈2⑤〉에 따른

문제가 발생할 수도 있다.

2. 中宮의 〈2⑤〉는 合局일지라도,

역시 失令이므로 中宮에 해당되는 장소는,

항상 밝고 청결한 상태를 유지하는 것이 좋다.

조명은 주야로 밝혀주고,

밝은 색깔로 분위기를 환하게 만들어 주면 좋다.

八運 寅坐申向【下卦】

兼艮 [丙寅]分金・既卦(기괘)
正線 [戊寅]分金・既卦(기괘)　　　　　　　　*既(이미 기)
兼甲 [庚寅]分金・家人卦(가인괘)

巽	巳	丙	午	丁	未	坤
辰		①4 七	6 9● 三	8 2 五		申
乙						庚
卯		▲9 3 六	+2+5 六	4 7 一		酉 辛
甲						戌
寅		5 ⑧ 二	7 ① 四	3 6 九		
艮	丑	癸	子	壬	亥	乾

		寅			
壬寅	庚寅	戊寅	丙寅	甲寅
067 066 065	064 063 062	061 060 059	058 057 056	055 054 053

四局	✖上山下水・伏吟
地運	120年 (五運 入囚)
城門	正城門: 辛方　副城門: 丁方
特記	父母三盤卦

山1	宜´文筆峰, 出´科甲壯元・文人秀士。	山6	長房血症・肺病咳喘(폐병해천)・腦炎(뇌염)・腦出血。	山⑧	添丁(첨정), 積德行善・出´聖賢(성현)・高僧。
水4	宜´遠水呈秀, 出´文人秀士。忌(기)´近大・大水。	水9●	貴客而長壽・商工百業發財。	水2	疾病淹久・出´僧尼・精神異常(정신이상)・狗咬(구교)。
山▲9	出´聰明之奇才, 富貴福壽・榮宗耀祖(영종요조)。	山2		山4	文章不顯・肝膽病・瞽目(고옥; 애꾸눈)・殘疾・神經病。
水3	目疾・足病・肝炎・車禍・炸傷(작상)・電傷(전상)。	水5		水7	癲疾瘋狂・刀傷・喘嗽(천수)・勒死分屍・産厄。
山5	乏(핍)´男丁・絶嗣・出´僧尼(승니)・惡症(악증)・脊椎病(척추병)。	山7	貪花戀酒(탐화연주)・腎病・肺癆(폐로)・聾啞(농아)・姦殺(간살)。	山3	脚病・肝膽病・肢體傷殘(지체상잔)・人命官司・凶死(흉사)。
水⑧	發財・進´田産(;부동산)・得´善報(;희소식)。	水1	勤儉興家, 出´文人秀士・溫雅之人(온아지인)。	水6	頭痛・腦震盪・刀傷・摔傷(솔상;落傷)・破財。

[原註]
吉凶이 與^艮坤下卦^圖하여 同이다。

【鐘註】
本局은 令星之^山水가 相反(; 不合局)되어,
宜^用´於^
⑴ 平洋(; 平地)이나
⑵ <u>回龍顧祖(회룡고조)이거나</u>,
⑶ 坐空向實(; 背山臨水의 반대)之^地이다。

*回(돌 회)
*顧(돌아볼 고)
*祖(조상 조)

●

如^向首(; 〈⑧②〉)에 有´水이면,
⑴ 疾病纏綿(질병전면) •
⑵ 腹脹黃腫(복창황종)으로,
主´
母가 不利인데;

*纏(얽힐 전)
*綿(이어질 면)

*腹(배 복)
*脹(배부를 창)
*腫(부스럼 종)

▲

坐後(; 〈⑤⑧〉)에
有´高峰(고봉) • 竣嶺(준령)은,
主出´
⑴ 孀寡(상과; 청상과부) •
⑵ 孕婦(잉부; 임산부)遭殃(조앙)이다。

*竣(높을 준)
*嶺(재 령)
*孀(과부 상)
*寡(적을 과)
*孕(아이 밸 잉)

*遭(만날 조)
*殃(재앙 앙)

●

丁方(; 〈⑥⑨〉)의
〈⑨紫火〉는 爲´生氣인데,
但^
〈⑥金〉 ← 〈⑨火〉會合은, 火剋金으로,
不宜´大水(; 처방은 나무를 심어 遮形通氣 시킴)이고,
只^宜´田源(전원; 논물) • 溝圳(구수)之^小水이거나,

#遮(막을 차)
*溝(봇도랑 구)
*圳(밭도랑 수)

或^
方形(;⊕)·圓形(;　金)의 小^池塘(지당)이다。
最^忌는 該(해; 그)^方(;〈⑥⑨〉)에
有´
巨石(거석)·枯木(고목; 말라 죽은 나무)·
燒窯(소요; 불가마)·湍激之水(단격지수; 물살이 빠름)는,
主出´
(1) 逆子(역자; 불효자)·
(2) 長房(; b)이 血症(혈증; 9)·
(3) 火災(화재; 9)이다。

■
癸方(;〈⑦①〉)의 〈①白水〉는
爲´下元에 兼取(겸취)之^輔佐星(보좌성;〈1〉)으로,
(1) 有(;〈①〉)´
　三叉合水(삼차합수)·
　曲折秀水(곡절수수)는 爲´吉이고,
(2) 忌(;〈⑦〉)´
　高峰(고봉)·
　巨石(거석)·
　高樓(고루; 높은 빌딩)는
　爲´凶이다。

▲
巳方의 〈①④〉는
文魁(문괴;〈文4〉,〈魁1〉)가 交會하여,
有´秀峰(수봉)이
如^
筆架(필가)·
文筆(문필)·

*池(못 지)
*塘(제방 당)

*枯(마를 고)
*燒(사를 소)
*窯(가마 요)

*湍(여울 단)
*激(물 흐를 격)

*血(피 혈)
*症(증세 증)

*災(재앙 재)

*兼(겸할 겸)
*取(취할 취)
*輔(덧방나무 보)
*佐(도울 좌)

*曲(굽을 곡)
*折(꺾을 절)

*魁(으뜸 괴)
*筆(붓 필)
*架(시렁 가)

金冠(금관)·
霞帔(하피; 과거에 귀부인의 예복으로 목에서 앞가슴까지 덮는
어깨덧옷)·
金水帳(금수장)은:

主出´
(1) 科甲功名(과갑공명; 시험을 통한 출세)·
(2) 才子佳人(재자가인)이다。

*冠(갓 관)
*霞(놀 하)
*帔(치마 피)
*帳(휘장 장)

*才(재주 재)
*佳(아름다울 가)

筆架 (필가)	文筆 (문필)	金冠 (금관)	霞帔 (하피)	金水帳 (금수장)

*架(시렁 가) *冠(갓 관) *帶(띠 대) *浪(물결 랑)

■
乙(; 〈⑨③〉)·
申(; 〈⑧②〉)兩方은,
亦^宜´

▲
(1) 〈⑨⑧〉;
端秀(수려; 端正秀麗)^
山岡丘阜(산강구부; 낮은 산)이고,

*端(바를 단)
*秀(빼어날 수)
#麗(고울 려)

●
(2) 〈③②〉;
忌(기; 꺼리다)´大水이다。

*岡(산언덕 강)
*丘(언덕 구)
*阜(언덕 부)

■
乾(; 〈③⑥〉)·

- 141 -

兌(; 〈④⑦〉)^兩宮은,
凶星이 會聚(회취)하여,
山・水가 均^不宜^近으로,
一片平地(일편평지)가 最^佳(가; 吉)이다。

*會(모일 회)
*聚(모일 취)
*片(조각 편)
*最(가장 최)
*佳(아름다울 가)

八運 寅山申向 [起星]

兼艮 [甲寅]分金・賁卦(비괘)
兼甲 [壬寅]分金・家人卦(가인괘)

*賁(클 비)

寅				
壬寅	庚寅	戊寅	丙寅	甲寅
067 066 065	064 063 062	061 060 059	058 057 056	055 054 053

四局	山星: 乙 / 向星: 寅(上山)
地運	120年 (五運 入囚)
城門	正城門: 辛 / 副城門: 丁
特記	

飛星盤:

▲9 4 七	5 9 三	7 2 五
8 3 六	+1 +5 八	3 7 一
4 8 二	6 1 四	2 6 九

方位: 巽 巳 丙 午 丁 未 坤 / 辰 乙 卯 甲 寅 艮 丑 癸 子 壬 亥 乾 / 申 庚 酉 辛 戌

山 ▲9	添丁・仁義之家・婦女當權・久而乏嗣(구이핍사)。	山 5	目疾・心疼(심동)・火傷・炸傷・橫死・絶嗣(절사)。	山 7	吐血(토혈)・落胎・難産・夭折(요절)・橫禍・淫亂・乏嗣。
水 4	乳腺炎(유선염)・目疾(목질)・肝病・火傷・淫奔(음분)・勒死。	水 9	宜´小水・暗水(암수; 혈에서 보이지 안흔 물), 忌´大水浩蕩。	水 2	胃腸病(위장병)・肺病・難産(난산)・吐血・火災・暗悶。
山 8	添丁・出´文才(문재)・壯元(장원), 兄弟同科(형제동과)。	山 1		山 3	男盗女娼(남도여창)・不仁不義・病痛・官司(관사)。
水 3	損幼丁・肢體殘廢・墮死(타사)・兄弟鬪牆(형제혁장;내분)。	水 5		水 7	家室分離・剛毅生災(강의생재)・劫盜官非(; 소송)。
山 4	懷才不遇(회재불우)・風濕關節症・虎咥(호질)・蛇咬。	山 6	出´文人秀士(문인수사), 才藝聰明(재예총명)。	山 2	寒熱往來(한열왕래)・祖靈不安・脾胃病・靑孀寡婦(청상과부)。
水 8	宜´金帶水抱穴(금대수포혈), 發財・進´田産(전산)。	水 1	勤儉創業(근검창업), 貴人相助, 富貴悠遠(부귀유원)。	水 6	剋妻・孤獨・迷信破財(미신파재)・官司・傷寒。

[原註]

　　令星(; 旺氣星〈8〉)이 到′坐^{하여},

　　背後^(배후)에 有′水者는, 進′財^{이고};

　　丁(;〈5⃞9〉)・辛(;〈3⃞7⃞〉)兩方은

　　可用′「城門訣」^{이고};

　　滿盤^(만반)이 犯′「伏吟」^{으로};

　　如(; 만약)^形氣가 相背^(상배; 不合局)하여,

　　而^

　　乾方(;〈6⃞〉)에 又^有水는,

　　不利^{하다}。

*到(이를 도)

*背(등 배)
*後(뒤 후)

*滿(찰 만)
*盤(소반 반)

【鐘註】

　■

　丁方^의〈9⃞〉는 生氣星^{으로} 爲′吉^{이지만},

　但^〈5⃞9〉가 交會^{하여},

　反(;오히려)^爲′凶星^{이다},

▶ [최주]

〈5⃞9〉의 감정사례

1.〈5⃞9〉에 大門이나 현관문이 있으면 일단 發財한 다음에 損財(손재)을 입게 된다.

■		
1 4 六 ⌐	6 8 二 ⌐	8 6 四 ⌐
9 5 五 ⌐	+2-3 七⃞ ⌐	4 1 九 ⌐
5⃞9 一 ⌐	7⃞7⃞ 三 ⌐	3 2 八 ⌐

大門 ↓
道路　道路

七⃞運 丁坐癸向
●雙星會向+山星合十

[事例]
영업이 잘 되는 식당인데 친구에게 많은 돈을 빌려주고 아직까지 한 푼도 받지 못했다고 한다.
그런데〈5黃殺〉때문에 앞으로도 되돌려 받기가 아주 어려울 것이다.

다만 ④運이 되면 大門이 있는 向星〈⑨〉가 生氣가
되어 ⑤運보다 사업이 더욱 번창할 것이며 횡액이
있을 지라도 가벼울 정도로 그칠 것이다.

《玄空秘旨》에
云하기를:
『丁近傷官

　(정근상관; 상관; 陰陽은 다르고 五行相生하는 것,

　〈-9丁㊋〉는 生′〈+5戊㊏〉는,

　爲′傷官)은,

　人과 財가 因^之하여 耗乏(모핍)이다』;

*近(가까울 근)
*傷(상처 상)

*耗(줄 모)
*乏(가난할 핍)

『我가 生′之하여도

　而^反^被(피; 당하다)′其^災(재)으로,

　以′難産(난산;〈9〉)으로

　爲^致死(치사;〈5〉)이다』이다.

*災(재앙 재)

*難(어려울 난)
*産(낳을 산)
*致(이를 치)

只^

宜′

小水(소수)·

暗水(; 穴에서 보이지 않는 물; 暗拱水[암공수])이고,

切^忌′大水(대수)가 浩蕩(호탕)인데,

否(부; 아님)인 則^

主′

(1) 難産(난산)·

(2) 火災(화재)·

(3) 藥毒(독약)·

(4) 炸死(작사; 폭발사망)·

(5) 瞽目(고목; 장님)·

(6) 觸電(촉전; 감전사고)·

*暗(어두울 암)
#拱(두손잡을 공)
*浩(클 호)
*蕩(쓸어버릴 탕)
*否(아닐 부)

*炸(터질 작)
*瞽(소경 고)
*目(눈 목)

*觸(닿을 촉)
*電(번개 전)

(7) 空難(공난; 항공사고)·

(8) 腸癌(장암; 대장·소장암)

等의 凶事인데,

<u>剋´五黃(; 中宮)·一白(; 中宮)의</u>

<u>命之^人</u>이다。

*難(어려울 난)

*腸(창자 장)
*癌(암 암)

■

辛方之^水은 爲´〈⑦赤〉은

「刑曜(형요; 형사사건의 별)」인데,

〈③⑦〉이 會合하여

爲´「穿心殺(천심살; 木←金)」인데,

又^爲´

*刑(형벌 형)
*赤(붉을 적)
*曜(빛날 요)=星

*穿(뚫을 천)
*心(마음 심)
*殺(죽일 살)

《飛星賦(비성부)》에

所云은:

『乙辛(; 地元〈37〉)兮은,

家室(가실; 가정)이 分離(분리; 이혼이나 별거)이다。』

*兮(어조사 혜)
*室(집 실)
*分(나눌 분)
*離(떼놓을 리)

又^

云하기를:

『須^識´〈7剛(; 金)〉〈3毅(; 木)〉인데,

剛毅(강의)者는, 制(; 相剋)한 則^

生´災(재; 재앙)이다。』

(; 逢´流年

〈❼赤(金)〉·〈❾紫(火)〉가 飛來하여

相制(; 相剋)하면, 發´禍(화; 災禍[재화])이다。)

*又(또 우)
*云(이를 운)

*須(모름지기 수)
*識(알 식)
*毅(굳셀 의)
*剛(단단할 강)
*災(재앙 재)

*逢(만날 봉)
*禍(재화 화)

[최주]

流年客星〈囲紫火〉가 이르면

重剋(중극; 두 번 相剋)이 되어

凶象이 정도가 더욱 심하게 발생한다.

〈3木〉←〈7金〉←〈客星9火〉

《紫白訣(자백결)》에
云하기를:
『〈7〉이 逢´
　〈3〉은 到´生財이지만,
　豈^識´財多에 被盜(피도; 도적에게 당함)인가;
　〈3〉이 遇´
　〈7〉은 臨´生病이고,
　那^知´病癒遭官(병유조관)이다。』으로

種種(종종; 간혹)은 禍殃(화앙)이므로,
絶(; 절대로)^不可用이다。

*云(이를 운)

*豈(어찌 기)
*識(알 식)
*被(당할 피)
*盜(훔칠 도)
*病(병 병)
*癒(병 나을 유)

*遭(만날 조)
*官(벼슬 관)

*禍(재화 화)
*殃(재앙 앙)

兼丁　丁未[分金]·巽卦
正線　己未[分金]·井卦　　　　　　　　　　*井(우물 정)
兼坤　辛未[分金]·井卦

巽 巳　丙 午 丁　未　坤		
辰	6 3 七┘	■
乙 卯	7 4 六┘	8 5 五┘
甲 寅	1 7 三┘	坤 申 庚
	-5-2 ⊿八┘	酉 辛
	▲9 6 四┘	3 9● 一┘
艮 丑 癸 子 壬	2 8 二┘	4 1 九┘
		亥 乾 戌

未				
癸未	辛未	己未	丁未	乙未
217 216	215 214 213	212 211 210	209 208 207 206	205 204 203
四局	⊿旺山旺向			
地運	60年(三運 入囚)			
城門	正城門: 甲方　　副城門: 壬方			
特記	向星合十			

山6	頭痛·脚傷(각상)·腦震盪(뇌진탕)·剋妻·父子不和。	山1	生´聰慧子女·謀士·語文專家·談判高手(담판고수)。	山8	出´天才兒童·聖賢仙佛·高僧·孝義忠良。
水3	肝膽病·脚傷(각상)·惡父逆子·刀殺·路死。	水7	貪花戀酒·淫奔(음분)·損丁·破財·官非。	水5	出´僧尼·橫禍·狗咬(구교;개에게 물림)·腫毒·凶死。
山7	傷殘·毀容(훼용)·盜賊·逃亡(도망)·牢獄(뇌옥)·姦殺。	山5		山3	出人不仁·刻薄·殘病剋妻(잔병극처)·肝膽病。
水4	婦女不和(부녀불화)·淫亂·毀容·姦殺·漂蕩(표탕)。	水2		水9●	廳堂再煥(청당재환)·榮譽光輝(영예광휘)·經商發財。
山2	出´僧尼(승니)·靑孀寡婦(청상과부),暗悶災晦·脾胃病。	山▲9	文章科第(문장과제)·職崇位顯(직숭위현)·富貴壽考。	山4	淫蕩·肝病·氣喘(기천)·自縊·落水·流亡(유망;떠돌이)。
水⑧	田連阡陌(전연천맥)·理財致富(이재치부)·成長擴大(성장확대)。	水6	血症·肺病(폐병)·腦炎(뇌염)·頭病·腦出血·官司(관사;소송)。	水1	勤儉興家(근검흥가)·少年科甲(소년과갑)·名播四海(명파사해)。

令星이「到山到向(; △旺山旺向)」이다。

庚方(; 〈③⑨〉)은 爲´生氣이다。

壬(; 〈⑥〉)·甲(; 〈④〉)兩方은

俱(구; 모두)^可用´「城門訣」이다。　　　　　　*俱(함께 구)

離(; 〈①⑦〉)·

巽(; 〈⑥③〉)兩方은

犯´〈37〉凶星(; 穿心殺[천심살])이다。　　　　*穿(뚫을 천)

【鐘註】 ● 眞城門訣(진성문결)

> 未山之^「眞城門訣」은
>
> 是´
>
> 震龍〈⑥〉入首에,
>
> 艮水〈⑧〉가 朝入(; 得水)하여,
>
> 兌〈⑨〉·離〈⑦〉·艮〈⑧〉으로
>
> 出水(; 去水)이다。

《秘本(비본)》에

云하기를:

『四運에

　未丑(; 未坐와 丑坐)는,

　爲´正向正用(; 下卦)은,

　向上(; 向宮〈⑧〉)은 得´旺水이고,

　山上(; 坐宮〈⑧〉)은 得´旺山이다。

　壬(; 〈⑨⑥〉)·

　戌(; 〈④①〉)二宮은

　若^得´山水之^秀이고,

　庚(; 〈③⑨〉)·

　甲(; 〈⑦④〉)兩宮은

不見´凶山惡水(흉산악수)이면,
亦^爲´可取이다。』

《紫白訣(자백결)》에
云하기를:

『 〈39〉 〈96〉
　〈63〉은,
惟^乾離震(〈693〉)은
攀龍有慶(반룡유경)이고,
而 〈258〉之^位도
亦^可´蜚聲(비성)이다。

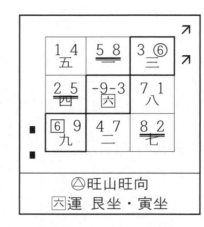

*攀(더위잡을 반)
*蜚(메뚜기날 비)

△旺山旺向
六運 艮坐・寅坐

〈17〉 〈74〉
　〈41〉은,
但^坤艮中(〈285〉)은
附鳳爲祥(부봉위상)이고,
而 〈471〉之^房은
均^堪´振羽(진우)이다。

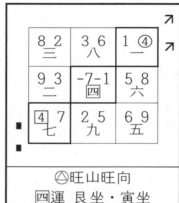

*附(붙을 부)
*祥(상서로울 상)
*堪(입을 감)
*振(떨칠 진)
*羽(깃 우)

△旺山旺向
四運 艮坐・寅坐

〈82〉 〈25〉 〈58〉은,
在^兌巽坎(741)은　登雲足賀(등운족하)이고,
而 〈396〉之^屋(방; 주택)은
俱(구; 모두)^足´題名이다。』

*登(오를 등)
*足(발 족)
*賀(축하 하)
*題=提(들 제)

〈82〉 〈25〉 〈58〉은
　指´
三・四兩運之^未丑의 山・向・中宮으로;

- 150 -

〈369〉之^屋은 是′
指′
離震乾(〈936〉)三宮的^房屋(방옥; 주택)이고,
山(; 山星)・
向(; 向星)의 挨星은
有′
〈1白〉은 魁星(괴성)・
〈4綠〉은 文昌(문창)으로,
可^出′
科甲功名(과갑공명)也 이다。

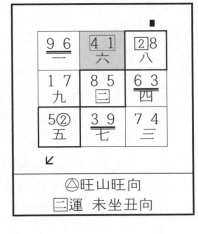

△旺山旺向
三運　未坐丑向

△旺山旺向
四運　未坐丑向

八運 未山丑向[起星]

兼丁 乙未[分金]·巽(손)卦
兼坤 癸未[分金]·蠱(고)卦

*蠱(독 고)

<table>
<tr><td colspan="2">

巽 巳 丙 午 丁 未 坤
辰 ___ 申
乙 卯 ___ 庚 酉 辛
甲 ___ 戌
寅 ___ 亥
艮 丑 癸 子 壬 亥 乾

41 6 3 七	96 1⃞7 三	28 8⃞5 五
39 7 4 六	+5+2 / -5-2 △四	74 3 9● 一
85 2 8⃞ 二	17 ▲9 6 四	63 4 1⃞ 九

</td></tr>
</table>

未				
癸未	辛未	己未	丁未	乙未
217 216 215	214 213 212	211 210 209	208 207 206	205 204 203

四局	△旺山旺向
地運	60年 (三運 入囚)
城門	正城門: 甲方 / 副城門: 壬方
特記	向星合十

山6	窒息(질식)·中風·氣喘(기천)·腿脚病(각기병)·腰痛(요통)。	山1	庶妾生子(서첩생자)·聰明榮顯(총명영현)·文武雙全。	山8	出´高僧·尼師(니사)·隱士·居士·寺廟委員(사묘위원)。
水3	發而分房不均·富貴門中에 亦´出´敗家子。	水7	淫亂(음란)·貪花戀酒(탐화연주)·劫盜·刀傷·交戰。	水5	鰥寡孤獨·橫禍怪病(횡화괴병)·惡果惡報(악과악보)。
山7	肢體傷殘(지체상잔)·氣喘·肝膽病·惡瘡潰爛(--궤란)。	山5	※고딕체는 坤坐艮向[替卦] 애성반으로 地元과 天元의 小空亡	山3	出´刻薄暴虐不仁之人·孽子劣女(얼자열녀)。
水4	淫風醜聞(음풍추문)·不仁不義·唯利是圖(유리시도)。	水2		水9●	婦女興家(부녀흥가)·巨富,但社會風評不好。
山2	出´僧尼鰥寡·脾胃病·狗咬獸傷(구교수상)。	▲山9	添丁·出´貴女·女丈夫·叅謀(참모)·文學家。	山4	宜´遠峰呈秀(--정수)·出´文秀·智識分子。
水8	發´田産(전산)·房地産(;부동산)·畜牧(축목)山産發財。	水6	淫亂·殺傷·劫掠(겁략)·殘疾·交戰·姦殺。	水1	勤儉創業, 僅能´富而有名, 不能貴。

[原註]
無´「替」可尋이다。(; 체괘와 애성반이 동일하다는 의미)

【鐘註】
無´「替」之^局으로,
另(영; 별도)^飛´山向星하여 一盤은,
見´丑山未向[起星]之^解說하라。

*秘(숨길 비)
*訣(비결 결)
*予(줄 여)
*揭(들 게)
*露(발설할 로)

這는 是´玄空挨星的^秘訣(비결)인데,
特(; 특별히)^予´揭露(게로; 공개)한다。

此局(; 未坐 | 坤坐사이 小空亡)은
宜(의)´
⑴ 坐後(; 〈28〉 〈85〉)에
　　有´圓形(; 金星)의 小山하고,

*河(강 이름 하)
*池(못 지)
*湖(호수 호)

⑵ 山後(; 〈28〉 〈85〉)에는
　　有´河流(하류)・池湖(지호)이고,
⑶ 前面(; 〈82〉 〈85〉)에는
　　有´圓形池湖(원형지호)이고,
⑷ 水外(; 〈82〉 〈85〉)에는
　　有´圓形의 小山이 爲´朝案(; 朝山, 案山)이다。

■
辰方(; 〈46〉 〈13〉)・
戌方(; 〈64〉 〈31〉)은
又^
有´圓池(원지)・圓山(원산)은,
是´爲「四金(; 辰戌丑未는 庫[고])」의 龍穴은,
必^主´

*庫(창고 고)
*敵(대등할 적)

⑴ 富는 可^敵(적; 대등하다)´國이고,
⑵ 貴는 比´´王謝(왕사; '六朝[당나라 이전의 6개 왕

조시대로 222~589年]' 시대에 '王' 씨와 '謝' 씨가 *族(족속 족)
문이 당대에 甲族)' 이다.

※大空亡 坐向의 폐해
若^
坐後(; 〈2 8〉)가 凹陷(요함)하고, *凹(오목할 요)
前面(; 〈5 8〉)은 逼壓(핍압)하고, *陷(빠질 함)
又^坐가 未丁(; 大空亡)은, *逼(닥칠 핍)
*壓(누를 압)
必^主´ *傷(상처 상)
(1) 傷損男女(상손남녀)· *損(덜 손)
(2) 淫亂貧賤(음란빈천)· *淫(음란할 음)
(3) 招贅過繼(초췌과계; 데릴사위 승계)· *亂(어지러울 란)
(4) 韓壽偷香(한수투향; 간통)· *貧(가난할 빈)
(5) 文君夜奔(문군야분; 애인과 야반도주)이다. *賤(천할 천)
*招(부를 초)
*贅(혹 췌)
《訣(결)》에 *過(지날 과)
曰하기를: *繼(이을 계)
『未山(; 未坐丑向 下卦와 替卦)이 *偷(훔칠 투)
得運에는 丁財가 足하고, *奔(달릴 분)
失令에는 兼´
丁(; 人丁, 사람은 賤(천)이 無休(무휴)이다。』 *賤jian
吉凶之^分野(분야)는 *休(쉴 휴)
定^在´
(1) 分金(; 坐向)·
(2) 山水(; 龍穴砂水)·
(2) 時運(; 三元九運)也이다.

■
辰 〈4〉方에 有´凹缺風煞(요결풍살)이면, *凹(오목할 요)
入´水이고; *缺(이지러질 결)

- 154 -

■

寅〈②〉·

巳〈④〉方^이 風煞(풍살)인데,

入´泥土(니토)^{이고;}

*泥(진흙 니)

■

甲〈⑦〉方^이 風煞은,

樹根(수근; 木根)^이 穿入(천입; 관으로 뚫고 들어옴)^{하여},

主´

(1) 吐血(토혈)·

(2) 四肢風癱(사지풍탄; 팔다리가 마비)·

(3) 胸疼(흉동)^{이다}。

*樹(나무 수)
*根(뿌리 근)
*穿(뚫을 천)
*吐(토할 토)
*肢(사지 지)
*癱(마비 탄)
*胸(가슴 흉)
*疼(아플 동)

若^

坐는 [未(; 地元)坤(; 天元)]^{이고}

向은 [丑(; 地元)艮(; 天元)]^인

中線(중선)之^陽宅(; 地元天元의 小空亡)은,

考驗(고험; 경험)上으로

(1) 多^罹患(이환)´肺癌(폐암)^{하여} 死亡^{이다}。

*考(상고할 고)
*驗(증험할 험)
*罹(걸릴 리)
*患(병 환)
*肺(허파 폐)
*癌(암 암)

[최주]

棺(관)속에 물이나 木根(목근; 나무뿌리)이 들어오는 이유는 穿壙(천광)작업이 부실한 경우가 대부분이다.

#棺(널 관)
#穿(뚫을 천)
#壙(광 광)

八運 坤山艮向【下卦】

兼未 [丁未]分金・升(승)卦
正線 [己未]分金・升´訟(송)卦
兼申 [辛未]分金・訟(송)卦

*升(되 승)
*訟(송사할 송)

坐向 羅盤圖：

巽 巳 丙 午 丁 未 坤		
4 ① 七	▲9 6 三	2 ⑧ 五
3 ⑨● 六	+5 +2 六	7 4 一
8 5 二	1 7 四	6 3 九

辰 乙 卯 甲 寅 艮 丑 癸 子 壬 亥 乾 戌 辛 酉 庚 申 坤

坤				
癸未	辛未	己未	丁未	乙未
2332 2331 2330	229 228 227	226 225 224	223 222 221	220 219 218

四局	✕上山下水・返吟
地運	60年 (三運 入囚)
城門	正城門: ✕ / 副城門: ✕
特記	父母三盤卦

山4	美人計(미인계)・淫蕩(음탕)・婦女落水・淫婦殺姦夫。	山▲9	貴客而長壽(귀객이장수)・碩學宿儒(석학숙유)。	山2	腹病・精神異常・出´僧尼・靑孀寡婦(청상과부)。
水1	勤儉興家(근검흥가)・海外創業・名香四海。	水6	血症・肺病・腦出血(뇌출혈)・腦炎(뇌염)・骨病。	水⑧	田産富盛・巨富財閥(거부재벌)。
山3	男盜女淫・刻薄暴虐(각박포학)・官訟是非。	山5	[註]; 若^未兼丁, 用〈-3+4〉入中하여, 另^飛´一盤이다。 本篇은 是´ 坐는 未兼坤이고 向은 丑兼艮인 挨星法이다。	山7	傷殘・毀容(훼용)・淫亂・刀殺・勒死・出´娼妓。
水9●	招財進寶・華廈鼎新(화하정신;혁신)・名庭光顯。	水2		水4	出賣色相・拍裸(照勒索[나체사진협박])・姦殺。
山⑧	出´天才兒童・聖賢仙佛・警察(경찰)・高僧(고승)。	山1	添丁・出´智者・謀士・談判高手・語文家。	山6	頭痛・腦震蕩(뇌진탕)・孤獨・官司(; 소송)・惡父逆子。
水5	痲藥密輸・痴呆(치매)・惡報・怪病・破産(파산)。	水7	仙人跳(선인도;미인계)・貪花戀酒・淫奔逃亡。	水3	肝膽病・脚傷・墜落傷・雷打(뇌타)・刀傷・劫盜。

[原註]

　令星이 顚倒(전도; ✖上山下水)이고,

　且^

　全局이 犯(범)´「伏吟(복음)」이다。

*顚(넘어질 전)
*倒(넘어질 도)
*伏(엎드릴 복)
*吟(읊을 음)

【鐘註】

　「伏吟」은

　見´

　艮山坤向[下卦]^及^

　申山寅向은,

　筆者(필자)之^解說(해설)하라。

*解(풀 해)
*說(말씀 설)

　此局^及^起星·申山寅向[下卦]는,

　亦^

　全盤(; 九宮전체)이 合得´「父母三般卦」인데,

　惟^均^

　犯´

　「✖上山下水」·「伏吟」으로,

　只^<u>要用´於^平洋의 坐空朝實之^地形</u>은,

　亦^能´轉凶爲吉(전흉위길)이다。

*朝=向
*轉(구를 전)

　乾·坤·艮·巽의 四維(; 天元)의 山向은,

　以^收(수)´

　子·午·卯·酉의 四正(; 天元으로 同元)의

　<u>龍·水</u>하여야

　爲´佳(가; 吉)인데,

　但^此局은

　子〈①⑦〉·午〈⑨⑥〉·

　卯〈③⑨〉·酉〈⑦④〉의

　四宮^挨星은

　皆^非類相配(비류상배; 凶)이다:

*維(바 유)
*收(거둘 수)
*佳(아름다울 가)

■

子의 〈①⑦〉은:
宜′山이고 不宜′水인데,
若^見′水流가 傾瀉(경사)는,
必^犯′
(1) 徒流(도류; 귀양←歸鄉[귀향])·逃亡(도망)이다。

*傾(기울 경)
*瀉(쏟을 사)
*徒(형벌 도)
*逃(달아날 도)

■

午의 〈⑨⑥〉은:
宜′山이고 不宜′水인데,
見′水는
主′
(1) 長房血症(장방혈증)·
(2) 老翁肺病(노옹폐병)이고,

*翁(늙은이 옹)

水(; 물)가 大는, 火災(화재)인데;
若^見′
燒窯(소요; 도자기 가마)·巨石(거석)·
枯木(고목; 죽은 나무)·
廟宇刷紅(묘우쇄홍; 사당의 홍색)은,
爲′
「火(;〈9〉)는 燒(소)′天門(;〈6〉)」하여,
出′
(1) 逆子(역자; 불효자)·
(2) 逆婦(역부)이다。

*燒(사를 소)
*窯(가마 요)
*枯(마를 고)
*廟(사당 묘)
*宇(집 우)
*刷(인쇄할 쇄)
*紅(붉을 홍)
*逆(거스를 역)
*婦(며느리 부)

■

酉의 〈⑦④〉는:
山水가 均^不宜′이므로,
主′
(1) 文章이 不顯(불현)이고,

*顯(나타날 현)
*嘔(토할 구)
*早(일찍 조)
*夭(어릴 요)

⑵ 嘔血早夭(구혈조요; 일찍 죽음)이다。

■

卯의 〈③⑨〉는:

宜′

田源(; 논물)・圳溝小水(수구소수; 도랑물)이거나

或^暗水(; 暗拱水[; 穴에 안 보이는 물])이고,

忌(기)′

大水가 湍急(단급; 물의 흐름이 빠름),

浩蕩(호탕; 수량이 많음)이 有聲(유성)이다。

*圳(도랑 수)
*溝(봇도랑 구)
*湍(여울 단)
#灘(여울 탄)
*急(급할 급)

*浩(클 호)
*蕩(쓸어버릴 탕)

*聲(소리 성)

八運 坤山艮向[起星]

兼未　乙未[分金]·蠱(고)卦
兼申　癸未[分金]·困(곤)卦

*蠱(毒 고)
*困(괴로울 곤)

巽 巳　丙 午 丁　未　坤			坤				
辰		申	癸未	辛未	己未	丁未	乙未
6 3　4 ① 七	**1 7**　▲9 6 三	**8 5**　2 ⑧ 五	232 231 230	229 228	227 226 225 224 223	222 221	220 219 218
乙		庚					
卯 **7 4**　3 ⑨ 六	**-5-2**　+5+2 八	**3 9**　7 4 一 酉	四局	✗上山下水·返吟			
甲		辛	地運	60年 (三運 入囚)			
寅 **2 8**　⑧ 5 二	**9 6**　① 7 四	**4 1**　6 3 九 戌	城門	正城門: ✗　　副城門: ✗			
艮　丑　癸 子 壬　亥　乾			特記	父母三盤卦			

山4	姦婦姸婦(간부연부)·淫風醜聞。宜遠秀, 出文人。	山▲9	貴客而長壽·人丁旺盛。	山2	出僧尼·靑孀寡婦·暗悶災晦·久病纏綿(전면)。
水1	長子放蕩(장자방탕)·辛勤創業(신근창업)。宜遠水。	水6	淫亂·劫掠(겁략)·爭戰·骨病·血症。	水⑧	驟發驟敗(취발취패)·要暗拱之水, 方^不敗。
山3	男盜女娼(남도여창)·肝膽病·肢體傷殘(지체상잔)。	山5		山7	男盜女娼·生病官災·肢體傷殘(지체상잔)。
水9●	宜遠小之水,積富。忌近水, 驟發驟敗(취발취패)。	水2		水4	淫風醜聞(음풍추문)·驟發驟敗·肝病·股病(고병)。
山8	出高僧尼師(고승니사)·隱士(은사)·居士(거사)。	山1	旺人丁·出智者·謀士·碩學宿儒。	山6	頭痛·中風·長幼無序(장유무서)·男女不倫(--불륜)。
水5	財來而破·因果應報(인과응보)·狗咬獸傷(구교수상)。	水7	淫亂·劫掠交戰不和·姦殺·官訟是非。	水3	犬咬(견교)·蛇咬·墜落傷(추락상)·脚氣病·肝腎病。

[原註]

　　無´「替」는 可^尋^{이다}。　　　　　　　　　　*尋(찾을 심)

【鐘註】

　　無「替」之^局은,

　　另^(영; 달리)^飛´山向星^{하여}

　　一^盤^(; 飛星盤)하는데,　　　　　　　　　　*解(풀 해)

　　見´丑山未向[起星]之^解說^{하시라}。

　　此局은

　　是´不當^用´「替^(; 체괘)」이고　而^

　　用´「替」之^弊^(폐; 폐단)은,　　　　　　　　*弊(해질 폐)
　　　　　　　　　　　　　　　　　　　　　　　　　*習(익힐 습)
　　常^有/習´巒頭的^地師^[현공이기를 무시하는 풍수사]說은:

　　　　　　　　　　　　　　　　　　　　　　　　　*巒(뫼 만)
　　『山水形勢는　　　　　　　　　　　　　　　　　*頭(머리 두)
　　　　　　　　　　　　　　　　　　　　　　　　　*師(스승 사)
　　　　是´天地^가　生成的^{이므로},

　　　　有´好的^巒頭는,　　　　　　　　　　　　　*虛(빌 허)
　　　　　　　　　　　　　　　　　　　　　　　　　*妄(허망할 망)
　　　　必^有´好的^理氣

　　　　(; 指´龍法・穴法・砂法・水法)는

　　　　相應^{하므로},　　　　　　　　　　　　*論(말할 론)
　　　　　　　　　　　　　　　　　　　　　　　　　*調(고를 조)
　　　　理氣는　是´虛妄^(허망)的^{이다}。』

　　執^(집; 고집)^這^(저; 이)^種의　論調^(논조)的^地師는,　*膚(살갗 부)
　　　　　　　　　　　　　　　　　　　　　　　　　*淺(얕을 천)
　　是´膚淺^(부천; 실력없는)^無識者^(무식자)이다。

　　要知´

　　天地^의　萬物^{이란},　　　　　　　　　　*升(오를 승)
　　　　　　　　　　　　　　　　　　　　　　　　　*降(내릴 강)
　　無時不在^(; 언제 어디서나)^　　　　　　　　#降(항복할 항)
　　變易之中^(; 항상 변화)이므로,　　　　　　　*往(갈 왕)
　　　　　　　　　　　　　　　　　　　　　　　　　*來(올 래)
　　氣는

　　有´升降^(승강)・往來^(왕래)・　　　　　　　*消(사라질 소)
　　　　　　　　　　　　　　　　　　　　　　　　　*長(성장할 장)
　　消長^(소장; 췴몰)的^律動^(율동; 규칙적인 변화)이다。　*律(법 률)

《葬經(장경; 郭璞[곽박]; 276~324年, 東晉시대 著
名風水學者)》에
曰하기를:
『葬(장; 장사)은, 乘(승)´生氣이다』로,
風水는 必須(필수)^

(1) 形氣風水
　　掌握(장악)´巒頭的^
　　最佳條件(최가조건; 藏風聚氣[장풍취기])이고,
(2) 理氣風水
　　更^要^抓住(조주; 파악하다)´
　　氣運的^脈動(; 규칙적 변화)하므로,

得´地・得´時하여야,
才(; 비로소)^獲得(획득)´好的^效應(효응)인데,
豈(기)하여 可^執(집; 고집하다)´
一端之偏(일단지편; 형기풍수에만 고집함)한다는 말인가?
如(여; 예컨대)^
此局은,
星氣가 不佳(; ✘上山下水 또는 空亡)인데,
巒頭(만두; 형기)가
再^怎麼好(즘마호; 아무리 좋아도)이라도,
也^是´沒用的(몰용적; 쓸모가 없음)이고,
棄(기; 버리다)´之(; 이러한 땅)하는 것이 可(; 옳다)也이다!

*郭(성곽 곽)
*璞(옥돌 박)
*乘(탈 승)

*掌(손바닥 장)
*握(쥘 악)
*佳(아름다울 가)
*條(가지 조)
*件(사건 건)
#藏(감출 장)
#聚(모일 취)
*抓(긁을 조)
*脈(맥 맥)

*得(얻을 득)
*獲(얻을 획)
*豈(어찌 기)
*端(끝 단)
*偏(치우칠 편)

*巒(뫼 만)

*怎(어찌 즘)
*麼(무엇 마)
*好(좋을 호)

*沒(없을 몰)
*棄(버릴 기)

八運 申山寅向【下卦】

兼坤 丙申[分金]・未卦
正線 戊申[分金]・未卦
兼庚 庚申[分企]・解卦

*解(풀 해)

巽	巳	丙	午	丁	未	坤
辰	4 ①	▲9 6	2 ⑧		申	
	七	三	五 ■			
乙卯	3 ⑨●	+5 +2	7 4		庚酉辛	
甲	六	六	一			
	8 5	1 7	6 3		戌	
寅	二	四	九		乾	
艮	丑	癸 子 壬	亥			

申					
癸未	辛未	己未	丁未	乙未	
247 246 245	244 243 242	241 240 239	238 237 236	235 234 233	

四局	✗ 上山下水・返吟
地運	60年（三運 入囚）
城門	正城門: ✗
	副城門: ✗
特記	父母三盤卦

山 4	美人計・淫蕩 (음탕)・婦人投水・淫婦殺姦夫。	山 ▲9	貴客而長壽・碩學宿儒(석학숙유)。	山 2	腹病・精神異常・出´僧尼・暗悶災晦(암민재회)。
水 1	勤儉興家・海外創業(해외창업)・名利雙收。	水 6	血症・肺病・腦出血(뇌출혈)・逆子逆婦・骨病。	水 ⑧	田産富盛・巨富財閥(거부재벌)・周轉靈活。
山 3	男盜女淫(남도여음)・刻薄暴戾(각박폭려)・官訟是非。	山 5		山 7	傷殘・淫亂・刀殺・勒死(늑사)・娼妓・婦女不睦。
水 9●	招財進寶(초재진보)・華堂煥彩(화당환채)・富貴福壽(부귀복수)。	水 2		水 4	氣喘(기천)・窒息(질식)・姦殺・色情紛糾(색정분규)。
山 ⑧	出´天才兒童(천재아동)・聖賢仙佛(성현선불)・警察(경찰)・高僧(고승)。	山 1	添丁(첨정;출산)・出´智者・謀士・談判高手。	山 6	頭痛・腦震蕩(퇴진탕)・父子不和・官司(관사)・孤獨。
水 5	痲藥密輪()・昏迷痴呆(혼미치매)・惡報(악보)・破産(파산)。	水 7	仙人跳(선인도;미인계)・貪花戀酒・色情紛糾(색정분규)。	水 3	肝膽病・脚傷・摔傷(솔상)・雷打・刀傷・劫盜。

[原註]
與^坤艮[下卦圖]^{하여} 全(=同)이다。

【鐘註】
山盤挨星(; 山星)은 全局이「伏吟」으로,
忌(기; 꺼리다)´山龍之^穴이고,
宜(의)´於^平洋(평양)에 點穴(점혈)이다。
「✖上山下水」는,
要(; 해야한다)´坐空朝實(좌공조실; 배산임수의 반대)인데:

*洋(바다 양)
*點(점찍을 점)
*空(빌 공)
*實(열매 실)

※ 陰宅의 ✖上山下水合局
(1) 背後
背後(배후)에 有´水가 環抱(환포)하거나,
或^池湖(지호)가 養蔭(양음; 풍부)하고;

*背(등 배)
*後(뒤 후)

*環(고리 환)
*抱(안을 포)

(2) 前面
前面은 一片(일편; 일대)이 平地가 爲´明堂이고;
稍(초; 조금)^遠處(연처; 〈8±⇨〉)에는
有´⑧金形山이 爲´朝案(; 朝山과 案山)이고,
不可´有水가 放光이다。

*蔭(그늘 음)
*片(조각 편)

*稍(점점 초)

※ 陽宅의 ✖上山下水合局
(1) 背後
陽光(; 햇빛)이 要´背後에는 有´空地(; 花園)이나,
或^樓梯(누제; 사다리)・電梯(전제; 엘리베이터)이나,
或^由(유; 부터)^後門으로 出入하고;

*背(등 배)
*後(뒤 후)

*園(동산 원)

*樓(집 루)
*梯(사다리 제)

(2) 前面
前面은 隔(격; 사이를 두다)´
一條(일조; 한 가닥)의 大馬路(대마로; 큰 도로)이고,
再(; 거기에 다가)^有´
一幢(일당; 다른 건물)이 比(비; 비교하여)^
本身建築(본신건축; 내 집)하여 高(; 높다)´1~2層的^
樓房(;건물)이 當(; 되다)´「案山」이다。

*隔(사이 뜰 격)
*條(가지 조)
*幢(집단위 당)
*層(층 층)
*樓(집 루)
*房(방 방)

合´於^這(저; 이런)^種의 地形이면,

主´財丁가 雙全이다。

反´之하면,

財와 丁(; 人丁)이 兩敗이다。

全盤(전반; 九宮 전체)이

合´〈147〉 · 〈258〉 · 〈369〉의

「父母三般卦(부모삼반괘)」는:

有´

⑴ 逢凶化吉(봉흉화길) ·

⑵ 人緣廣泛(인연광범; 四海同胞[사해동포])的^
   效應(효응)이다。

■

此局의 挨星(애성)은,

唯^

巳方之^〈①白水〉가 最吉인데,

合´於^「下元에 兼´貪(탐; 〈1〉)」之^用으로,

又^

交會´〈④綠〉文昌하여,

主´

⑴ 創業興家(창업흥가),

⑵ 蜚譽士林(비예사림; 학계에 명성을 날림)이다。

▲

丁(; 〈⑨⑥〉)方에 有´秀峰은,

挨星이 〈⑨紫〉인데,

交會´〈⑥白〉官星으로,

乃^

⑴ 衣紫腰金(의자요금; 최고위직 공무원)之^象인데,

*這(이 저)
*雙(쌍 쌍)
*兩(두 량)
*敗(깨뜨릴 패)

*逢(만날 봉)
*緣(인연 연)
*廣(넓을 광)
*泛(뜰 범)
#胞(동포 포)

*貪(탐할 탐)

*綠(초록빛 록)

*創(비롯할 창)
*業(업 업)
*興(일 흥)
*家(가믄 가)

*蜚(날 비)
*譽(기릴 예)

*衣(옷 의)
*紫(자줏빛 자)
*腰(허리 요)

《玄空秘旨》에

云하기를:

『丁丙(; 〈9〉)이 朝(조; 만나다)´

　乾(; 〈6〉)은

　　貴客^而^有´耄耋之壽(모질지수; 수명장수)』,

主´

⑵ 富貴壽考(부귀수고)이다。

*耄(늙은이 모)
*耋(늙은이 질)

*壽(목숨 수)
*考(상고할 고)

兼坤 甲申[分金]・困(곤)卦
兼庚 壬申[分金]・解(해)卦

*困(괴로울 곤)
*解(풀 해)

巽 巳 丙 午 丁 未 坤		
4 ⑨● ▲9´ 5	2 7	申
七 三	五	
3 ⑧ +5+① 7 3		庚 酉 辛
六 八 一		
8´ 4 1´ 6 6 2		戌 乾
二 四 九		
艮 丑 癸 子 壬 亥		

申					
癸 未	辛 未	己 未	丁 未		乙 未
247 246 245	244 243 242	241 240 239	238 237 236		235 234 233

四局	山星: 寅(下水)
	向星: 乙
地運	40年 (日運 入囚)
城門	正城門: ✗
	副城門: ✗
特記	伏吟

山 4	自縊・勒死(늑사)・孤伶(고령:고독)・乳腺炎・肝膽病。	山 ▲9	文章科第驟至(문장과제취지), 出'貴子'榮宗耀祖。	山 2	血症・産厄(산액)・官訟是非・損胎(손태)・乏嗣・淫賤。
水 9●	巨富好義(거부호의)・經常^獲(획)暴利(폭리)。	水 5	目疾(목질)・腸癰(장옹)・心疼(심동)・人財耗乏(인재모핍)。	水 7	殘疾破相(잔질파상)・吐血(토혈)・落胎(낙태)・淫亂・橫禍(횡화)。
山 3	出'盜賊・四肢傷殘(사지상잔)・兄弟不和・肝膽病。	山 5		山 7	刀傷・車禍(차화)・肺病・喉症(후증)・姦殺・官災(관재)。
水 ⑧	發財進産・文才魁元(문재괴원:수석)・多添男子。	水 1		水 3	手脚傷殘・肝膽病・劫盜(겁도)・男盜女娼(남도여창)。
山 8	出'在野賢才・居士(거사)・園藝家(원예가)。	山 1	添丁出貴(첨정출귀), 科甲連登(과갑연등)。	山 6	寒熱往來(한열왕래)・鬼神不安・孤獨(고독)・老化症。
水 4	風濕關節症(풍습관절염)・肝膽病・氣喘(기천)・損(손)'幼丁(유정)。	水 6	添丁(첨정), 出'文秀,退歡喜財(퇴환희재)。	水 2	寒熱往來(한열왕래)・鬼神崇尚(귀신수상)・胃腸病(위장병)。

[原註]
全局이 犯´「伏吟(복음)」이다。

【鐘註】
此^局은 山盤挨星(; 山星)之^

   〈2〉가 到´坤 · 〈8〉이 到´艮 ·

   〈3〉이 到´震 · 〈7〉이 到´兌 ·

   〈4〉가 到´巽 · 〈6〉이 到´乾 ·

   〈1〉이 到´坎 · 〈9〉가 到´離 ·

   〈5〉가 入´中(; 中宮)하여,

名´
「還宮復位(환궁복위)」 ·
「滿盤伏吟(만반복음)」으로,
又^
坐山(; 坐宮, 〈2〉)은 失令(실령; 失運)이고,
向首(; 向宮, 〈4〉)는 逢(봉)´死(; 死氣)로,
最^忌´於^山地(; 山地龍)에 立穴이고,
只^宜(의; 마땅하다)´平洋(; 平地)인데,
否(부; 아님)인 則^
必^主´
(1) 家破人亡(가파인망)이다。

《飛星斷(비성단; 飛星賦[비성부])》에
云하기를:
『申(; 〈2〉)이 尖(첨)하면
  興(흥; 일으키다)´訟(송; 소송)이다』인데,

坐(; 〈2〉)後에
若^見´
尖銳(첨예)之^
山峰 · 石筍(석순) · 建築物(건축물)은,

*挨(밀칠 애)
*到(이를 도)

*還(돌아올 환)
*復(돌아올 복)

*滿(찰 만)
*盤(소반 반)
*伏(엎드릴 복)
*吟(신음할 음)

*逢(만날 봉)
*忌(꺼릴 기)
*否(아닐 부)

*破(깨뜨릴 파)

*尖(뾰족할 첨)
*興(일을킬 흥)
*訟(송사할 송)

*銳(날카로울 예)
*筍(죽순 순)

必^出´

(1) 訟棍(송곤; 악덕변호사) ·

(2) 司法黃牛(사법황우; 브로케)이나,

或^

(3) 爲´田産土地(; 부동산)하여

　　女人이 打´官司(관사; 소송)이다。

又^

[飛星賦에]

云하기를:

『誰(수; 누가)^知´

　坤卦(; 〈2〉)가

　庭中(; 〈8〉)은,

　小兒(소아)가 憔悴(초췌; 病弱)이겠는가。』

若^

見´高山·樓房(누방; 건축물)이 逼壓(핍압)은,

主´

(1) 小口(; 미성년자)가 不利이다;

〈2⊕〉 〈7⦵〉의 合은 化(; 변화)´火이므로,

又^

主´

(1) 吐血(토혈) ·

(2) 墮胎(타태; 낙태) ·

(3) 難産(난산; 출산위험) ·

(4) 夭亡(요망; 조기 사망) ·

(5) 橫禍(횡화; 돌발피해)로,

(6) 出入行事(; 거래행위)가 乖張(괴장; 어긋남)이고,

　　安中(; 평안한 중에)에 伏(복; 도사리다)´

　　危(위; 위험)이다。

*訟(송사할 송)
*棍(몽둥이 곤)
*黃(누를 황)
*牛(소 우)

*打(칠 타)
*官(벼슬 관)
*司(맡을 사)

*誰(누구 수)
*庭(뜰 정)
*兒(아이 아)

*憔(수척할 초)
*悴(파리할 췌)
#病(병 병)
#弱(약할 약)

*樓(다락 루)

*逼(닥칠 핍)
*壓(누를 압)

*吐(토할 토)
*血(피 혈)

*墮(떨어질 타)
*胎(아이 밸 태)
*難(어려울 난)
*産(낳을 산)
*夭(어릴 요)
*亡(죽을 망)

*乖(어그러질 괴)
*張(베풀 장)
*危(위태할 위)

〈2黑〉은,

主(; 주관하다)′

2(;둘째 아들)·5(;다섯째 아들)·8房(팔방; 여덟째 아들)인데,

因(인; 왜냐하면)^

坤卦(; 〈2〉)는 是′母卦(모괘)로,   *都(모두 도)

所以(소이; 그래서)^

房房(방방; 모든 형제)이 都(도; 전부)^有′災殃(재앙)이다。   *災(재앙 재)
*殃(재앙 앙)

向首(; 向宮)의 〈8④〉는,

《玄空秘旨》에

云하기를:

『山(; 〈8〉)에   *泉(샘 천)
  風(; 〈4〉)이 値(치; 만나다)이면,   *石(돌 석)
  而^泉石膏肓(천석고황; 현실도피주의자)』이고;   *膏(살찔 고)
*肓(명치끝 황)

『山地(; 〈8土2土〉)가   *被(당할 피)
  被(피; 相剋당하다)′風(← 〈4木〉)은,   *還(돌아올 환)
  還(환; 정말로)^生′風疾(풍질)이다。』·   *疾(병 질)

主′

(1) 懷才不遇(회재불우; 재주는 있으나 때를 못 만남)이고,   *懷(품을 회)
(2) 終老林泉(종노임천; 평생 출세하지 못하고 은거함)으로;   *遇(만날 우)
*終(끝날 종)
(3) 風濕關節症(풍습관절염)·   *濕(축축할 습)
(4) 腹胃病(복위병)·   *節(마디 절)
*服(배 복)
(5) 損胎(손태; 태아가 손상됨)·   *損(덜 손)
*胎(아이 밸 태)
(6) 傷(상)′小口(소구; 미성년자)이다。   *傷(상처 상)

- 170 -

八運　甲山庚向【下卦】

兼寅 [丙寅]分金·豊卦
正線 [戊寅]分金·離卦
兼卯 [庚寅]分金·離卦

*豊(풍성할 풍)
*離(떼놓을 리)

巽 巳 丙 午 丁 未 坤	
辰	申
乙 卯　7 ⑨● / 2 5 / ▲⑨ 7　庚	
甲　七　三　五	酉 辛
寅　⑧ ⑧ / -6+① / 4 3	戌
艮 丑 癸 子 壬 亥 乾	

九宮:

7 ⑨● 七	2 5 三	▲⑨ 7 五
⑧ ⑧ 六	-6+① 八	4 3 一
3 4 二	① 6 四	5 2 九

甲				
壬寅	庚寅	戊寅	丙寅	甲寅
082 081 080	079 078 077	076 075 074	073 072 071	070 069 068

四局	▲雙星會坐(:向星上山)
地運	40年 (二運 入囚)
城門	正城門: 未方 / 副城門: ✗
特記	

山 7	盜賊橫禍·火災·毒害·淫亂(음란)·姦亂(간난)。	山 2	疾病損主·産難(산난)·刑耗(형모)·腹疾·惡瘡(악창)。	山 ▲9	出´美女·辯護士·法官·評論家·軍火專家。
水 9●	宜(의)´小水(소수)·暗水(암수),積富(적부),女人興家。	水 5	昏迷(혼미)·痴呆(치매)·官訟·淫亂·癰腫瘡疽(옹종창저)。	水 7	性病·火災(화재)·服毒·吸毒(흡독)·吸食毒品·姦殺。
山 8	文才忠孝,富貴壽考,積善之家。	山 6		山 4	挽籃山(만람산),出´乞丐(걸개;거지)。掀裙舞袖,出´娼妓。
水 8	富貴壽考(부귀수고)·父子齊發(부자제발)。	水 1		水 3	肝膽病·脚病(각병)·出´俳優(배우)·盜賊·劣子(열자)。
山 3	探頭山, 出´盜賊。反覆無常(반복무상),肝膽病·脚病。	山 1	出´聰明之子,少年及第(소년급제),名播四海(명파사해)。	山 5	乏丁(핍정)·絶嗣。忌´大山·巨石·古樹(고수)·神廟。
水 4	肝膽病·股病·淫蕩·聲色犬馬·漂浪(표랑)。	水 6	出´文人秀士,退´歡喜財。	水 2	疾病損主,胃病·胰臟病(이장병)·暗悶災晦。

令星(영성; 旺氣星)이 會合´坐山(; 〈8⃞8⃞〉)이고;

辰方〈7⃞9⃞〉은 爲´生氣이고 ;　　　　　　　　*囚(가둘 수)

三⃞運에「入囚(입수)」이고;

如(; 만약에)^

坤(; 〈9⃞7⃞五〉)方에 有´水는,

(1) 主´染(염; 전염되다)´花柳病(화류병; 성병)인데;　　　　*染(물들일 염)

　　《飛星賦》에

　　　有云하기를:　　　　　　　　　　　　　　　　　　　　*花(꽃 화)

　　『靑樓(청루; 기생집)에 染疾(염질)은,　　　　　　　　*柳(버들 류)

　　　只^因^七弼(; 〈79〉에　　　　　　　　　　　　　　*弼(도울 필)

　　　同´黃(; 〈5〉)이다。』으로,　　　　　　　　　　　　*堪(견딜 감)

　　更^主´破敗(파패)가 不堪(불감; 심하다)은;

　　因(인; 원인)은 是´凶水也이다。

(2) 並^主´火災인데;

　　《飛星賦》에

　　　云하기를:　　　　　　　　　　　　　　　　　　　　　*赤(붉을 적)
　　　　　　　　　　　　　　　　　　　　　　　　　　　　　*紫(자줏빛 자)
　　『赤紫(적자; 〈79〉)兮는,

　　　致災(치재; 재앙이 찾아옴)가　　　　　　　　　　　*致(가져올 치)
　　　　　　　　　　　　　　　　　　　　　　　　　　　　　*災(재앙 재)
　　　有數(우수; 정해져 있는 운수)이다。』

【鐘註】

　「水裏龍神上山(; ▲雙星會坐)」之^局은,

　　比(비; 비교하다)´　　　　　　　　　　　　　　　　　*裏(속 리)
　　　　　　　　　　　　　　　　　　　　　　　　　　　　*還(더욱 환)
　「山上龍神下水(; ◉雙星會向)」之^局하여

　　還(환; 더욱)^凶이므로,

所以^
坐後的^山峰은
最^忌´
高大^逼壓(핍압)이므로,
而^<u>宜´橫龍穴</u>이고,
背後에는 有水이고,
水後에는 有´鬼星(귀성;
樂山[낙산]의 의미)이
護穴(호혈)的^地이다。

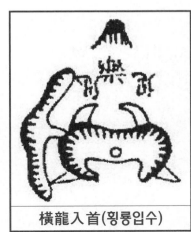

橫龍入首(횡룡입수)

*逼(위협할 핍)
*壓(누를 압)
*護(보호할 호)

#樂(즐길 낙)
#鬼(귀신 귀)

或^
平洋地(평양지)에서는,
穴後에는 有´
⑴「金帶水」가 環抱(환포)이거나, 或^
⑵ 池水(지수)가 養蔭(양음; 풍부)하고,
⑶ 水外에는 有´⊕·⊛星的^山이 作´屏風(병풍)이고;
向上에는 是´
一片平地(일편평지)는 當^明堂이고,
又^
有´
「一字文星(일자문성)」·
「福壽文星(복수문성)」·
「展誥(전고)」

*洋(바다 양)
*帶(띠 대)

*養(기를 양)
*蔭(그늘 음)

*屏(병풍 병)

*展(펼 전)
*誥(알릴 고)

*岡(산등성이 강)
*阜(언덕 부)

一字文星(일자문성)	福壽文星(복수문성)

展誥(전고)

等의

端正(단정)한 岡阜(강부; 언덕)이

當(; 되다)´朝山이다。　　　　　　　　　　　　*端(바를 단)

如(여; 같다)´此하면,

可^主´

⑴ 財丁・富貴全美이다。　　　　　　　　　　*岡(산등성이 강)
　　　　　　　　　　　　　　　　　　　　　*阜(언덕 부)

■

山水之^凶은,

是´

乾(; 〈⑤②〉)・兌(; 〈④③〉)・

艮(; 〈③④〉)・離(; 〈②⑤〉)의

四宮이다。

▲

壬(; 〈①⑥〉)方은　　　　　　　　　　　　*筆(붓 필)

宜´文筆峰이 挺秀(정수; 뛰어남)는,

出´科甲(; 과거급제)이다。　　　　　　　　*挺(뺄 정)

●

辰(; 〈⑦⑨〉)方은

宜´小水(쇼수; 수량이 적음)・靜水(정수)는,

主´

　　　　　　　　　　　　　　　　　　　　*靜(고요할 정)
⑴ 發財・

⑵ 積富(젹부)이다。　　　　　　　　　　　*積(쌓을 적)

[최주]
※ 遮形通氣(차형통기)

生氣方(; Ⅵ運에 山星⑨나 向星⑨)에 물은　　*遮(막을 차)
小水・靜水・暗水・遠水로 있으면 좋으나　　*靜(고요할 정)
大水・動水・明水・近水 로 있으면 상록수를 심어　*暗(어두울 암)
遮形通氣(차형통기; 물이 穴에서 보이지는 않게 하되　*遠(멀 원)

바람은 통함)시켜주고,

運이 變하여 當運(; ⑨運에 山星⑨나 向星⑨)이 되면
山이나 水가 다시 보이도록 조치하면 된다.

▲雙星會坐 合局圖

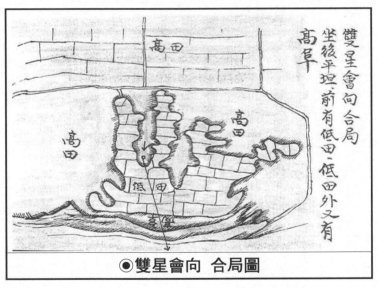

◉雙星會向 合局圖

八運 甲山庚向[起星]

兼寅 [甲寅]分金·豊卦　　　　*豊(풍성할 풍)
兼卯 [壬寅]分金·革卦　　　　*革(가죽 혁)

巽	巳	丙	午	丁	未	坤
辰		7① 七	26 三	▲9⑧ 五		申
乙						→ 庚
卯		8⑨● 六	-6+2 八	44 一		酉
甲						辛
寅		35 二	①7 四	53 九		戌
艮	丑	癸	子	壬	亥	乾

	甲			
壬寅	庚寅	戊寅	丙寅	甲寅
082 081 080	079 078 077 076 075	074 073 072 071		070 069 068

四局	山星: 甲(旺山)
	向星: 未
地運	60年 (三運 入囚)
城門	正城門:未方
	副城門: ✗
特記	

山7	貪花戀酒·吐血(토혈)·落胎(낙태)·肢體傷殘(지체상잔)。	山2	寒熱往來·鬼邪崇尙(귀사수상)·靑孀寡婦·災病。	山▲9	富貴壽考·公正賢良,名聞朝野。
水1	勤儉創業,廉能多智(염능다지)。*廉(청렴할 렴)	水6	寒熱往來(한열왕래)·鬼神不安·迷信退財(미신퇴재)。	水⑧	田園富盛(전원부성),商工百業發財。
山⑧	子孫蕃衍(자손번연),富貴壽考,職位崇顯。	山6		山4	哮喘(효천)·肝病·浪蕩·勒死(늑사),出´娼妓·淫婦。
水9●	巨富敵國,田園富盛,富貴壽考。	水2		水4	漂流絶滅·淫奔(음분)·風癱(풍탄)·窒息(질색)。
山3	肝膽病·脚病·蛇咬(사교)·路死,出´賊盜强樑。	山1	出´溫文·儒雅(유아)·秀麗之人(수려재인),文武全才。	山5	乏丁(핍정)·絶嗣(절사)·痴呆(치매)·腫毒·淫亂·凶死。
水5	痴呆(치매)·腫毒(복독)·痲藥密輸(마약밀수)·橫禍凶死。	水7	貪花戀酒·逃亡奔波(도망분파)·色情紛糾(색정분규)。	水3	肝膽病·脚病(각병)·蛇咬(사교)·雷打(뇌타)·劫盜(겁도)·凶死。

[原註]

坤方(; 〈⑨⑧〉)은

爲´當元(; 當運, 四運)에 旺水^{이다}。

坐後^에 有´山(; 〈⑧⑨〉)는,

當元(; 當運, 四運)에 旺丁^{이다}。

【鐘註】

▲

坐後(⑧⑨)^에 有´端秀(단수)之^主山^{이고},

龍格·穴星^도 又^合´吉은,

爲´《玄機賦》^에

所云^한:

『輔(; 〈⑧〉)^가 臨´

丁<u>丙</u>(; 〈⑨〉)^는,

位(; 지위)^가 列´朝班(조반; 조정의 양반)^{이다}。』

*端(바를 단)
*秀(빼어날 수)

*輔(보좌할 보)
*臨(임할 림)
*班(양반 반)

因^

山盤^의 挨星 〈⑧〉白은 爲´左輔星(좌보성)^에,

會合´〈⑨紫〉^{인데},

〈⑨(;離[;<u>丙午丁</u>])〉之^地元^인 即^丙也^{이다}。

■

向首^의 雙(쌍) 〈④④〉는,

交會´運盤 〈一白〉^로,

文魁(문괴; 〈ㅅ١〉)^가 聚會(취회)^{하는데},

誰(수; 누가)^云(; 말하다)´不美(; 凶)^{인가}?

*雙(쌍 쌍)
*魁(으뜸 괴)
*聚(모일 취)
*誰(누구 수)

但(단)^

〈ㅅ綠〉文昌(문창; 공부의 별)^이

在^四運^{에는} 失令(실령; 失運)^{이므로},

猶如(유여; ~같다)´

才學之士(재학지사)가　生(; 발생)´不逢時(불봉시)하여,

反^爲´

(1)　淫蕩(음탕)

(2)　文妖(문요; 曲筆[곡필])이므로,

無用也이다。

只^宜(의; 마땅하다)´遠峰(원봉)·遠水(연수)이고,

切^忌(기; 싫어하다)´逼近(핍근)이다。

■

未(;〈⑨⑧〉)方에　有´秀水(수수)이고,

是´

甲山(;〈⑧⑨〉)的^「天乙貴人」은,

又^

爲´輔弼(보필; 좌보, 우필,〈89〉)이　相輝(상휘)하여,

定^主´

(1)　田園(전원; 부동산)으로　富盛(부성)인데;

配(배)´以^秀峰(수봉; 吉砂)하여,

主´

(2)　子孫이　繁衍(변연; 번창)하고,

(3)　富貴壽考(부귀수고)이다。

甲山(; 震宮의　甲坐替卦; 坐宮山星⑧)은

不宜´兼^

寅山(; 艮宮의　寅坐替卦; 坐宮山星④)인데,

否(부; 甲兼寅인　大空亡)인

則^

不貴하여,

(1)　發丁(; 출산)이라도　不旺(불왕; 발육이 비정상)이고,

*猶(오히려 유)
*逢(만날 봉)

*淫(음란할 음)
*蕩(쓸어버릴 탕)

*妖(아리따울 요)
#曲(굽을 곡)

*逼(닥칠 핍)
*近(가까울 근)

*輝(빛날 휘)

*園(동산 원)
*盛(담을 성)
*配(아내 배)
*秀(빼어날 수)
*繁(많을 번)
*衍(넘칠 연)
*總(거느릴 총)

*兼(겸할 겸)

*盛(담을 성)
*總(거느릴 총)

⑵ 發⁽財⁾라도 不盛(불성)이고,

⑶ 先^發⁽女人⁾이고, 後^發⁽男子⁾로,

⑷ 美中에 總^有⁽不足者⁾이다。

八運 卯坐酉向 【下卦】

兼甲 [丁卯]分金·同卦
正線 [己卯]分金·同´臨卦
兼乙 [辛卯]分金·臨卦

*同(한가지 동)
*臨(임할 림)

	巽 巳	丙 午 丁	未 坤 申	
辰 乙 卯	5 2 七	① 6 三	3 4 五	庚
甲 寅	4 3 六	+6-① 八	8 ⑧ 一	→ 酉 辛
艮 丑	▲9 7 二	2 5 四	7 ⑨● 九	戌 乾
	癸 子 壬	亥		

卯

癸卯	辛卯	己卯	丁卯	乙卯
097 096 095	094 093 092	091 090 089	088 087 086	085 084 083

四局	●雙星會向(; 山星下水)
地運	80年 (三運 入囚)
城門	正城門: ✗ 副城門: 乾方
特記	乾宮의 向星은 生氣⑨이다

山 5	乏丁(핍정).絶嗣.腫毒怪病(종독괴병).鰥寡(환과).橫禍。	山 1	宜´文筆峰,出´文秀榜首(방수;수석합격).才藝.聰明。	山 3	肝膽病(간담병).脚病(각병).出´賊盜(적도).浪蕩子(낭탕자)。
水 2	癌症腫瘤(암증종류).災晦怪異.鰥寡孤獨。	水 6	秀水秀峰,添丁(첨정).出´貴。	水 4	肝膽病.神經病.少成多敗.飄蕩(표탕)。
山 4	肝膽病.自縊(자액).勒死.反覆無常(반복무상)。	山 6		山 ⑧	旺丁,出´孝義忠良,兄弟同科。
水 3	肝膽病.脚病(각병).少成多敗.漂泊不定(표박부정)。	水 1		水 ⑧	進益田産.善有善報(선유선보;인과응보)。
山 ▲9	出´佳麗美女(가려미녀).辯護士.軍火專家.法官。	山 2	癌症腫瘤(암증종류).災晦怪異(재회괴이).鰥寡孤獨。	山 7	火災.肺炎(폐렴).腸炎.血症.婦女不睦(부녀불목)。
水 7	色癆.咳嗽(해수).痰火(담화).血崩.胎漏.損丁.乏嗣。	水 5	痲藥密輸(마약밀수).癌症腫毒(암증종독).家破人亡。	水 9●	宜(의)´暗水(암수).小水,積富(적부)。

[原註]

[原註]

　合´「坎宮打劫(감궁타겁)」이고;

　乾(;〈⑦⑨〉)方은 爲´生氣^{이고},

　且^合´「城門訣」^{이다}。

*打(칠 타)
*劫(위협할 겁)
*且(또 차)

【鐘註】 ●眞城門訣

> 卯山之^
>
> 「眞城門訣」은
>
> 是´
>
> 坎龍(;〈②〉)入首(; <u>本運</u>^{에서는} 不用)・
>
> 〈兌⑧〉)水^가 來朝^{하고},
>
> 〈艮⑦〉・〈乾⑨〉・〈兌⑧〉・〈巽②〉^로
>
> 出´水^{이다}。

《秘本》^에

　云^{하기를:}

『四運^에

　卯山西向^에 兼(겸)´

　乙辛(; 乙坐辛向)은,

　令星^의 雙^이 至´向上^{하여} [; ●雙星會向],

　奈(내; 어찌)^山向(;〈⑧⑧土〉)^이

　皆^剋入^{하여},

　財丁^이 不利인데;

　倘^(당; 혹시)山水^가 俱(구)^全^{이라도},

　其^禍(화)^가 尤(우)^重^{이다}。』

*雙(쌍 쌍)
*至(이를 지)
*倘(혹시 당)

*俱(함께 구)
*禍(재화 화)
*尤(더욱 우)

■

此局은

獨^喜´午丁(;〈①⑥〉)方^에

見´山峰^이 聳拔(용발; 우뚝 솟음)^{하고},

　秀水^가 會聚(회취)^{하면},

*獨(홀로 독)
*喜(기쁠 희)
*聳(솟을 용)
*拔(뺄 발)

一(; 한편)인 則^

仲房(중방; 〈1〉, 둘째 아들)이 大旺이고,

一(; 한편)인 則^

可^解(해)´其他(기타; 나머지)의 七宮之^凶이다.

■

若^

⑴ 巽(; 〈⑤②; ⑤飛出=9火, ②先天火〉)·

⑵ 坤(; 〈③④; ③木, ④木〉)·

⑶ 乾(; 〈⑦⑨; ⑦先天火, ⑨火〉)·

⑷ 坎(; 〈②⑤; ②先天火, ⑤飛出=9火〉)·

⑸ 艮(; 〈⑦⑨; ⑦先天火, ⑨火〉)의

五宮에 有´山水가 齊(제; 일제히)^聚(취)하면,

定^主´

⑴ 損丁(손정)·

⑵ 回祿(회록; 화재)이고,

⑶ 災患(재환)이 頻(빈; 자주)^生(; 발생)인데,

⑷ 陰·陽兩宅에 均(균; 모두)^不吉(불길)이다.

[原註]에

所謂(소위)^「合´坎宮打劫(감궁타겁; 258)」은

是·指用´
向上挨星(;向星)之^
〈⑧〉이,
劫´坎宮^中元 〈⑤〉
黃之^氣이므로,
坎 〈②⑤〉方은
不可^見´山이   逼塞(핍
색; 막힘, 壓土)인데,

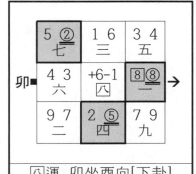

四運 卯坐酉向[下卦]
●雙星會向

*仲(둘째 중)
*房(방 방)
*旺(성할 왕)
*其(그 기)
*他(다를 타)

*齊(모두 제)
*聚(모일 취)

*損(덜 손)
*回(돌 회)
*祿(복 록)
*災(재앙 재)
*患(근심 환)
*頻(자주 빈)

*逼(닥칠 핍)
*塞(막힐 색)

否(부; 아님)인 則^

(1) 出′聾啞(농아; 〈1坎宮〉)이고,

(2) 敗′仲房(중방; 〈1坎宮〉)이다。

●

乾(; 〈7⑨〉)方之^水은 爲′吉이지만,

但^

不可′浩蕩湍激(호탕단격; 수량이 많고 빠름)이고,

只^宜′

(1) 田水(전수; 논물)・

(2) 圳溝(수구; 적은 물)이거나,

(3) 或^暗水(; 穴에서 보이지 않는 물)이다。

*聾(귀머거리 농)
*啞(벙어리 아)
*仲(버금 중)

*浩(클 호)
*蕩(쓸어버릴 탕)
*湍(여울 단)
*激(흐를 격)

*圳(도랑 수)
*溝(봇도랑 구)
*暗(어두울 암)

八運 卯山酉向[起星]

兼甲 ［乙卯］分金 革´同人卦　　　　　　　　　*革(고칠 혁)
兼乙 ［癸卯］分企·損卦　　　　　　　　　　　*損(덜 손)

巽	巳	丙	午	丁	未	坤
辰	**7 9**	**2 5**	**9 7**			申
乙	5 2	①6	3 4			庚
	七	三	五			
卯■	**8 8**	**−6 +1**	**4 6**	→	酉	
	4 3	+6−①	⑧⑧			
甲	六	八	一			辛
	3 4	**1 6**	**5 2**			
寅	▲⑨7	2 5	7⑨●			戌
艮	二	四	九			乾
	丑	癸 子 壬		亥		

卯

癸卯	辛卯	己卯	丁卯	乙卯
097 096 095	094 093 092	091 090 089	088 087 086	085 084 083

四局	◉雙星會向
地運	80年 (三運 入囚)
城門	正城門: ✗ 副城門: 乾方
特記	

山5	乏丁(핍정)·絶嗣(절사;절손)·腫毒怪病·鰥寡(과부)·橫禍(횡화)。	山1	出´文人秀士(문인수사)·科甲功名(과갑공명)·才藝聰明(재예총명)。	山3	肝膽病(간담병)·脚病(각병)·出´賊盜(적도)·浪蕩子(낭탕자)。
水2	癌症腫瘤(암증종류)·災晦怪異(재회괴이)·鰥寡孤獨。	水6	秀水秀峰(수수수봉),添丁(첨정)·出´貴。	水4	肝膽病·神經痛·少成多敗·飄蕩(표탕)不安。
山4	肝膽病·自縊(자액)·勒死(늑사)·反覆無常(반복무상)。	山6	※소공망 註; 挨星圖는 是´	山8	旺丁,出´孝義忠良,兄弟同科。
水3	肝膽病·神經痛·脚病·少成多敗·漂泊不定(표박부정)。	水1	坐는 卯兼甲 向은 酉兼庚的´ 挨星法이다。	水⑧	進益田産·善有善報(선유선보)。
山▲9	出´佳麗美女(가려미녀)·辯護士·軍事家·法官。	山2	癌症腫瘤(종류)·災晦怪異·鰥寡孤獨。	山7	火災·肺炎·腸炎·血症·婦女不睦(부녀불목)。
水7	色癆(색로)·咳嗽(해수)·痰火·血崩·胎漏·損丁·乏嗣。	水5	痲藥密輸(마약밀수)·癌症腫毒·家破人亡。	水9●	宜(의)´暗水(암수)·小水,積富(적부)。

[原註]

　　無′「替」는 可尋이고 [체괘를 계산할 필요가 없음],
　　一切(일체; 모두)가 與^下卦하여 同이다.

*尋(찾을 심)
*切(온통 체)

【鐘註】

　　無′「替」之^局으로,
　　挨星(애성)은 另^飛′一의 盤하는데,
　　見′丑山未向[起星]之^解說하시라.

*另(별도로 령)

　　此局은 宜′平洋穴(평양혈)이므로,
　　坐後에는 一片(일편; 일대)가 平地이고,
　　前面에는 有′遠水가 環抱(환포)하고,
　　水外에는 有′小^案山이 關欄(관란)하고,
　　其^餘의 各^宮은 也(; ~도)^
　　是′一片(일편; 일대)^草原平地(초원평지)이고,
　　無′高山大水(고산대수) 者는
　　爲′符合(부합)′星氣(; 현공풍수)的^地形이다.

*關(빗장 관)
*欄(난간 란)
*餘(남을 여)
*符(맞을 부)

　　若^
　　背後에 靠著(고저; 기대고 있는)하는 高大的^山峰은,
　　便^是′
　　　《都天寶照經(도천보조경; 저자 楊筠松)》에
　　　　所說的으로:
　　　『家家墳宅後高懸 (가가분댁 후고현
　　　　; 누구의 집이나 묘의 뒤편이 높아),
　　　　太陽不照太陰偏 (태양불조 태음편)
　　　　; 태양이 비추지 않아서 어둡다면,
　　　　必主其家多寂寞 (필주기가 다적막
　　　　; 반드시 그런 집은 쓸쓸하게 되는데),
　　　　男孤女寡實堪憐 (남고녀과 실감련
　　　　; 홀아비나 과부가 되어 정말로 불쌍하다)。』

*背(등 배)
*後(뒤 후)
*靠(기댈 고)
*著(분명할 저)

*懸(매달 현)
*偏(치우칠 편)
*寂(고요할 적)
*寞(쓸쓸할 막)
*堪(도달할 감)
*憐(불쌍할 련)

[최주]
《都天寶照經(도천보조경)》의 내용은
◉雙星會向에서의 主山이 近高하면 오히려 凶象이 된
다는 의미이다.

★ 蔣大鴻(장대홍)

曰하기를:

『予(여; 나)가 觀(관)'人家(; 陽宅)하는데
  穴後에 有/挑築(도축)'兩三重의 照山(조산)은,
  以^補(보)'後托(후탁)하지만,
  未有不大(; 아주 많다)/損'人丁이고,
  甚至(심지)^敗絶하여 無後(무후; 대가 끊어짐)者이다。』

*鴻(기러기 홍)
*挑(맞설 도)
*築(쌓을 축)
*照(비출 조)
*補(기울 보)
*托(밀 탁)

★ 章仲山(장중산)

曰하기를:

『大凡^

(1) △旺山旺向 합국
  山龍(산룡)·平崗(평강)^及^
  墩泡(돈포)·高阜(고부)는,
  以^地氣가 爲'主者는, 穴後는 宜'高이다.

*崗(언덕 강)=岡
*墩(돈대 돈)
*泡(거품 포)
*阜(언덕 부)

(2) ✖上山下水 합국
  水龍(; 물 위주)·平洋^及^
  一切^湖蕩(호탕)·圩邊(우변)은,
  凡^以^水氣가 爲'主者는, 穴後는 宜'空이다.
  切^不可^拘(구; 얽매이다)'
  定^後가 空은 爲'是이니.
      後가 高는 爲'非이,

  只^要^
  後空은 得'後空之^用法이고.
  後高는 得'後高之^用法이므로,
  總^要'

*湖(호수 호)
*蕩(쓸어버릴 탕)

*圩(오목할 우)
*邊(가 변)

*拘(꺼릴 구)

*總(거느릴 총)
*隨(따를 수)
*適(적당할 적)

隨(수: 따라)^地하여 適宜(적의: 합국)하고.

高低는 各^得하므로,

不必^拘拘(꾸꾸: 얽매이다)^於^後空·後實也이다。』

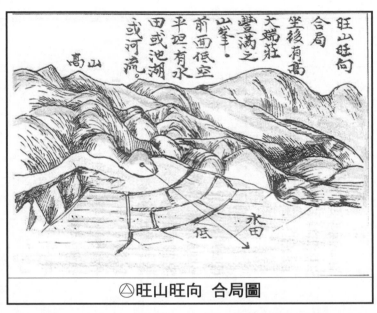

△旺山旺向 合局圖

✕上山下水 合局圖

八運 乙山辛向【下卦】

兼卯 [丁卯]分企·節卦
正線 [己卯]分金·節卦
兼辰 [辛卯]分金·中孚卦

*節(마디 절)
*孚(미쁠 부)

巽	巳	丙	午	丁	未	坤	
辰		5 2		①6		3 4	申
乙■		七		三		五	庚
卯		4 3		+6-①		8⑧	酉 辛
甲		六		八		一	戌 →
寅		▲9 7		2 5		7 ⑨●	乾
		二		四		九	
艮	丑	癸	子	壬	亥		

	乙				
癸卯	辛卯	己卯	丁卯	乙卯	
112 110	109 108 107	106 105 104	103 102 101	100 099 098	

四局	●雙星會向
地運	80年 （三運 入囚）
城門	正城門: ✗
	副城門: 亥方
特記	

山 5	乏丁(핍정)·絕嗣(절사)·腫毒(종독)·鰥寡孤獨(환과고독)。	山 1	宜´文筆峰(문필봉), 出´文秀榜首(문수방수), 才子佳人。	山 3	肝膽病(간담병)·脚病(각병)·出´賊盜(적도)·浪蕩子(낭탕자)。
水 2	癌症腫瘤·災晦怪異·鰥寡孤獨。	水 6	秀水秀峰(수수수봉),添丁出貴(첨정출귀)。	水 4	肝膽病·神經痛·反覆·無成(무성)·漂泊(표박)。
山 4	肝膽病·自縊·勒死(늑사)·作事反覆無常(작사반복무상)。	山 6		山 8	旺丁,出´孝義忠良(효의충량), 兄弟同科。
水 3	肝膽病·神經痛·脚病·劫盜(겁도)·官訟是非。	水 1		水 ⑧	進´田産(전산)·善有善報。兄弟齊發。
山 ▲9	出´佳麗美女·辯護士(변호사)·軍事家·法官。	山 2	癌症腫瘤(암증종류)·災晦怪異(재회괴이)·鰥寡孤獨。	山 7	火災·肺炎(폐렴)·腸炎·血症·婦女不睦(부녀불목)。
水 7	火盜官災·血症肺癆(혈증폐로)·損丁乏嗣。	水 5	麻藥密輸(마약밀수)·癌症腫毒(암증종독)·家破人亡。	水 9●	宜^小水·暗水(암수),四發財·積富(적부)。

- 188 -

[原註]
與^卯酉[下卦]圖하여 同이다。

【鐘註】
此局은 見´卯山酉向《秘本》之^記載(기재)이고,
八國(; 八宮)之^中에,
惟(유; 오직)^
午丁(; 〈①⑥〉)方은 爲´最吉로,
宜´文筆峰(문필봉)이 挺拔(정발)·
　秀水(수수)로 會聚(회취)이다。
《玄空秘旨》에
云하기를:
『虛(허; 〈1〉)가
　聯(연; 만남)´奎(규; 〈6〉)·壁(벽; 〈6〉)은,
　啓´八代(; 장기간의 의미)之^文章이다。』로
必^出´
(1) 神童(신동)·
(2) 智士(지사)·
(3) 碩學宿儒(석학숙유; 대학자)이다。

*記(기록할 기)
*載(실을 재)
*挺(뺄 정)
*拔(뺄 발)

*虛(빌 허)
*聯(잇달 련)
*奎(별 이름 규)
*壁(벽 벽)
*啓(열 계)
*碩(클 석)
*宿(노련한 숙)
*儒(선비 유)

[최주]
虛(허; 〈1〉)·奎(규; 〈6〉)·壁(벽; 〈6〉)은
24宿(수)중 하나인 동양식 별자리의 명칭이다。

#宿(별자리 수)

■
坐山의 〈④③〉은:
見´山·水이면,
出´
(1) 昧事不明(매사불명; 능력부족)·
(2) 反覆無常(반복무상)之^人·
(3) 賊盜(적도; 3)·
(4) 乞丐(걸개; 거지; 4)·

*昧(어두울 매)
*覆(뒤집힐 복)
*乞(빌 걸)
*丐(빌 개)
*優(배우 우)
*伶(광대 령)

(5) 優伶(우령; 삼류 연예인; 7)·

(6) 娼妓(창기; 7)이다。

有´
探頭山(탐두산; 뒤에서 너머다 보는 산)·
挽籃山(만람산; 쪽박모양의 산)·
反弓水(반궁수)·
掀裙舞袖山(흔군무수산; 춤추는 모양)·
抱肩山(포견산; 포옹하는 모양의 산)·
刺面山(자면산; 험한 상처가 있는 산)·
搖頭擺尾(요두파미; 水形)^水 者는,
更^驗(험; 확실하다)이다。

■

坤宮(3④)과 同斷(동단)이다。

■

坎·巽^二宮:
挨星이
〈坎; 2⑤〉〈巽; 5②〉로,
忌´高山大水인데,
主´
(1) 疾病死喪(질병사상)·
(2) 鰥寡孤獨(환과고독)이다。

■

乾·艮二宮: 挨星이
〈乾7⑨〉〈艮9⑦〉로,
[同元地元⑨]亥는
宜´小水이고,
[同元地元⑨]寅은

*探(찾을 탐)
*挽(당길 만)
*籃(바구니 람)
*掀(치켜들 흔)
*裙(치마 군)
*舞(춤출 무)
*袖(소매 수)
*肩(어깨 견)
*刺(찌를 척)
*搖(흔들릴 요)
*擺(열릴 파)

*忌(꺼릴 기)
*喪(죽을 상)
*鰥(홀아비 환)
*寡(과부 과)
*孤(외로울 고)
*獨(홀로 독)

宜´方形(;㊎⇨㊏)의 小山이다。

若^見´

(1-1) 高山 〈; ⑦ 〉

(1-2) 巉巖崚層[참암능층],

(1-3) 石色이 黑赤[흑적],

(1-4) 不生草木[불생초목],

(1-5) 崩破尖銳[붕파첨예]·

(2-1) 大水 〈; ⑨ 〉(; 沖激有聲[충격유성]·

(2-2) 燒窯(소요; 가마)·

(2-3) 巨石(거석)·

(2-4) 神廟(신묘; 사당)·

(2-3) 鐵塔(철탑; 高壓電塔[고압전탑])·

(2-4) 大烟囪(대연창; 높은 굴뚝)

等은,

必^主´

(1) 火災(화재; 9)·

(2) 血光(혈광; 상해사고; 9)·

(3) 瞎眼(할안; 애꾸눈; 9)·

(4) 姦淫(간음; 7)이다。

*巉(가파를 참)
*崚(험준할 릉)

*崩(무너질 붕)
*破(깨뜨릴 파)
*尖(뾰족할 첨)
*銳(날카로울 예)

*沖(빌 충)
*激(흐를 격)
*聲(소리 성)
*燒(사를 소)
*窯(가마 요)
*廟(사당 묘)
*鐵(쇠 철)
*塔(탑 탑)
*壓(누를 압)
*烟(연기 연)=煙
*囪(굴뚝 창)

*瞎(애꾸눈 할)
*眼(눈 안)
*姦(간사할 간)
*淫(음란할 음)

- 191 -

八運 乙山辛向 [起星]

兼卯 [乙卯]分企·損卦　　　　　　　　　　　　　*損(덜 손)
兼辰 [癸卯]分金·中孚(중부)卦　　　　　　　　*孚(미쁠 부)

巽	巳	丙	午	丁	未	坤		乙			

辰		5 2 七	1 6 三	3 4 五		申 庚	癸卯	辛卯	己卯	丁卯	乙卯
乙■ 卯 甲 寅		4 3 六	+6 −1 八	8 8 一		酉 辛 戌	112 110	109 108	107 106	105 104	103 102	101 100	099 098
		▲9 7 二	2 5 四	7 9● 九	→辛		四局	◉雙星會向			
							地運	80年 (三運 入囚)			
艮	丑	癸	子	壬	亥	乾	城門	正城門: ✗ / 副城門:〈亥方〉			
							特記				

山 5	辰山出寡, 人丁不旺· 絶嗣(절사;절손)。	山 1	出´貴·科甲·榜首 (방수;과거합격)· 才藝·聰明(총명)。	山 3	肝膽病·脚病· 出´賊盗(적도)· 浪蕩子(낭탕자)。
水 2	剋妻(극처)·敗癌 財·癌症腫瘤(암증 종류)·疾病死亡。	水 6	秀水秀峰, 主´添丁(첨정)·出´ 貴(출귀),退「歡喜 財(환희재)」。	水 4	肝膽病(간담병)· 神經痛(신경통)· 反覆(반복)·無成。
山 4	肝膽病·自縊(자액; 자살)·作事反覆無 常(작사반복무상)。	山 6		山 8	旺丁,出´孝義忠良 (효의충량), 兄弟同科。
水 3	肝膽病·神經痛· 脚病·劫盗(겁도; 강도)·飄蕩(표탕)。	水 1		水 8	旺財·進田産· 善有善報。
山 ▲9	四運出´旺丁, 出´美女·辯護士· 軍事家。	山 2	出´寡·癌症腫瘤(암 증종류;암,혹)·災晦 怪異·孤獨。	山 7	房房人丁不旺· 旺´女人·火災· 血症혈증)。
水 7	季房退財(계방퇴 재)·火盗官災· 損丁乏嗣。	水 5	退財·痲藥密輸(마 약밀수)·癌症腫毒· 家破人亡。	水 9●	四運發財· 宜´小水·暗拱水(암 공수)。

[原註]
與^卯酉(; 卯坐酉向)^下卦圖와 仝(=同)이다。 　　　*仝(한가지 동)

【鐘註】
筆者(필자)가

於^1980年(; 六運 17年次[연차])에

至´ '彰化縣(창화현; 대만의 군 단위 지명)'

　　' 社頭鄉(사두향; 면단위의 지명)'

鷹形(응형; 매 形局)下之^公墓(공묘; 공원묘지)하여

鑑定(감정)´

　'饒邑(요읍; 지명)' '黃可大(; 성명)' 之^墓인데;

　'道光' 甲申年(; 1824年, 四運 1年次)

　　　冬(동; 겨울)에

修(수; 처음으로 葬事[장사])하였고,

坐는 乙兼卯이며 損卦二爻(손괘이효; 100도)이다。

六大房(육대방)에 立石이다。

*彰(밝을 창)
*縣(매달 현)
*鷹(매 응)
*公墓:공동묘지
*饒(넉넉할 요)
*鑑(살필 감)
*修(고칠 수)

震宮														
乙					卯					甲				
癸卯	辛卯	己卯	丁卯	乙卯	癸卯	辛卯	己卯	丁卯	乙卯	壬寅	庚寅	戊寅	丙寅	甲寅

degree row: 112 110 109 108 107 106 105 104 103 102 101 100 099 098 097 096 095 094 093 092 091 090 089 088 087 086 085 084 083 082 081 080 079 078 077 076 075 074 073 072 071 070 069 068

中孚 (중부)	節 (절)	損 (손)	臨 (림)	同人 (동인)	革 (혁)	離 (리)	豐 (풍)

中元 五運(; 1944~1963年)間에

曾(증; 이전에)^翻修(번수; 수리)했다。 　　*翻(날 번)
　　　　　　　　　　　　　　　　　　　*修(닦을 수)
該(해; 그)^地는

是´辰龍(; 5)이 降脈(강맥)하고, 　　　　*降(내릴 강{)

向上의 面對는 平原(평원)이고,

穴場은 寬大(관대)하고,

左右에는 砂는 遠抱(원포)이고,

無´明顯(명현; 눈에 보임)水路이다。

*寬(넓을 관)
*遠(멀 원)
*抱(안을 포)

筆者가

立(; 즉각)^斷(단; 감정)하여

曰하기를:

『初造之時(; 四運)에는 大旺의 財이고,

　丁(; 人丁)도 亦^有이지만,

　但^不旺이고,

有´出衆(출중; 뛰어남)者는, 亦^出´孤寡(고과)이고,

應´於^長房(장방)·季房(계방; 막내)이다。

雖^言´吉이지만,

不抵(부저; 막지 못하다)´凶으로;

火災(화재)·橫死(횡사)·盜賊(도적)이 有之이다。

*造(지을 조)
*季(끝 계)
*抵(막을 저)

五運에

翻造(변조; 換天心)

한 後에

大旺財丁이다。

六運(; 1964年起)에는

長房이

傷丁破財이다。』

3 8 四	7 3 九	⑤ 1 二
4 9 三	-2-7 五	9 ⑤ 七
8 4 八	6 2 一	1 6 六

■　　　　　　　　→

五運 乙坐申向[替卦]

*翻(날 번)
*造(지을 조)
*換(바꿀 환)

詢(순; 확인하다)´其^後代(; 후손)하니,

均(균; 모두)^

如(; 같다)´所斷(소단; 감정한 내용)하여,

在^場(; 현장)인 者는

莫不(; 모두)^驚奇(경기; 매우 놀라다)´

*諮(물을 자)

*驚(놀랄 경)
*驗(증험할 험)

- 194 -

筆者의 斷驗之神(단험지신)이었다.

[按]
筆者之^斷法(단법; 감정법)은
係參(계참)/用´其他的^玄空訣이므로,
若^只^
依´此法은, 不能^全´驗이다.

*係(걸릴 계)
*參(간여할 참)
*依(의지할 의)
*驗(증험할 험)

(1) 坐山: 損卦(손괘; ✔표시; 吉)

此局은 若^是´
巽巳(; 〈5〉)
來龍이나
或^
寅龍(; 〈9〉 入首에,

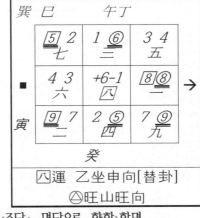

*損(덜 손)

配(배)´以^
午丁 〈6〉 來水나
或^癸水 〈5〉이고,
乾亥 〈9〉 水가 朝堂(조당; 명당으로 향함)하면,
用´損卦(손괘)^坐山은
必^可´富貴가 雙全(쌍전)이다.

(2) 坐山: 中孚卦(중부괘 ; 乙兼辰으로 大空亡)

若^
坐가 中孚卦(중부괘; 兼辰으로 大空亡)는

*孚(미쁠 부)

須^
坐空朝滿^地形이며,
或^
水가 從(종; 부터)^當面(; 정면)에서
徐徐(서서; 천천히)^朝來之^局이어야
才(; 비로소)^可用이다.

*徐(천천할 서)
*朝(향할 조)
*才(재주 재)

朝水局(조수국)
; 積金堆玉(적금퇴옥)

5 2 七	1 6 三	3 4 五
4 3 六	+6-1 四	8 8 二 → ⟸
9 7 二	2 5 四	7 ⑨ 九

四運 乙坐申向[替卦]
△旺山旺向

亦^宜´
右水(; 〈⑨火⇨〉)가
倒左(도좌)
; 〈⑧土〉之^局이다。

5 2 七	1 6 三	3 4 五
4 3 六	+6-1 四	8 8 二 →
9 7 二	2 5 四	7 ⑨ 九

四運 乙坐申向[替卦]
△旺山旺向

*倒(붓을 도)
=到

■
此局은
甲卯乙(; 〈④③〉)方・
未坤申(; 〈③④〉)方
挨星은
〈④③〉・
〈③④〉으로,

合´
《飛星賊》에
云한:
『同來´震巽(; 〈34〉)은,

5 2 七	1 6 三	3 4 五
4 3 六	+6-1 四	8 8 二 →
9 7 二	2 5 四	7 9 九

四運 乙坐申向[替卦]
△旺山旺向

昧事無常(매사무상; 무능력하여 발전이 없음)이다。』

若^
有ʹ山·水는
主出ʹ
(1) 膽怯怕事(담겁파사; 겁쟁이)·
(2) 反覆無常(반복무상; 무능력자)·
(3) 背信無義(배신무의)之^人 이다。

■

辰方의 挨星은 〈5②〉·
壬方은 挨星은 〈②5〉인데,
若^有ʹ山水가 壓射(압사)이면,

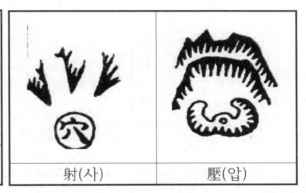

5 2 七	1 6 三	3 4 五
4 3 六	+6-1 四	8⑧ 二
9 7 二	2 5 四	7 9 九

四運 乙坐申向[替卦]
⑧旺山旺向

| 射(사) | 壓(압) |

合ʹ
《紫白訣(자백결)》에:
『〈25〉가 交加(교가)는·
 罹(이)ʹ死亡^並^生ʹ疾病이다』;

『黑(; 〈2〉)이 逢ʹ黃(; 〈5〉)은
 至出ʹ鰥夫(환부)이고,
 黃 〈5〉)이 遇ʹ黑(; 〈2〉)은
 時^出ʹ寡婦(과부)이다。』

八運 庚山申向【下卦】

兼申 [丙申]分金・渙卦(환괴)
正線 [戊申]分金・坎卦　　　　　　　*渙(흩어질 환)
兼酉 [庚申]分金・坎卦

巽 巳 丙 午 丁 未 坤			庚				
▲⑨7 七	5 2 三	7 ⑨● 五 ■庚	壬申	庚申	戊申	丙申	甲申
⑧ ⑧ 六	+①-6 八	3 4 一 酉辛	262 261 260	259 258 257	256 255 254	253 252 251	250 249 248
4 3 二	6 ① 四	2 5 九 戌	四局	◉雙星會向(山星下水)			
辰 乙 卯 甲 寅 艮 丑 癸 子 壬 亥 乾			地運	100年 （四運 入囚）			
			城門	正城門: 丑方　副城門: ✗			
			特記				

山 ▲9	出´女丈夫・美女・辯護士・法官・外科醫・軍事家。	山 5	出´美女・辯護士・法官・軍事家・佈道家(포도가)。	山 7	火災・血症・傷殘・淫亂・色癆(색로)・姦殺。
水 7	血症・火災・跛眇(묘; 애꾸눈)・缺脣(결순; 언청이)・姦殺・刀傷。	水 2	火災・血症・傷殘・淫亂・姦殺・仇殺(구살)。	水 9●	宜´田水(;논물)・溝圳(구수;도랑물), 由小積大・漸富。
山 ⑧	出´孝子・忠臣・義士・賢人・高僧(고승)・文人。	山 1		山 3	出´賊丐娼優・昧事不明之人・肝膽病・腰脚病。
水 ⑧	巨富財閥(거부재벌)・富而好善禮佛(부이호선예불)。	水 6		水 4	聲色犬馬(성색태마)・反覆無常(반복무상)・淫蕩(방탕)・破家(파가)。
山 4	肝膽病・四肢酸麻(사지산마)・腰酸背痛・出´娼優(창우)	山 6	出´聰秀之子・科甲功名・參謀・顧問(고문)。	山 2	鰥寡孤獨・瘡疽(창저)・癰癌(옹암)・暗悶災晦。
水 3	聲色犬馬(성색견마)・作事反覆・賊盜娼優(도적창우)。	水 1	貴人提拔, 勤儉興家・往來無白丁(백정; 건달)。	水 5	昏迷痴獃(;어리석음)・怪病橫禍・家破人亡。

  令星이 會合´向首이다。

  丑(;〈③〉)方은 可用´「城門訣」이다。

【鐘註】

  此局의 當令之^〈8白〉이

  會´於^向首이므로 [; ◉雙星會向],

  宜´

  明堂이

  (1) 端正(단정)·

  (2) 田水(전수; 논물)가

  (3) 倉板逆潮(창판역조; 계단식의 물이 穴을 向함)하고,

  有´

  「雙童講書(쌍동강서)」·

  「雙薦貴人(쌍천귀인)」이

  爲´朝案(조안; 朝山과 案山)은,

  主´

  (1) 富貴雙全(부귀쌍전)·

  (2) 兄弟父子가 同科(동과; 같이 과거급제)이다。

*倉(곳집 창)
*板(널빤지 판)
*逆(거스를 역)
*潮(조수 조)

*雙(쌍 쌍)
*童(아이 동)
*講(익힐 강)
*薦(천거할 천)

*兄(맏 형)
*弟(아우 제)
*科(과거시험 과)

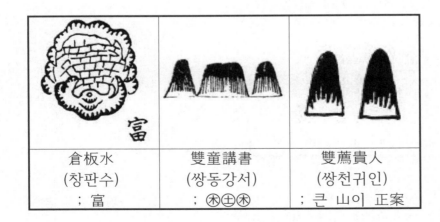

倉板水 (창판수) ; 富	雙童講書 (쌍동강서) ; Ⓜ土Ⓜ	雙薦貴人 (쌍천귀인) ; 큰 山이 正案

■

中宮의 〈①⑥八〉 三吉星이 會合하여,

(1) 墳墓(분묘)之^

　　金墩(금돈; 封墳[봉분])은 宜^高大이고

　　[〈+1〉, 〈+6〉, 〈+8〉],

*墩(돈대 돈)
#封(봉할 봉)
#墳(무덤 분)
*廳(대청 청)

(2) 陽宅은

宜^香火神廳(향화신청; 종교의식 공간, 기도, 명상)은,

主´三元(

　　; 上元에는 〈1〉이 統星이고,

　　　中元에는 〈6〉이 統星이고,

　　　下元에는 〈8〉이　統星이 됨)에 不敗이고,

房房(방방; 〈1中男〉, 〈6長男〉, 〈8少男〉)이

　　齊(; 모두)^發(;발복)이다。

*齊(모두 제)

■

壬方(; 〈⑥①〉)에

見´秀水・秀峰은,

亦^主´讀書(독서; 공부)之^聲(성; 名聲)이

三元(; 180年 이상에 不絶(부절; 연속)이고,

啓(계)´八代(; 오랜 기간)之^文章이다。

*讀(읽을 독)
*書(쓸 서)
*聲(소리 성)
*啓(인도할 계)
*絶(끊을 절)
*章(글 장)

■

坐山(; 〈③④一〉)의

向盤(; 〈④〉)^與^運盤(; 〈一〉)은

文(; 〈4〉)・魁(; 〈1〉)의 兩星이 交會하는데,

(1) 宜´暗水(암수)가 拱背(공배) 〈③④一〉은,

主´

(1) 文士가 不絶하고,

(2) 科甲(과거시험급제)이 連綿(연면;연속)이다;

*魁(으뜸 괴)

*拱(안을 공)
*背(등 배)
*綿(이어질 면)

- 200 -

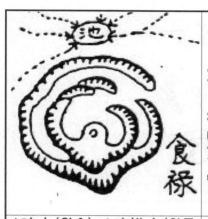

*池(못 지)
*食(밥 식)
*祿(복 록)

*悠(멀 유)
*久(오랠 구)

*暗水(암수)=*暗拱水(암공 수); 穴에서 不見水	*拱背水(공배수) ; 뒤에서 감싸는 물

(2)

最^忌(기; 꺼리다

〈③④〉ˊ

主山이

高壓(고압)·

對頂中抽(대정중추;

정면에 꼭대기가 뾰족함)

인데,

*奴(종 노)
*欺(속일 기)
*主(주인 주)
*壓(누를 압)
*低(밑 저)

*壓土(압토) 奴欺主(노기주) *穴低小(혈저소)

主出ˊ

昧事不明(매사불명; 무능력)·

懦弱反覆(나약반복; 실력도 없고 발전도 없음)之^人 이고;

見ˊ

探頭山(탐두산

; 일명 窺峰[규봉])은,

出ˊ賊盜(적도)이다;

*頂(정수리 정)
*抽(세울 추)
*懦(나약할 나)
*弱(약할 약)
*探(찾을 탐)
#窺(엿볼 규)
*賊(도둑 적)
*盜(훔칠 도)

探頭山(탐두산): 窺峰(규봉); 도적

■ 丑方
(; 〈④③〉)에
見´水^
及^
穿砂(천사
; 衝砂[충사]는,
亦^同斷이다。

*穿(뚫을 천)
#衝(찌를 충)
*斷(단정할 단)

穿砂(천사; 射砂[사사])

※([原註]에
云한:
可用´「城門訣」은,
不可信(; 믿을 수가 없음)이다。)

挨星〈④③〉은,
失令인,
則^爲´
《玄空秘旨》에
所云하여:
『震巽(; 34,)이 失宮(; 失令)은,
而生´賊丐(적개; 깡패, 거지)이다。』

〈震3〉은 爲´聲(; 優伶[우령; 삼류배우])·
〈巽4〉는 爲´色(; 娼妓[창기; 기생])로,
亦^出´
色情行業(색정행업; 성매매업)之^人이다。

*賊(도둑 적)
*丐(거지 개)

*優(넉넉할 우)
*伶(영리할 령)
*娼(몸파는 창)
*妓(기생 기)

八運 庚山甲向[起星]

兼申 甲申[分金]·渙(환)卦　　　*渙(흩어질 환)
兼酉 壬申[分金]·蒙(몽)卦　　　*蒙(입을 몽)

巽 巳 丙 午 丁 未 坤	庚				
辰	壬申	庚申	戊申	丙申	甲申
乙 卯	262 261 260	259 258 257 256	255 254 253	252 251 250	249 248

内部盤面:
- ①7 七 ／ 62 三 ／ ⑧⑨● 五
- ▲⑨⑧ 六 ／ +2-6 ⑧ ／ 44 一
- 53 二 ／ 7① 四 ／ 35 九

■庚／西 辛／戌／亥 乾
甲← 寅 艮 丑 癸 子 壬

	庚				
四局	山星: 未				
	向星: 甲(旺向)				
地運	140年 (因運 入囚)				
城門	正城門: 丑方				
	副城門: ✗				
特記					

山1	生貴子·出´名士·靑於出藍·廉潔清白(염결청백)。	山6	鬼神不安·寒熱往來(한열왕래)·老夫婦不和。	山⑧	位列朝班(위열조반)·子孫繁榮(자손번영)·功名顯達。
水7	酒色破家·盜殺·姦殺(간살)·情殺(정살)·刑殺。	水2	鬼神不安·寒熱往來·胃下垂(위하수)·老夫婦不和。	水9●	財喜連添(재희연첨)·進田産土地·人旺財興。
山▲9	結婚重重(결혼중중)·職位顯達(직위현달)	山2		山4	肝膽病(간담병)·乳病(유병)·股病(고병)·出´浪蕩之人。
水⑧	發財進産(발재진산)·巨富榮顯(거부영현)·福祿豊厚(복록풍후)	水6		水4	損丁敗財·肝膽病·氣喘(기천)·紅杏出牆(홍랭출장)。
山5	乏丁(핍정)·絶嗣(절사)·腫毒·出´亡命之徒·橫死。	山7	淫賤·情殺·姦殺·殘疾(잔질)·官非口舌	山3	肝癌·膽石症(담석증)·脚病·出´暴徒逆子。
水3	肝癌·膽石症·脚病·長子暴斃(폭폐)橫死。	水1	宜長流之玄秀水,主´勤儉興家(근검흥가)。	水5	販毒·密輸(밀수)·腫毒(종독)·橫禍家破人口。

[原註]

令星(; 四運에 〈8〉)이 到´向首(; 向宮)이고,
丑方은 可用´「城門訣」이다.

巽方(; 〈1⑦〉)은 不可^見´水인데,
否(부)인 則^
主´
貪花戀酒(탐화연주)이다。

《玄空秘旨》에
有´云하기를:
『金水(; 〈7金➡1水〉)가 多情(; 相生)은,
   貪花戀酒(탐화연주)이다。』

*貪(탐할 탐)
*花(꽃 화)
*戀(사모할 련)
*酒(술 주)

【鐘註】
■
辰巽巳^方의 挨星은 〈1⑦四〉로,
若^
辰方(; 〈⑦〉)의 來水는,
主´
次房(차방; 〈1〉)·
長房(장방; 運盤 〈四〉)이
退財(퇴재; 재산이 줄어듦)이다.

*房(형제 방)
*退(물러날 퇴)

且^挨星(애성; 飛星)
〈7兌〉는 爲´少女이고,
〈1坎〉은 爲´中男으로;
爲´

「少女가 喜伴(희반)´中男하는
   行(; 혼전동거)」
之^象으로;

*喜(기쁠 희)
*伴(짝 반)

⑴ 未婚少女(미혼소녀)가 愛上(애상; 좋아하게 되다)´

⑵ 有婦之夫(유부지부; 有婦男)也이다。

■

向首(;〈⑨⑧〉)에
有´
圓池(연지)가 放光(방광;
穴에서 잘 보임)하고
及´一字文星의 案은,

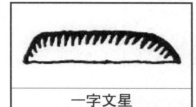

一字文星

*圓(둥글 원)
*池(못 지)

爲´《玄機賦》에
所云인데;
『輔(;〈8〉)가 臨´丙丁(;〈9〉)는,
  位가 列´朝班(조반; 조정의 양반)이다。』

*輔(도울 보)
*班(양반 반)

《玄空秘旨》에
所^云으로는;
『天市(; 天市垣[천시원],〈8〉)가
  合´丙坤(;〈92〉)는,
  富가 堪´敵國(적국; 國富)이다。』
主´

⑴ 富貴極品(부귀극품),

⑵ 子孫蕃衍(자손번연),

⑶ 五福三多(오복삼다)이다。

*垣(담 원)
*堪(이를 감)
*敵(대등할 적)

*極(다할 극)
*蕃(우거질 번)
*衍(넘칠 연)

●

丑方의 〈③碧〉에 水는 是´殺水이며·
難神(난신; 運을 相剋하는 星으로 八土運의 경우에는
〈3木〉과 〈4木〉이 됨)으로,
決(결; 결코)^不可^用이다。

*難(어려울 난)

■

辰方之^山(;〈1〉)은;

*兼(겸할 겸)
*貪(탐할 탐)

- 205 -

壬方之^水(; 〈①〉)은,

乃^「下元에 兼´貪(탐; 탐랑성 〈1〉)」之^

用神(; 용도가 중요한 것)으로,

最^喜´見之이지만,

若^

山水가 倒置(도치; 불합국, 상산하수)이면,

主出´

(1) 酒色敗家(주색패가)之^人이다。

■

坐後之^

山(; 〈④〉)・水(; 〈④〉)는

宜´遠(원)이고

不宜´近(근)이다。

(1) 遠(원)인 則^主´

　　書香(서향; 공부, 勉學[면학])이고,

(2) 近(근)인 則^主´

　　淫蕩(음탕)이다。

*倒(넘어질 도)
*置(둘 치)

*酒(술 주)
*色(여색 색)
*敗(깨뜨릴 패)
*家(집 가)

*香(향기 향)
#勉(힘쓸 면)

*淫(음란할 음)
*蕩(쓸어버릴 탕)

- 206 -

八運 酉山卯向【下卦】

兼庚　丁酉[分金]·師卦
正線　己酉[分金]·師卦
兼辛　辛酉[分金]·遯卦(둔괘)

*師(스승 사)
*遯(달아날 둔
{원음:돈})

巽 巳 丙 午 丁 未 坤 申	酉				
辰 乙 卯← 甲 寅 艮 丑 癸 子 壬 亥 乾 戌 辛 酉 庚	癸酉	辛酉	己酉	丁酉	乙酉

	癸酉	辛酉	己酉	丁酉	乙酉
	277 276 275	274 273 272	271 270 269	268 267 266	265 264 263

九宮圖:

2 5 七	6 ① 三	4 3 五
3 4 六	-①+6 八	8 ⑧ 一
7 ⑨● 二	5 2 四	▲9 7 九

四局	▲雙星會坐(向星上山)
地運	140年 （六運 入囚）
城門	正城門: ✗　　副城門: 巽方
特記	

山 2	疾病·死亡· 出´寡婦(과부)· 乏嗣(핍사; 절손)。	山 6	宜^來龍, 出´貴子· 讀書之聲　三元不 絶(삼원부절)。	山 4	出´反覆無常(반복 무상)之人·長婦重 病(장부중병)。
水 5	脾胃病(비위병)·黃 腫(황종)·出´鰥夫 (환부;홀아비)。	水 1	科甲·出´貴。 若大湖圓亮,□運定 發´科名(子午年應)	水 3	肝病(간병)·足病· 官訟·刑殺·損丁(; 사람이 다침)。
山 3	官司(관사)·刑訟 (형송)·損丁·肝膽 病·脚病(각병)。	山 1		山 8	※宜´遠山, 出´貴丁·高僧(고 승)·賢人(현인)。
水 4	出´放蕩(방탕)· 反覆無常之人(반복 무상지인)。	水 6		水 ⑧	當元發財,利´田産· 畜牧(축목)·房地産 (방지산)。
山 7	季房退丁口(계방퇴 정구)·淫亂·乏嗣 (핍사)·傷殘。	山 5	少´人丁· 出´鰥夫(환부;홀아 비)·疾病·損主。	山 ▲9	※宜(의)´來龍, 出´貴子·美女。
水 9●	宜暗水(암수), 四運發財· 積富(적부)。	水 2	疾病·損主(손주)· 破損(파손)·出´寡婦 (과부)。	水 7	好酒色(호주색)· 血症(혈증)·火災· 殘疾(잔질)。

[原註]

令星(영성; 囚運에는 〈8〉)이 會合´坐山이다。

艮方(; 〈⑨〉)은, 爲´生氣이고。

巽方(; 〈⑤〉)은 可用´「城門訣」이다。

【鐘註】
■

丙午丁(; 〈6①〉)方에

有´

秀峰(수봉)·秀水(수수)는,

主´

出貴이다。

〈16〉 會合은,

《玄空秘旨(현공비지)》에

云하기를:

『虛(허; 〈1〉)가 聯(련; 만나다)´

奎璧(규벽; 〈6〉)은,

啓(계)´八代之^文章이다。』

*虛(빌 허)
*聯(잇달 련)
*奎(별 이름 규)
*璧(둥근 옥 벽

(1) 寅午戌(

; 火局은 離宮이며

離宮에 〈6①〉이 있기 때문임)과

(2) 子年(; 子年에 向은 離宮이 됨)에 應한다。

但^須^

配(배)´乾龍(; 〈9〉)인데,

〈9紫〉龍이 配´〈1白水〉也인데,

科甲(과갑; 과거급제, 시험합격)은

應´

於^九運^與^一運이다。

*但(다만 단)
*須(모름지기 수)

*配(아내 배)
*應(응할 응)

■

乾水(;〈⑦〉)은,

合´《玄空秘旨》에

云하기를:

『午酉(;〈97〉)이 逢(봉)은

　而^

　江湖花酒(강호화주; 유흥가에서 술과 여자)이다。』

因^

該(해; 그)^宮의 挨星이 〈⑨⑦九〉로:

〈7〉인 卽^酉이고·

〈9〉인 卽^午也이다。

主´

(1) 酒色(주색; 술과 性)으로 荒淫(황음)이다。

　*逢(만날 봉)

　*該(그 해)

　*荒(거칠 황)
　*淫(음란할 음)

若^

水가

直來射脅(직래사협)은,

主´

(1) 火災(화재)·

(2) 血光(혈광; 피내린내
나는 사건)이다。

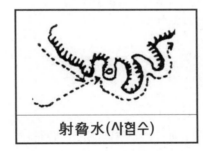

射脅水(사협수)

　*射(쏠 사)
　*脅(옆구리 협)

《寶照經^下篇(보조경 하편)》에

　　云하기를:

『水가 直으로 朝來는 不祥(불상)인데,

　　一條(일조; 한 줄기)의 直은 是´

　　一條(일조; 한 자루)의 鎗(창; 槍[창])이다』:

『左邊水(좌변수; 坎宮의 〈⑤②〉)가

　　反하면 長房이 死이다』。

主´

　*寶(보배 보)
　*照(비출 조)
　*篇(책 편)

　*祥(상서로울 상)
　*鎗(창 쟁)
　#槍(창 창)

　*房(집 방)

房房(방방; 모든 형제)이 皆(게; 모두)^沾(첨; 관련)이지,
不獨(; 惟獨[유독])^長房(장방)也이다.

*沾(덕 입을 첨)
#惟(생각할 유)
#獨(홀로 독)

此局之^
先後天水는,
是´死(;坎宮〈②〉)
 ・殺(;巽宮〈⑤〉)
之^氣으로,
不可^用으로,

先天		
2 5 七	6 ① 三	4 3 五
3 4 六	① 6 八	8⑧ 一 ■
7⑨ 二	5 2 四	⑨ 7 九
	後天	

←向

主´
(1) 癌症(암증)・
(2) 災晦(재회)・
(3) 藥鐺不斷(약당부단; 질병 치료불가)・
(4) 出´鰥寡(환부)이다.

*癌(암 암)
*症(증세 증)
*災(재앙 재)
*晦(어두울 회)
*藥(약 약)
*鐺(솥 당)
*鰥(환어 환)
*寡(적을 과)

《紫白訣》에
云하기를:
『〈25〉가 交加(가고)는,
  罹(이; 걸리다)´死亡(사망)竝(병; 동시에)^
  生´疾病(질병)이다.』也이다.

*罹(걸리 리)
*竝(아우를 병)

[原註]에
謂(위; 말하다)´
「巽方(;〈⑤〉)은 可用´「城門訣」이다. 」
는, 大誤(대오; 큰 오류)이다!

該方에 挨星(애성)은 〈②⑤七〉인데,
若^
見´大水는,
(1) 必^主´疾病(질병)이나,

*誤(그릇할 오)
*該(그 해)
*醜(추할 추)

(2) 死亡이고,

(3) 且^有´風聲之醜(풍성지추; 추문, 스캔들)이다;

〈-2, -5, -7〉은
均(; 모두)^是´退氣(퇴기)이며 陰神(음신)인데,

《玄空秘旨》에
云하기를;
『陰神(; 〈-2,-4,-7,-9〉)이
　滿地成群(만지성군; 집합)은,
　紅粉場中(홍분장중; 유한마담들의 모임)하여
　空(; 헛되게)^快樂(쾌락)이다。』

《飛星斷(; 飛星賦[비성부]의 다른 명칭)》;
曰하기를:
『黑黃(흑황; 〈25〉)今(혜)는,
　釀疾堪傷(양질감상; 질병발생)이다。』

*滿(찰 만)
*群(무리 군)
*紅(붉을 홍)
*粉(가루 분)

*黑(검을 흑)
*黃(누를 황)

*釀(빚을 양)
*疾(병 질)
*堪(헤아릴 감)
*傷(상처 상)

八運 酉山卯向[起星]

兼庚 乙有[分金]·蒙(몽)卦
兼辛 癸酉[分金]·咸(함)卦

*蒙(입을 몽)
*咸(다 함)

巽 巳 丙 午 丁 未 坤		
97 / 25 / 七	52 / 6① / 三	79 / 43 / 五
88 / 34 / 六	+1 -6 / -1 +6 / 八	34 / 88 / 一
43 / 7⑨● / 三	61 / 52 / 四	25 / ▲9 7 / 九

辰 乙 卯← 甲 寅 艮 丑 癸 子 壬 亥 乾 ／ 申 庚 酉 辛 戌

酉				
癸酉	辛酉	己酉	丁酉	乙酉
277 276 275	274 273 272	271 270 269	268 267 266	265 264 263

四局	▲雙星會坐(向星上山)
地運	140年 (囚運 入囚)
城門	正城門: ✗
	副城門: 巽方
特記	**고딕체**는 庚坐[下卦]

山2	疾病·死亡·出´寡婦(과부)·乏(핍)´男丁。	山6	宜´來龍, 長房出´貴子·文士。	山4	出人이 昧事無常(매사무상)·長婦重病。
水5	脾胃病(비위병)·黃腫(황종)·喪妻(상처)。	水1	※日運에 出´科甲(;寅午戌子年應)。	水3	肝病(간병)·足病·官訟·刑殺·損丁。
山3	官訟(관송)·刑殺·損丁·肝膽病(간담병)·脚病(각병)。	山1	[註]; 小空亡 酉兼庚은, 以1·6入中하고, 另´飛´一盤인데, +1順·-6逆이다.	山8	※宜´遠山(원산), 生´貴子·賢人(현인)。
水4	出人淫蕩(출인음탕)·反覆無常之人(반복무상지인)。	水6		水8	當元(囚運)進財, 發´田産(전산)·畜牧(축목)。
山7	季房退人口(계방;세째 아들)·淫亂·殘疾(잔질)。	山5	少人丁(;출산저조)·※出´鰥夫(출환부)·疾病·損主。	山▲9	※宜´來龍, 出´貴子·美女。
水9●	宜(의)´暗水(암수), 囚運發財(구운발재)·積富(적부)。	水2	疾病(질병)·損主(손주)·退財(퇴재)·※出´寡婦(과부)。	水7	酒色破家(주색파가)·血症(혈증)·火光(;火災)·殘疾(잔질)。

[原註]

　無「替」可尋이다(; 下卦와 동일하다는 의미)。　　　*尋(찾을 심)

【鐘註】

　※替卦算出法(체괘산출법)

　酉山卯向의 四運은,

　挨星(애성)

　〈1〉이 到山(; 坐宮)・

　〈6〉到向(; 向宮)하여;

　⑴〈1〉之^天元인 即^子이고,

　　挨星은 貪狼(; 〈1〉)으로,

　　仍(잉; 여전히)^以^〈1〉이 入中하고,

　⑵〈6〉之^天元인 即^乾은,

　　挨星이 武曲(; 〈6〉)으로,

　　仍(잉; 여전히)^以^〈6〉이 入中이다。

　星數(; 替卦 中宮數)가 不變(불변)인,

　故^[原註]에

　云'

　「無替可尋(무체가심; 下卦와 동일)」이다。

　※若^兼'庚이면,

　挨星은 要'另^飛'一盤이다。　　　　　　　*另(따로 령)

　「替卦」는 用'兼字이면,　　　　　　　　*兼(겸할 겸)

　必須(필수)^

　注意(주의)'

　「前兼龍神(전겸용신)」・

　「後兼龍神(후겸용신)」的^用法이다。

　[최주]
　「前兼龍神」과 「後兼龍神」의 用法은
　《天玉經(下篇)》에 나오니 참고하여 연구바랍니다.

此局은
宜^用′平洋(평양)인데,
坐後에
有′河流(하류)가 彎抱(만
포)하고,
水外에 又^有′
高田·高壟(고롱)的^
地形인데,

*洋(바다 양)
*河(강 이름 하)
*流(흐를 류)
*灣(물굽이 만)
*抱(안을 포)

*壟(언덕 롱)

*拱背水(공배수)
; 坐後에 河流가 彎包

如′此이면 才(재; 비로소)^
能′財(재; 재물)와 丁(정; 人丁)가 全^備(비)이다.

*才(비로소 재)
*備(갖출 비)

■

龍·水가
又^從^丁午方(; 〈6①〉)에서 來하면,
斯(사; 이것)는 能^出′貴이다.

*斯(이 사)
*背(등 배)
#臨(임할 림)

若^
用′
山龍(; 山地龍)이고,
背山面水(; 背山臨水[배산임수])인,
則^爲′

《玄空秘旨》에
所云하기를:
『山風(; 〈84〉)이 値(치; 만남, 조합)는,
  而^泉石膏盲(천석고황; 현실도피주의자)이다。』
出人이
⑴ 懷才不遇(회재불우; 인재가 때를 만나짐 못함)이고,
⑵ 終老林泉(종노임천; 출세를 못하고 죽음)으로;

*値(값 치)
*泉(샘 천)
*膏(살찔 고)
*盲(명치끝 황)

*懷(품을 회)
*才(재주 재)
*遇(만날 우)
*終(끝날 종)
*濕(축축할 습)
*腰(허리 요)

患(환; 걸리다)′

(3) 風濕(풍습; ㄴ)·   *脚(다리 각)

(ㄴ) 腰脚(요각; 8)之^疾病^{이다}。

★ 此局은

若^在^陽宅은,

因^中宮挨星^이 是′〈①⑥八〉로,   *仲(버금 중)

主′房房^이 皆^出′人才(인재)^{인데},   *季(끝 계)

以^仲房(중방; 中男1)·季房(계방; 少男8)^이   *盛(담을 성)

爲′盛(성)^{이다}。

[최주]

　〈1坎〉은 仲房(중방; 둘째, 中男),

　〈6乾〉은 본래는 老父이지만 長房(; 長男)도 되고,   *季(막내 계)

　〈8艮〉은 季房(계방; 막내)이다.

八運 辛山乙向【下卦】

兼酉　丁酉[分金]·旅卦
正線　己酉[分金]·旅卦
兼戌　辛酉[分金]·小過卦

*旅(여행 려)
*過(지날 과)

巽 巳 丙 午 丁 未 坤			
辰	2 5 七	6 ① 三	4 3 五	申
乙 ←	3 4 六	−①+6 八	8 ⑧ 一	庚 酉 ■辛
卯 甲 寅	7 ⑨• 二	5 2 四	▲⑨ 7 九	戌 乾
艮 丑 癸 子 壬 亥			

辛

癸酉	辛酉	己酉	丁酉	乙酉
292 291 290	289 288 287	286 285 284	283 282 281	280 279 278

四局	▲雙星會坐(: 向星上山)
地運	140年 (六運 入囚)
城門	正城門: ✗ ／ 副城門: 巳方
特記	

山2	疾病·死亡·出´寡婦(과부)·患´癌症(암증)。	山6	宜´來龍, 出´貴子·功名不絶(공명부절)。	山4	出´昧事無常(매사무상)之人·長婦重病。
水5	脾胃病(비위병)·黃腫(황종)·剋妻(극처)。	水1	若有´湖水圓亮, 口運出´科甲(寅午戌子年應)。	水3	肝病·足病·官訟(관송)·刑殺·損丁(;사람이 다침)。
山3	官訟(관송)·刑殺·損丁(손정)·出´賊盜(적도)。	山1		山8	※宜^遠山(원산), 出´貴丁·出´高僧(고승)。
水4	長房風聲(장방풍성;나쁜 평판)·出´昧事無常者。	水6		水8	當元發財, 房地産(;부동산)·山産大利。
山7	季房人丁冷退·肺病(폐병)·性病·火厄(화액;화재)。	山5	疾病·損´人丁·少´男丁·絶嗣(절사;절손)。	山▲9	※宜´來龍, 生´貴子·美女·出´辯護士(변호사)。
水9•	宜´暗水(암수), 四運發財。	水2	疾病(질병)·損主(손주)·退財·出´寡婦(과부)。	水7	酒色破家(주색파가)·血症·火災·殘疾(잔질)。

[原註]

　與^酉卯[下卦]圖^{하여} 同^{이다}。　　　　　　　　*圖(그림 도)

【鐘註】

　辛山은 不宜(불의)^兼戌(겸술)

　(; 辛戌 大空亡으로 8개 大空亡중 ^{하나})으로,

　《訣(결; 비결)》에　　　　　　　　　　　　　　*兼(겸할 겸)

　曰^{하기를}:　　　　　　　　　　　　　　　*逆(거스를 역)

　『辛戌交逆(신술교역; 辛戌 大空亡)은　　　　*獨(홀로 독)

　　　獨(; 유독)^傷人(상인)^{이다}。』　　　*傷(상처 상)

　經驗(경험)上^{으로}:

　辛山에 兼′戌[; 辛戌 大空亡]은

　大都(대도; 대부분)^　　　　　　　　　　　　*但(다만 단)

　⑴ 剋妻(극처; 喪妻[상처])·　　　　　　　　*賭(걸 도)

　⑵ 再婚(재혼)이고,　　　　　　　　　　　　*博(넓을 박)

　⑶ 但^妻(처)가 多^不正^{인데},　　　　*破(깨뜨릴 파)

　　　且^因(인; 연인)^賭博(도박)^{으로} 破家(파가)^{이다}。　　*家(집 가)

　此局은 宜(의; 마땅히)^

　丁方來龍(; 〈6〉)·

　來水(; 〈①〉)^{이고},

　而^　　　　　　　　　　　　　　　　　　　　*灣(물굽이 만)

　水는 從(종; 부터)^背後^에　　　　　　*繞(두를 요)

　彎繞(만요; 감싸고 돎)而^過(; 지나감)^{이고},　*消(사라질 소)

　從^艮方(; 〈⑨〉)^{으로} 消出(소출; 水口)^{이고},　*備(갖출 비)

　若^平洋^에 得′此形局은,

　定^主′財丁^이 秀^{하고} 皆^備(비)^{이다}。

　■　　　　　　　　　　　　　　　　　　　　*圓(둥글 원)

　午丁(; 〈6①〉)方^에　　　　　　　　　*亮(밝을 량)

　　　　　　　　　　　　　　　　　　　　　　*筆(붓 필)

　　　　　　　　　　　　　　　　　　　　　　*起(일어날 기)

若^

更^有´大湖(대호)가 圓亮放光이고,

外에 有´文筆山(문필산)이 高起(고기)이면,

至(지; 이르다)´□運하여　　　　　　　　　*至(이를 지)
　　　　　　　　　　　　　　　　　　　*應(응할 응)
必^出´

(1) 科甲인데,

　　應(응; 반응)´於^寅午戌(; 火局)^子^年이다。

■

艮寅方^挨星은

〈7⑨二〉로,

若^

有´明水(; 明顯水[명현수]; 보이는 물)가 放光은,　　*免(면할 면)

雖^發財(; 〈⑨〉는 生氣)이나,

但^

不免(불면)´酒色(; 〈1,7〉)이다。

因(인; 이유는)^

　〈-9〉는 爲´中女이고,

　　爲´慾火(욕화; 色情)・爲´目(; 눈)이고;

　〈-7〉은 爲´少女이고・　　　　　　　　*慾(욕심 욕)
　　　　　　　　　　　　　　　　　　　*妾(첩 첩)
　　妾(첩)・婢(비)・娼妓(창기)・女色(여색)이고;　*婢(여종 비)
　　　　　　　　　　　　　　　　　　　*貪(탐할 탐)
　〈-2〉는 爲´老母이고・　　　　　　　　*吝(아낄 린)
　　　　　　　　　　　　　　　　　　　*迷(미혹할 미)
　　貪吝(탐린; 지나친 욕심)・迷(미; 미혹)으로;

皆(개; 모두)^陰星(음성)也이다。

《玄空秘旨(현공비지)》에

云하기를:

　『陰神(; 〈-2,-4,-7,-9〉)이　　　　　　*滿(찰 만)
　　　　　　　　　　　　　　　　　　　*群(무리 군)
　　滿地成群(만지성군)은,　　　　　　　*紅(붉을 홍)
　　　　　　　　　　　　　　　　　　　*粉(가루 분)

- 218 -

紅粉場中(홍분장중; 화장한 여인의 모임)하여

空(; 헛되게)^快樂(쾌락)이다。』

*快(쾌할 쾌)
*樂(즐길 락)

又^

云하기를:

『午酉(; 〈79〉)가 逢(봉)은

而^江湖(강호; 유흥가)에서

花酒(화주; 여성과 술)이다。』

*逢(만날 봉)

宜^

以^<u>遮形通氣法</u>(차형통기법)하여 用´之이다。

*逢(만날 봉)
*宜(마땅할 의)
*遮(막을 차)

八連 辛山乙向[起星]

兼戌　乙酉[分金]・咸卦　　　　　　　　　　　*咸(다 함)
兼酉　癸酉[分金]・小過卦　　　　　　　　　　*過(지날 과)

巽 巳 丙 午 丁 未 坤			
辰	**8 6**　2 5　七	**4 2**　6 ①　三	**6 4**　4 3　五	申

(방위 구조)

```
巽  巳  丙  午  丁  未  坤
辰                          申
   8 6      4 2      6 4
   2 5      6 ①      4 3
   七        三        五    庚
⊘乙←
卯  7 5     -9 +7    2 9      酉
   3 4      -1 +6   8 8
   六        八        一    辛■
甲  3 1      5 3     1 8      戌
   7 9●     5 2    ▲9 7
   二        四        九    乾
寅
艮  丑  癸  子  壬  亥  乾
```

右側 정보표:

辛				
癸酉	辛酉	己酉	丁酉	乙酉
2 9 2 / 2 9 1 / 2 9 0	2 8 9 / 2 8 8 / 2 8 7	2 8 6 / 2 8 5 / 2 8 4	2 8 3 / 2 8 2 / 2 8 1	2 8 0 / 2 7 9 / 2 7 8

四局	▲雙星會坐(; 向星上山)
地運	140年 (囚運 入囚)
城門	正城門: ✗　副城門: 巳方
特記	**고딕체**는 戌坐[下卦]挨星

山2	疾病(질병)・死亡・出´寡婦(과부)・乏嗣(핍사)。	山6	宜´來龍(내룡), 長房出´貴子(장방출귀자)。	山4	出´昧事無常之人(매사무상지인)・長婦(장부;큰며느리)重病。
水5	脾胃病(비위병)・黄腫(황종)・剋妻(극처; 상처)。	水1	若有湖水放光於丁方, 巳運에 出´科甲。	水3	肝病・足病(족병)・官訟(관송)・刑殺・損丁(손정)。
山3	官訟(관송)・刑殺・損丁・出´人不明理。	山1	大空亡 辛兼戌은, 以´〈⑨⑦〉入中인데,	山8	※宜´遠山,季房(계방;막내)出´貴子(귀자)・賢者(현자)。
水4	長房風聲(장방풍성)・出´昧事無常(매사무상)之人。	水6	另´飛´一盤 하는데, 皆´順排이다。	水8	當元進財(당원진재), 發´田産土地(전산토지)。
山7	季房은 人丁이 冷退(냉퇴)・色癆(색로)・官訟(관송)。	山5	疾病・損人・少男丁・腫毒(종독)・絶嗣(절사)。	山▲9	※宜´來龍, 中房이 出´貴子・美女。
水9●	宜´暗水(암수), 巳運發財・積富	水2	疾病・損主(손주)・退財・出´寡婦(출과부)	水7	酒色破家(주색파가)・血症・火災・剋妻(극처;상처)。

[原註]

　與(여; 더불어)^酉卯[起星]하여
　圖(도; 飛星盤[비성반])가 소(동; 同)이다。

　　　　　*소=同

【鐘註】

　此局之^形局은,
　請(청; 부디)^參閱(참열)´
　辛山乙向[下卦]之^註解(주해)하시오。

　　　　　*參(참고할 참)
　　　　　*閱(검열할 열)
　　　　　*註(주낼 주)
　　　　　*解(풀 해)

　雙〈8〉이 會´於^坐山인데 [▲雙星會坐],

　●

　若^
　背後有水(;〈8〉)는,
　主´
　⑴ 進益(진익)´田産(전산; 부동산)이고;

　　　　　*進(나아갈 진)
　　　　　*益(더할 익)

　▲

　若^
　無水有山(;〈8〉)으로,
　而^山峰이 高壓(고압)이면,
　主´
　⑴ 少男(;〈8〉)이 聾啞(농아;〈運盤一(;聾)〉)・
　⑵ 黃腫(황종; 얼굴이 황색이며 붓는 병)・
　⑶ 痴呆(치매
　　 ;〈8〉의 後天은〈6〉이며〈6〉은 頭腦)이다。

　　　　　*壓(누를 압)
　　　　　*聾(귀머거리 농)
　　　　　*啞(벙어리 아)
　　　　　*黃(누를 황)
　　　　　*腫(부스럼 종)
　　　　　*痴(어리석을 치)
　　　　　*呆(어리석을 매)

　　　　　#頭(머리 두)
　　　　　#腦(뇌 뇌)

　■ 陽宅은
　若^
　背後〈8 8 一〉에 採光(채광)이
　不良(불량)・幽暗(유암; 어두움)은,
　主´

　　　　　*背(등 배)
　　　　　*後(뒤 후)

　　　　　*採(캘 채)
　　　　　*幽(그윽할 유)
　　　　　*暗(어두울 암)

⑴ 鬧鬼(요귀; 귀신의 장난)이다。

因(인; 이유는)^挨星 〈8⑧一〉인데;
〈8〉인 即^艮이며, 爲´鬼門(귀문)이다。
〈一〉白인 即^坎이며, 爲´伏(복; 엎드려 숨음)이다。

■
向上^與^坤宮의 挨星은
〈向③④〉・
〈坤④③〉으로,
此의 二方에
若^有´
明顯貼近(명현첩근; 穴에서 보이는 가까운 거리)的^
山水인,
則^合´
《飛星賦》하여
云하기를:
『同來´震巽(34)은,
  昧事無常(매사무상; 어리석음)이다。』

《玄空秘旨》
云하기를:
『震(; 〈3〉)・巽(; 〈4〉)이 失宮은
  而^生´賊丐(적개)이다。』

〈震3〉은 爲´聲(성)・
〈巽4〉는 爲´色(색; 性慾[성욕], 얼굴, 모양, 상황)이다。
失運之^時에는,
必^有´
⑴ 聲色放蕩(성색방탕; 3, 4)・
⑵ 飄泊(표박; 4, 떠돌이, 거지)・
出人이

*鬧(시끄러울 료)
*鬼(귀신 귀)
*伏(엎드릴 복)

*顯(나타날 현)
*貼(붙을 첩)

*昧(어두울 매)

*賊(도둑 적)
*丐(빌 개)

*蕩(쓸어버릴 탕)
*飄(회오리 표)
*泊(배 댈 박)
*怕(두려워할 파)
*懦(나약할 나)

(3) 昧事無常(매사무상) ・

(4) 怕事(파사; 겁쟁이) ・

(5) 懦弱(나약)

等이 應이다。

■

坎(; 〈⑤②〉) ・

巽(; 〈②⑤〉)

二宮의 挨星은 〈52(25)〉로,

主´

(1) 疾病損主(; 戶主[호주]가 질병으로 손상됨)하므로,

(2) 出´寡婦(과부)이므로,

*損(덜 손)
*寡(적을 과)
*婦(며느리 부)

亦^

不可^見´

明顯(명현; 눈이 보이는)^貼近(첩근; 가까운 거리))之^

山水이다。

*顯(나타날 현)
*貼(붙을 첩)
*近(가까울 근)

八運 辰山戌向【下卦】

兼乙 [丙辰]分金・歸卦(귀괘)
正線 [戊辰]分金・睽卦(규괘)
兼巽 [庚辰]分金・睽卦(규괘)

*歸(돌아갈 귀)
*睽(볼 규)

巽 巳 丙 午 丁 未 坤		
辰 ■ 6 ⑧ 七	2 4 三	4 6 五
5 7 六	+7+9● 八	▲9 2 一
1 3 二	3 5 四	8 ① 九

乙 卯 甲 寅 艮 丑 癸 子 壬 亥 乾 戌 辛 酉 庚 申

辰				
壬辰	庚辰	戊辰	丙辰	甲辰
1/27 1/26	1/25 1/24 1/23 1/22	1/21 1/20 1/19 1/18 1/17 1/16	1/15 1/14 1/13	
四局	✗上山下水			
地運	20年（九運 入囚）✔			
城門	正城門: 壬方　副城門: ✗			
特記	連珠三般卦			

山6	三房破財損妻・長房人丁(장방인정)ˆ冷退(냉퇴)。	山2	脾胃病・姑婦不和(고부불화)・陰晦暗悶(음회암민)。	山4	男女不倫・筋骨疼(근골동)痛・自縊(자액)・姦殺(간살)。
水⑧	三房發財・門庭光顯(문정광현)・慈孝好善。	水4	婆媳不和・黃疸(황달)・膵臟炎(췌장염)・肝病・貪ˊ小利。	水6	姦淫・刀傷・産厄・自縊・絞頸(교경)・貪財惹禍。
山5	乏丁(핍정)・絶嗣(절사)・怪病・出ˊ殺手・凶死。癌症。	山7		山▲9	旺ˊ人丁田産・加官晋爵(가관진작)・名聞天下。
水7	肺病・喉症(후증)・殘廢(잔폐)・服毒・凶死。退財。	水9●		水2	目疾・心疼(심동)・腸炎(장염)・胃出血(위출혈)・膵臟炎(췌장염)。
山1	減刑・特別赦免(사면)・生ˊ貴子・特別採用(특별채용)。	山3	蛇咬・槍決(창결)・肝癌・脚病・出ˊ賊盜匪徒(적도비도)。	山⑧	宜ˆ案山端秀(안산단수),出ˊ文人秀士。
水3	動盪離散(동탕리산)・膽病(담병)・脚氣病・溺水(ˊ落入陷穽(함정))。	水5	寒戶遭溫(한호조온)・肝癌・車禍・家破人亡。	水1	三房絶嗣(삼방절사),忌ˊ大水,宜ˊ暗拱水(암공수)。

[原註]

　全局(; 九宮)이
　合´
　「連珠三般卦(연주삼반괘(; 　　　　　　　　　　*聯(잇달 연)
　　〈巽 6,7,8〉·〈離 2,3,4〉·〈坤 4,5,6〉· 　*珠(구슬 주)
　　〈兌 9,1,2〉·〈乾 8,9,1〉·〈坎 3,4,5〉· 　*惟(오직 유)
　　〈艮 1,2,3〉·〈震 5,6,7〉)」이지만,
　惟^　　　　　　　　　　　　　　　　　　　　　*顚(꼭대기 전)
　令星이 顚倒(전도; ✖上山下水)이다。 　　　　*倒(넘어질 도)

　壬方(; 〈③⑤〉)에
　如^有´三叉水(삼차수; 合水)이면,
　合´「城門訣」이다[이 대목은 오류임]이다。

　次運(; 中宮〈⑦⑨〉; 九運)에
　「入囚(입수)」이고,

　非^水이 纏(전; 가깝게 돌다)´玄武(현무)者이면
　不可^用이다。　　　　　　　　　　　　　　　*纏(얽힐 전)

　如^
　坐實朝空(좌실조공; 배산임수)이고,
　面前에 又^亂石巉岩(난석참암)者는, 　　　　*亂(어지러울 란)
　除^損丁破財(손정파재)^外에 [除~外; 뿐만 아니라], 　*巉(가파를 참)
　更(; 게다가)^　　　　　　　　　　　　　　　*除(제외할 제)
　主/出´　　　　　　　　　　　　　　　　　　*盜(훔칠 도)
　盜賊(도적)이다。　　　　　　　　　　　　　*賊(도둑 적)

【鐘註】
　此는　　　　　　　　　　　　　　　　　　　*零(영세할 령)
　爲´✖上山下水는　　　　　　　　　　　　　*正(바를 정)
　零正(영정　　　　　　　　　　　　　　　　*背(등 배)

- 225 -

; 零은 〈2〉, [10-囚運=2],
　　正은 〈8〉)이

顚倒(전도; ✖上山下水)之^局인데, 　　　　　　　　*朝(向할 조)
若^
不是´背空朝滿(배공조만)之^地形에서는,

雖(수; 비록)^
挨星이 爲´「連珠三般卦」
(; 名´「連珠(연주)」이므로; 　　　　　　　　　　*解(풀 해)
　　有´解除災厄(해제재액)之^功用이다。) 이지만, 　*除(제거할 제)
亦^ 　　　　　　　　　　　　　　　　　　　　*災(재앙 재)
不可^輕用(경용; 가볍게 사용)이다 　　　　　　　　*厄(액 액)
　　[山地龍에서는 사용불가이고 平地龍에서는 가능하다]。　*輕(가벼울 경)

若(약; 만약에)^
更(갱; 게다가)^
山과 水의 形(; 形氣)마저 惡(악)이면 　　　　　　*滅(멸망할 멸)
主´ 　　　　　　　　　　　　　　　　　　　　*族(겨레 족)
⑴ 滅族之禍(멸족지화; 여러 사람이 죽게 됨)인데,

因(; 왜냐면)^
辰(; 〈4〉地元, 天罡[천강])·
戌(; 〈6〉地元, 天魁[천괴])은 　　　　　　　　*因(인할 인)
乃´ 　　　　　　　　　　　　　　　　　　　　*罡(별 이름 강)
魁罡星(괴강성; 천괴+천강)으로, 　　　　　　　*魁(으뜸 괴)
性이 烈(열; 매서움)也이다。 　　　　　　　　　*性(성품 성)
　　　　　　　　　　　　　　　　　　　　　*烈(세찰 렬)
向上(; 〈8①九〉)에
若^ 　　　　　　　　　　　　　　　　　　　*絶(끊을 절)
見´大湖水(대호수)이면, 　　　　　　　　　　*嗣(이을 사)
三房(; 〈8, 세째 아들〉)이 絶嗣(절사)이다.

- 226 -

※入首의 被害(피해)는 中宮으로 해석

九運(; 2024~2043年)에

地運이

「入囚

  (; 中宮 〈7 ⑨〉로 九運入囚)」時에는

房房(방방; 모든 형제)이 財와 丁(; 人丁)은 大敗하고,

(1) 發´女人이고 ·

(2) 婦女(; 婦人)가 當家(당가; 家長 역할을 함)인데;

有´遭(조; 만나다)´

(3) 火災(화재; 中宮 〈7 ⑨〉) ·

(4) 兵災而喪命(병재이상명;

    전쟁으로 군대 복무 중에 다치거나 사망)者이다。

至´一運(; 2044~2063年)하여

方^能^復興(부흥)이다。

*囚(가둘 수)
*婦(며느리 부)
*遭(만날 조)
*災(재앙 재)
*喪(죽을 상)
*命(목숨 명)
*復(다시 부)
*興(일 흥)

〔附綠(부록)〕

  '曾德火(증덕화; 대만의 현공풍수사)' 의

  《大玄空實驗解說(대현공 실험해설; 1970年 출간)》

에

所載(소재)된 圖說(도설; 그림과 설명)에;

民國 93^甲申年

[; 民國+11=西紀 2004年; 四運 1年次]

做(주; 立向)´

辰坐는 睽卦(규괘; 火澤규괘) 第三爻(120.5도)이고,

戌向은 蹇卦(건괘; 水山건괘) 第三爻(300.5도)이다。

*附(붙을 부)
*錄(기록할 록)

*曾(일찍 증)
*德(덕 덕)

*驗(증험할 험)

*載(실을 재)
*做(지을 주)

巽宮

巳					巽					辰				
癸巳	辛巳	己巳	丁巳	乙巳	壬辰	庚辰	戊辰	丙辰	甲辰	壬辰	庚辰	戊辰	丙辰	甲辰
小畜 축소		需 수		大畜 축대		泰 태		履 리		兌 태		睽 규		歸妹 매귀

120.5

乾宮

亥					乾					戌				
癸亥	辛亥	己亥	丁亥	乙亥	壬戌	庚戌	戊戌	丙戌	甲戌	壬戌	庚戌	戊戌	丙戌	甲戌
豫 예		晉 진		萃 [취]		否 [비]		謙 겸		艮 간		蹇 건		漸 점

300.5

玄空의 排龍(배룡; 飛星, 挨星[애성])으로
吉凶斷圖[길흉단도]이다.

*排(밀칠 배)

『此^局은
(1) 山上龍神〈8白〉이
　　下水(;〈8①〉)인데,
　　且^見'大湖(대호)로,
　　主'損丁이고。

*且(또 차)
*損(덜 손)
*湖(호수 호)

(2) 水上龍神〈8白〉은 上山(;〈6⑧〉)으로,
　　主'敗財이다。

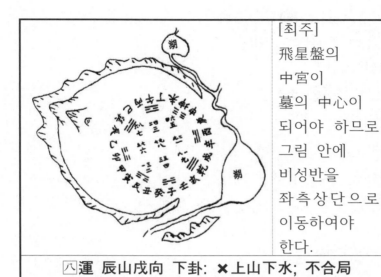

[최주]
飛星盤의
中宮이
墓의 中心이
되어야 하므로
그림 안에
비성반을
좌측상단으로
이동하여야
한다.

⑧運 辰山戌向 下卦: ✕上山下水; 不合局

40年內에, 丁과 財이 大敗한다.
20年後에는
又^
逢(봉)´空亡運(; 入囚의 의미)20年으로,   *逢(만날 봉)
房房(방방; 모든 형제)의 財丁이 大敗이고,   *空(빌 공)
三房(삼방; 셋째 아들)이   *亡(망할 망)
竟(결국)^至(지; 이르다)´絶嗣(절손)인데,   *竟(다할 경)
因(인; 왜냐하면)^   *嗣(이을 사)
〈8白艮〉은
爲´少男으로, 在´三房也이다.

蓋(개),
　辰은 爲´「天罡(천강)」이고,   *罡(별 이름 강)
　戌은 爲´「地煞(지살; 天魁[천괴])」로,   #魁(으뜸 괴)
　令星이 顚倒(전도; ✕上山下水)되어,
　其^禍(화)에 更(갱; 더욱)^凶하다.   *禍(재앙 화)
　且^   *更(다시 갱)

⑴ 運星〈七赤(金)→〉이

- 229 -

剋´〈巽㊅[; 元旦盤四]〉龍神하고,

(ㄹ) 而^向인 乾方에 山上令星은

是´〈8白㊏〉인데,

〈巽㊅[; 元旦盤四]→〉이

又^剋´〈8白㊏〉하여,

龍神(; 중요한 요소)이 交戰(교전; 相剋)하여

已(; 이미)^極(극; 最凶)인데,

焉有不凶哉(; 어찌하여 不凶(; 吉)이 있겠는가!)

故^云하기를

可^至´絶嗣(절사)이다。』

*戰(싸울 전)
*極(다할 극)
*焉(어찌 언)
*哉(어조사 재)
*至(이를 지)
*絶(끊을 절)
*嗣(이을 사)

[鐘註]

空亡運 20年은,

指´向星이 「入囚(입수)」이다。

此^地가

如^

天造佳城(천조가성

; 天藏地秘[천장지비], 주로 陰宅 大吉地)이라도,

因^做´不逢(불봉)時에는,

謂´之하여

「吉地凶做(길지흉주; 길지에 凶한 葬事)」이지만,

*造(지을 조)
*佳(아름다울)
#藏(감출 장)
#秘(숨길 비)
*做(지을 주)

若^

下局(; 立向)을 用´起星替卦(; △旺山旺向)인,

則^是/

用´「扭轉乾坤法(뉴전건곤법; 逆轉[역전])」으로,

以^避凶化吉(피흉화길)也이다。

[原註]에

*逢(만날 봉)
*扭(돌릴 뉴)
*轉(구를 전)
*避(피할 피)

*叉(깍지 낄 차)
*誤(그릇할 오)

- 230 -

云하기를:

壬方(; 〈⑤〉)에

如^有´三叉水(삼차수; 合水)이면,   *決(결코 결)

合´「城門訣」은。大誤(대오)이니,

決(결; 결코)^不可^用이다。

24天星의 名稱(명칭)						
坎	壬	天輔(천보) 八武(팔무) -	子	天壘(천루) 帝座(제좌) 陽光(양광)	癸	陰光(음광) 鑾駕(난가) -
艮	丑	天廚(천주) 天吊(천적) -	艮	**天市(천시)** 鳳閣(봉각) 陽樞(양추)	寅	天栿(천부) 金箱(금상) -
震	甲	陰璣(음기) 鬼劫(귀겁) -	卯	天命(천명) 天祿(천록) 將軍(장군)	乙	天官(천관) 工曹(공조) -
巽	辰	■天罡(천강) 天涯(천애)	巽	▲太乙(태을) 寶殿(보전) 文昌(문창)	巳	天屛(천병) 金枝(금지)
離	丙	**太微(태미)** 炎烈(염열)	午	陽權(양권) 龍墀(용지) 天馬(천마)	丁	南極(남극) 帝輦(제련)
坤	未	天常(천상) 天殺(천살) -	坤	天鉞(천월) 寶蓋(보개) 地軸(지축)	申	天關(천관) 玉印(옥인) -
兌	庚	天漢(천한) 武爵(무작) -	酉	**少微(소미)** 華蓋(화개) 從魁(종괴)	辛	▲天乙(천을) 直符(직부) -
乾	戌	■天魁(천괴) 地殺(지살) -	乾	天廠(천창) 天門(천문) 龍樓(용루)	亥	天皇(천황) 玉葉(옥엽) -

*稱(일컬을 칭)
*輔(덧방나무 보)
*壘(진 루)
*鑾(방울 란)
*駕(멍에 가)
*廚(부엌 주)
*吊(조상할 적)
*鳳(봉새 봉)
*閣(문설주 각)
*樞(지도리 추)
*栿(우거질 부)
*箱(상자 상)
*璣(구슬 기)
*劫(위협할 겁)
*祿(복 록)
*曹(관아 조)
*罡(별 이름 강)
*涯(물가 애)
*殿(큰 집 전)
*屛(병풍 병)
*微(작을 미)
*炎(불탈 염)
*烈(세찰 렬)
*墀(뜰 지)
*帝(임금 제)
*輦(손수레 련)
*越(넘을 월)
*蓋(덮을 개)
*軸(굴대 축)
*爵(벼슬 작)
*華(꽃 화)
*從(좇을 종)
*魁(으뜸 괴)
*符(부신 부)
*廠(헛간 창)
*樓(다락 루)
*葉(잎 엽)

八運 辰山戌向 [起星]

兼乙 [甲辰]分金・歸卦
兼巽 [壬辰]分金・兌卦

*歸(돌아갈 귀)
*度(법도 도)

巽 巳 丙 午 丁 未 坤 申		
■ [8] 6 〈七〉	4 2 〈三〉	6 4 〈五〉
7 5 〈六〉	+▲9+7 2 ⊘〈八〉	2 9● 〈一〉
3 ① 〈二〉	5 3 〈四〉	[1] 8 〈九〉

(辰 좌측 표시 · 乙 卯 甲 寅 艮 丑 癸 子 壬 亥 乾 戌 辛 酉 庚)

辰				
壬辰	庚辰	戊辰	丙辰	甲辰
127 126	125 124 123 122	121 120 119 118	117 116	115 114 113

四局	⊘旺山旺向
地運	160年 (七運 入囚)
城門	正城門: 壬方 / 副城門: ✗
特記	連珠三般卦(연주삼반괘)

山 8	文士叄軍(문사참군)·異路功名·父慈子孝(부자자효)。	山 4	婆媳不和(파식불화)·腹脹(복창)·黃疸(황달)·肝病·。	山 6	頭症(두증)·骨病(골병)·肺病(폐병)·剋妻·中風。
水 6	奢侈破家(사치파가)·選擧失敗(선거실패)·骨病(골병)。	水 2	疾病淹久(질병엄구;오래감)·暗悶抑鬱(암민억루)·脾胃病(비위병)。	水 4	紅杏出牆(홍행출장)·姦殺(간살;정부살해)·窒息(질식)·喘咳(천해)
山 7	傷殘(상잔)·橫死·人丁冷退(인정냉퇴)·官司是非。	山 ▲9		山 2	出´寡婦·愚頑之人(우완지인)·目疾·心疼(심동)·腸炎。
水 5	吸食毒品(흡식독품)·販毒(판독)·破産(파산)·橫死。	水 7		水 9●	發´財·進益田産(진익전산)·加官晉爵(나관진작)。
山 3	長子遊蕩(--유탕)·溺水(익사)·出´賊盜宵小(적도소소)。	山 5	乏丁(핍정)·絶嗣·肝膽病·腫毒(종독)·家多怪異。	山 1	出´文人秀士(문인수사)·多生男丁(다생남정)。
水 1	勤儉興家(근검흥가)·專利發明으로致富(치부)。	水 3	肝膽病·脚病(각병)·橫禍(횡화)·路死(;客死)。	水 8	兄弟齊發(형제제발)·進´田産土地(;부동산)。

[原註]
全局이 合´「連珠三般卦(연주삼반괘)」이고,

又^

合´「△旺山旺向」이다。

壬方에 有´水가 來去이고,

又^

合´「城門訣」이다。

次運(차운)에 丁星(; 山星)이 「入囚」이다。

【鐘註】
此局(; △旺山旺向으로 珠寶[주보]^與(여)^

下卦(; ✖上山下水로 火坑[화갱]는

誠(성; 진실로)^

爲´

「珠寶(주보; 천국)」^與^

「火坑(화갱; 지옥)」之^別으로,

亦^

古^明師가

所謂는:

　『我葬出王侯(아장출왕후

　　; 내가 장사하면 왕후가 나고),

　　他葬出賊寇(타장출적구

　　; 타인이 장사하면 도적이 난다)』．

　『分金差條線(분금차조선; 분금의 조금의 차이로),

　　富貴便不見(부귀편불견; 부귀는 보이지 않는다)』

之^局이다。

狀元地(장원지; 最吉地)^與(여; 와)^

絶地(절지; 最凶地)는,

*誠(정성 성)

*珠(구슬 주)
*寶(보배 보)
*坑(구덩이 갱)
*別(나눌 별)

*侯(제후 후)

*賊(도둑 적)
*寇(도둑 구)

*差(어긋날 차)
*條(가지 조)
*線(줄 선)

*狀(형상 장)
*元(으뜸 원)
*與(줄 여)
*咫(짧은길이 지)

原(; 원래)^不在′

形巒(형만; 形氣, 形勢)之^美秀(미수)이고,

而^　　　　　　　　　　　　　　　　　　　　　*尺(자 척)

在′於^

(1) 分金(; 立向)의 咫尺(지척; 微細[미세]한 차이)·　*微(작을 미)

(2) 星氣(; 四局)의　　　　　　　　　　　　　*細(가늘 세)
　　　　　　　　　　　　　　　　　　　　　　*異(다를 이)
　　正反(정반; 合局과 不合局)之^異(이)也이다。

分金인, 即^立向(입향)也이다。

● 房分斷法(방분단법)

'曾德火(증덕화; 인명)'의　　　　　　　　　　　*曾(일찍 증)

《大玄空實驗解說(대현공 실험해설)》에:　　　*解(풀 해)
　　　　　　　　　　　　　　　　　　　　　　*說(말씀 설)

『此局의

　坐後에는

　三台의

　尖秀峰(첨수봉)이고,　　　　　　　　　　　*台(별 태)

孟仲季(맹중계)三台峰

[坐宮은]

大玄空卦는 排(배)′〈⑧⑥七〉로,　　　　*排(밀칠 배)

山上에 令星〈⑧白⊕〉가　　　　　　　　*配(아내 배)

配(배)′〈⑥白⑧〉은,　　　　　　　　　*令(시기 령)

爲′〈⑥⑧〉이 同宮이다。

〈8〉은

爲′艮으로·爲′少男이고,

屬(속)′3·6·9房人이고,　　　　　　　*屬(속할 속)

庚寅年(2010年　　　　　　　　　　　　　*房(방 방)

; 11-[2+0+1+0]=中宮^年紫白星〈❽〉)이나　*或(혹 혹)
　　　　　　　　　　　　　　　　　　　　　*文(글월 문)
或^　　　　　　　　　　　　　　　　　　　*武(굳셀 무)

庚戌年(2030年　　　　　　　　　　　　　*才(재주 재)

; 11-[2+0+3+0]=中宮^年紫白星 〈❻〉)에,

主出´

(1) 文武(문무)가 全才之人(전재지인)이다。

《河洛生剋斷(하락 생극단)》에

云하기를:

「〈8白⊕〉는 爲´少男이고,

生旺이면,

(1) 孝義忠良(효의충량)하고,

(2) 富貴綿遠(부귀면원; 부귀가 오래감)하고,

(3) 少房發福(소방발복)이다。」

*河(강 이름 하)
*洛(강 이름 락)
*云(말할 운)
*斷(끊을 단)
*良(좋을 량)
*綿(이어질 면)
*遠(멀 원)

又,

《玄機賦(현기부)》에

云하기를:

「金(; 〈6〉)이 居(거; 살다)´

艮(; 〈8〉)位는,

烏府求名(오부구명; 立身揚名[입신양명])한다。」인,

即^此 〈68〉이 同宮也이다.

*機(틀 기)
*賦(문장 부)
*居(있을 거)
*烏(까마귀 오)
*府(곳집 부)
*求(구할 구)

(; 〈6白〉은

爲´官星(관성) · 爲´乾㊎이고,

艮인 即^ 〈8〉인데;

烏府(오부)는,

乃´御史(어사)의 府第(부제; 공무원 관사)也이다。)

*此(이 차)
*乃(~이다 내)
*御(어거할 어)
*府(곳집 부)
*第(차례 제)
*也(어조사 야)

前向(; 向宮)의

〈1⑧九〉는,

水上令星(; 水星, 向星, 財星) 〈⑧白〉이

排到(배도)´向(; 向宮)인데,

適(적; 마침)^逢(봉; 만나다)´大湖(대호)으로,

主´速인 即^大發財運이다。

*排(밀칠 배)
*到(이를 도)
*適(갈 적)
*逢(만날 봉)
*湖(호수 호)
*速(빠를 속)

〈8白〉은 爲´少男으로,

主´

⑴ 3·6·9房은 財運이 大發´40年이다。

〈1(; 坎, 中男)〉·〈9(; 離, 中女)〉는
爲´二房(; 5房, 8房도 포함됨)인데,
排在(배재; 飛星)´向首(; 〈1⃞8⃝〉)이며,   *排(밀칠 배)
艮方 〈3⃞1⃝〉의 水口도
又^   *又(또 우)
                                                     *貪(탐할 탐)
排´〈1⃝白食狼〉이다。   *狼(이리 랑)

《經》에
云하기를:
『上元에 兼´輔(보; 輔弼[보필], 〈8〉)이고,   *兼(겸할 겸)
  下元에는 兼´貪(탐; 〈1〉)이다。』   *輔(도울 보)

  貪狼(탐랑; 〈1〉)은
  發福이 延綿(연면; 오래 감)이다。

  合´向首(; 〈1⃞8⃝〉)인데   *延(끌 연)
  審斷(심단; 감정)하면,   *綿(이어질 면)
  有´60年(; 四⃞運, 九⃞運, 一⃞運)의 財旺이다   *審(살필 심)

[최주]
下運에 補佐星(보좌성)은 〈1〉이기 때문에
원칙적으로는 四⃞運에 부터 三⃞運까지 100年이 된다.]。

元運＼氣		退氣	吉氣			凶氣			補佐氣	統星
			旺氣 (大吉)	生氣 (吉)	次生氣 (次吉)	衰氣 (小凶)	死氣 (大凶)	殺氣 (大凶)		
上元	1運	9	1	2	3.4	⑦	6	5.⑦	<u>8</u>	1
	2運	1	2	3	4	9	6	5.7	<u>8</u>	
	3運	2	3	4	5	1	6	7.9	<u>8</u>	
中元	4運	3	4	5	6	2	⑧	7.9	1.⑧	6
	5運	4	5	6	7	3	2	9	1.8	
	6運	5	6	7	⑧	4	9	2.3	1.⑧	
下元	7運	6	7	8	9	5	4	2.3	1	8
	8運	7	8	9	①	6	2	3.4.5	①	
	9運	8	9	①	2	7	6	3.4.5	①	

但^

爲(; 당하다)´中宮(; 〈⑨⑦八〉)의

〈八白⊕〉가 所^剋이므로,

60年後(; 三運부터)에는,

比^3・6・9房(; 〈8艮〉少男)하여

失色(실색; 氣運이 감퇴)이 多矣이다!

*矣(어조사 의)

*開(열 개)
*始(처음 시)

大房(; 1, 4, 7房)은

初運(초운; 처음)에는 平平(; 보통)이고,

100年後(; 八~九~一~二~三運후인 四運)에는,

行´坤方(; 〈6④〉)가 水는

運이 時開始發(시개시발; 시작)하여,

丁財의 兩이 旺´20年이다.

(; 本局은

用´《天玉經》內의 艮丙辛法이다。)』

〔附圖〕

玆排(자배)는

未來의 民國93^甲申年(서기 2004年)에

*玆(이 자)
*排(밀칠 배)
*做(지을 주)
*歸(돌아갈 귀)

- 237 -

做(주; 立向)´辰山戌向이다。
坐는

☷☱ 歸妹卦(귀매괘)^第五爻之^

大玄空五行卦의

房份盛衰(방분성쇠)의 斷法(단법; 감정법)은

挨(애; 挨星)가 如(여; 같다)´次(차; 아래)하여 ,

以^資(자; 제공하다)´參考(참고)이다。

巽宮														
巳					巽					辰				
癸巳	辛巳	己巳	丁巳	乙巳	壬辰	庚辰	戊辰	丙辰	甲辰	壬辰	庚辰	戊辰	丙辰	甲辰

(挨星 수리 배열)

上段 分子: 5 5 5 5 5 5 5 5 4 4 4 4 4 4 4 4 4 4 3 3 3 3 3 3 3 3 3 3 2 2 2 2 2 2 2 2 2 2 1 …

上段 分母: 7 6 5 4 3 2 1 0 9 8 7 6 5 4 3 2 1 0 9 8 7 6 5 4 3 2 1 0 9 8 7 6 5 4 3 2 1 0 9 8 7 6 5 4 3

下段: 6 5 4 3 2 1 1 2 3 4 5 6 6 5 4 3 2 1 1 2 3 4 5 6 6 5 4 3 2 1 1 2 3 4 5 6 6 5 4 3 2 1 1 2 3 4 5 6

小畜 소축	需 수	大畜 축대	泰 태	履 리	兌 태	睽 규	歸妹 매귀
							113.5

此局은

三台(삼태)^尖峰(첨봉)이 落脈(낙맥)하여

結穴(결혈)이고

前向(; 向宮)에는 大湖(대호)이고,

湖(호; 호수)의 後는 遠山(원산)이 包圍(포위)이고

坤上(; 〈6④〉)에도 亦^有´湖(호; 호수)이고

庚酉方(; 〈2⑨〉)은 有´河가 曲流(곡류)하고,

水는 從(종; 부터)^壬(; 〈5③〉)하여

艮方(; 〈3①〉)으로 出이다。

大山龍은 從(종)^離卦(; 〈4②〉)부터 來하여

巽(; 〈8⑥〉)에 落´脈이다。

水는 出´丑方(; 〈③①〉)이다。
以上의 所論的^房分法(방분법)은,

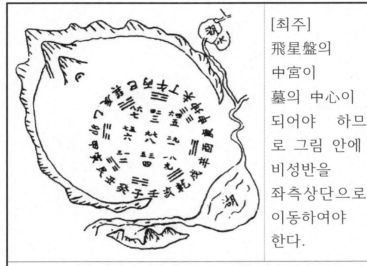

[최주]
飛星盤의
中宮이
墓의 中心이
되어야 하므
로 그림 안에
비성반을
좌측상단으로
이동하여야
한다.

六運 辰山戌向 替卦: △旺山旺向; 合局

讀者(독자)는
宜^用心하여 研究(연구)이다。
這(저; 이)는 是´玄空學에서
以^

*宜(마땅할 의)
*這(이 저)

(1) 山盤挨星・向盤挨星으로
論´房分的^實例(실례)이다。

較(교; 비교적)^進一層(진일층)的^論法(논법)은
是´

*較(견줄 교)
*層(층 층)
*配(아내 배)
*靜(고요할 정)
*看(볼 간)
*房(방 방)

(2) 以^山・向盤挨星을 配合´運盤이고
(3) 以^元旦盤(; 靜盤[정반]; 낙서)으로
看´房分이다。

俗法(속법; 저속한 방법)에
以^

*俗(풍속 속)
*靑(푸를 청)
*龍(용 룡)
*配(아내 배)

(1) 左^靑龍砂(청룡사)는

　　　　配(배)〈1, 4, 7〉房이고 [또는 長孫]·

(2) 中央의 主山과 朝案(조안; 朝山과 案山)은

　　　　配(배)〈2, 5, 8〉房이고·

(3) 右^白虎砂(백호사)는

　　　　配(배)〈3, 6, 9〉房은 [또는 支孫],

有´驗(험; 맞다)·

有´不驗(불험; 틀리다)이다。

*案(책상 안)
*虎(범 호)

*支(가를 지)
*孫(손자 손)

*驗(증험할 험)

八運 巽山乾向【下卦】

兼辰 [丙辰]分金・履卦
正線 [戊辰]分金・履´泰卦
兼巳 [庚辰]分金・泰卦

*履(신 리)
*泰(클 태)

巽				
壬辰	庚辰	戊辰	丙辰	甲辰
142/141/140	139/138/137	136/135/134	133/132/131	130/129/128
四局	△旺山旺向			
地運	20年 (四運 入囚)✔			
城門	正城門：✗			
	副城門：酉方			
特記				

洛書盤：

8① 七	3 5 三	1 3 五
▲9 2 六	-7-⑨ △八	5 7 一
4 6 二	2 4 四	6 ⑧ 九

巽 辰 ■ / 巳 丙 午 丁 / 未 坤 申
乙 卯 甲 寅 / 庚 酉 辛 戌 / 艮 丑 癸 子 壬 亥 乾

山⑧	孝義忠良(효이충량)・文才不絶(문재부절)。	山3	肝膽病・脚病。蛇咬(사교), 出´賊盜・逆子(역자；불효자)。	山1	生子(；출산)・文武全才・發明專利・叅謀(참모)。
水1	勤儉興家(근검흥가)・貴人相助・殷憂啓聖(은우계성)。	水5	腫毒(종독)・車禍(차화)・橫死(황사)・家破人亡(가파인망)。	水3	淹死(엄사)・分屍(분시)・雷打(뇌타)・肝膽病(간담병)・脚病(각병)。
山▲9	旺丁・加官晋爵(가관진작)・進益田産(진익전산)。	山7		山5	肺癌・口腔癌・性病・乏丁(핍정)・絶嗣・橫禍・凶死。
水2	腸炎(장염)・胃出血・眼病・産厄(산액)・訴訟(소송)。	水9●		水7	吸食毒品・口腔癌(구강암)・肺癌・性病・姦殺(간살)。
山4	肝病・膽石症・自縊・勒死(늑사)・股病・乳病。	山2	脾胃病・多病暗悶・傷´老母・乏´男丁(핍남정)。	山6	發育不全・精神異常・老化・骨病(골병)・肺病(폐병)。
水6	男女不倫(남녀불륜)・官司・色情惹禍(색정야화)・中風。	水4	姑婦不和・人財兩失・股票破財(고표파제；증권파재)。	水⑧	文人掌兵權(문인장병권)・異路功名・一門光顯。

- 241 -

[原註]

令星(영성)이

「到山到向(; △旺山旺向)」인데,

惟(유)^

次運(차운; 九運)인 即^「入囚(입수)」이다。

酉方(; 〈5⑦〉)은 可^用′「城門訣」이다。

向首의 〈6⑧〉同宮이므로,

有水之局은,

不獨(부독;~뿐만 아니다)^發′財이고,

更^主

『文士參軍(문사참군

; 文武兼備[문무겸비])이거나,

或^

異途擢用(이도탁용; 특별한 능력으로 채용됨)이다』

(; 見′《紫白訣(자백결)》下卷)。

*惟(오직 유)

*叁(간여할 참)
#兼(겸할 겸)
#備(갖출 비)
*異(다를 이)
*途(길 도)
*擢(뽑을 탁)
*紫(자줏빛 자)
*訣(비결 결)
*券(문서 권)

【鐘註】

此局의

(1) 坐宮遞生

坐山은 得′〈8①七四〉로,

〈8土〉 ⇨ 〈七金〉 ⇨ 〈①水〉 ⇨ 〈四木〉

으로 遞生(체생; 연속 相生하여 最吉)이고;

(2) 向宮遞生

向上의 〈6⑧九〉는,

〈九火〉 ⇨ 〈⑧土〉 ⇨ 〈金6〉으로

遞生(체생)하고,

山〈8〉과 向〈①〉이

皆^稱(칭; 부르다)′旺極(왕극)인데,

*遞(번갈아 체)
*皆(모두 개)
*稱(일컬을 칭)
*旺(성할 왕)
*極(다할 극)
*許(허락할 허)
*貫(꿸 관)

若^
坐山面水이면,
可^許´力이 貫(관)´兩元(; 下元과 上元)이다.

▲
卯乙(; 〈⑨②〉)·
坤申(; 〈①③〉)은
宜´山이고,

*宜(마땅할 의)

■
午丁(; 〈③⑤〉)의 山水는
皆^忌이고,

*忌(꺼릴 기)

●
辛(; 〈⑤⑦〉)·
癸(; 〈②④〉)의 二宮은
忌´水이고,

▲
辛(; 〈⑤⑦〉)·
寅(; 〈④⑥〉)의 二宮은
忌(기; 꺼리다)´山이다.

●
若^
四周(사주; 사방)가 無水이고,
惟^
巽(; 〈⑧①〉)·
坎(; 〈②④〉)의 二宮에
皆^有´
圓池(원지; 둥근 연못)가 放光(방광; 눈에 보임)하면,
亦^可^謂(위; 말하다)´之하여

*圓(둥글 원)
*池(못 지)
*放(놓을 방)
*謂(이를 위)

「四一同宮」으로,
發´科名(과명; 과거시험 합격의 명예)이다。

● '駱士鵬' 挨星法('낙사붕' 애성법)

巽山之^「眞城門訣」은
是´
艮龍(; 〈④⑥二〉)으로 入首하고 ·

*駱(낙타 낙)

*鵬(붕새 붕)

8 ① 七	3 5 三	① 3 五
⑨ 2 六	7 ⑨ 八	5 7 一
4 6 ±二	2 4 四	6 ⑧ 九

1 輔佐星	6	8
9	+2	4
5	7	3

囚運 巽坐乾向	[최주]艮龍를 立中宮하면
△旺山旺向	坐宮에 輔佐氣가 된다

乾水(; 〈⑧〉)가 朝入(조입)하여,
離(; 〈⑤〉) · 兌(; 〈⑦〉) · 乾(; 〈⑧〉)으로
出´水이다。

●

在^囚運에,
最^喜´向首(; 〈⑥⑧〉)에
有´
來水 · 三叉(; 合水) · 明堂은,
財帛(재백; 재물)이 大發이다。

*喜(기쁠 희)
*財(재물 재)
*帛(비단 백)

■

坐山(; 〈⑧①〉)은 吉星(길성)이 疊疊(첩첩)하고,
有´
龍(; 〈⑧〉) ·

*疊(겹쳐질 첩)
*欲(하고자할 욕)
*求(구할 구)
*悠(멀 유)
*久(오랠 구)

來水(; 〈①〉는,
丁財가 大旺이고,

交(교; 바꾸다)´上元인
甲子(; 三運 前半10年; 甲子2044~癸酉2053)·
甲戌(; 三運 後半10年; 甲戌2054~癸未2063)
20年(; 西元 2044年에서 至´2063年.)에
必^應(응)이다。

欲(욕; 하려고 함)^求´悠久(유구; 발복이 오래 감)이면,
惟^此^卦는
最^有´用이다。

*至(이를 지)
*求(구할 구)
*悠(멀 유)
*久(오랠 구)

八運 巽山乾向[起星]

兼辰 [甲辰]分金·兌卦
兼巳 [壬辰]分金·大畜卦

*畜(쌓을 축)

巽 辰 乙 卯 甲 寅 艮	巳 丙 午 丁 未 坤 申 庚 酉 辛 戌 亥 乾

```
巽  巳   丙 午 丁   未  坤
辰  ■                    申
     6 8    2 4    4 6
     8①    3 5    ①3    庚
      七     三     五
乙                          酉
卯   5 7    7 9    9 2
    ▲9 2  -7-9●   5 7   辛
      六    △八     一
甲                          戌
寅   1 3    3 5    8 1
     4 6    2 4    6⑧
      二     四     九   亥
艮   丑   癸 子 壬   亥  乾
```

巽					
壬辰	庚辰	戊辰	丙辰	甲辰	
142 141 140	139 138 137	136 135 134	133 132 131	130 129 128	

四局	△旺山旺向
地運	20年 (九運 入囚)✔
城門	正城門: ✗ 副城門: 西方
特記	고딕체는 辰坐戌向

山8	宜(의)´遠秀之山(원수지산)·添丁(첨정)·出´文武人才。	山3	肝膽·脾胃病。手脚之病·出´橫暴之人(횡포지인)。	山1	宜(의)´遠秀之山(원수지산),書香不絶(서향부절)。
水1	宜(의)´遠水(원수),勤儉創業(근검창업),出´文人·善人。	水5	投機失販·痲藥密輸(마약밀수)·家破人亡。	水3	落入陷阱(낙입함정)·溺水(익수)·退財·官司·橫死。
山▲9	乏嗣(핍사)·目疾(목질)·心疼(심동)·婦女當家。	山7		山5	乏嗣(핍사)·婦女當家·怪病腫毒(괴병종독)·火災(화재)。
水2	血症(혈증)·火災·癌症(암증)·落胎(낙태)·傷殘·損丁。	水9●		水7	血症·肺癌·食道癌·口腔癌(구강암)·損丁。
山4	宜´遠秀之山,出´文人秀士。忌´高逼(고핍)。	山2	脾胃病·肝膽病·姑婦不和(고부불화)·婦女哄鬧(-홍료)。	山6	宜´遠秀之山(원수지산),添丁(첨정;출산),出´文才。
水6	頭痛·腦震蕩(뇌진탕)·跌傷(질상)·刀傷·官司(관사)。	水4	投機·痲藥密輸(마약밀수)·橫禍(횡화)·凶死。	水⑧	宜´遠水,出´文人秀士,勤儉創業(근검창업)。

[註]:
本^挨星圖는 是´坐巽兼辰에 向乾兼戌的^挨星法이다。

[原註]
無「替」可尋^{이다}。

*尋(찾을 심)

【鐘註】
無^「替」之^局^{이므로},
挨星(^{애성})은 另^飛´一盤^{인데},
見´丑山未向^의 起星之^解說(^{해설})^{이다}。

巽山乾向은
在^四運^에 是´「△旺山旺向」^{인데},
若^
得´龍砂穴水^가 合格(^{합격})^{이면},
必^出´

*另(다를 령)
*博(넓을 박)
*選(가릴 선)
*擧(들 거)
*厚(두터울 후)

(1) 文武博士(^{문무박사})^{이고},
(2) 選擧(^{선거})^로 成名(^{성명})^{이고},
(3) 財産(^{재산})^이 富厚(^{부후})^{이다}。

※ 替卦를 사용하는 특별한 경우
最^好^는
是´採用(^{채용})´下卦直達(^{하괘직달})^{이고},
至´於^替卦은 是´起星補救(^{기성보구})之^用^{으로},
在^四運은
並不(; ^{결코~아니다})^需要(^{수요})^{인데},
只^有´
在^自然的^山水形局^의 限制(^{제한})之^下
(; 如^

*達(통달할 달)

*補(기울 보)
*救(건질 구)

*需(구할 수)
*要(구할 요)
*偏(치우칠 편)
*斜(비길 사)
#傾(기울 경)
*倚(치우칠 의)
*已(이미 이)

　　立´正向[; 下卦 또는 直達]인 則^
　　主山^이 偏斜[^{편사}]^{이고} .
　　案山^이 不對[; 傾斜面[^{경사면}]^{이고} .
　　穴情^이 偏倚的[^{편의적}]인 情形時)^{에야},

才(; ^{비로소})^不得已(^{부득이})^而^用´之^{이다}。

▲

此局은

若^

寅(; 〈④⑥(; ㄴ巽은 風)〉)・

卯(; 〈⑨②〉)方에

有′

凹缺(요결)하여 風口(; 바람의 出入口)이면,

主′

金甕(금옹; 棺[관])이 傾倒(경도)이고,

骨頭(두골)가 轉向(전향;)하여,

⑴ 損丁・破財이다。

*凹(오목할 요)
*缺(이지러질 결)

*甕(독 옹)
*傾(기울 경)
*倒(넘어질 도)
*轉(구를 전)

▲

巽之^龍山(; 〈⑧①七四〉)이 得令이고,

有′合格的^星峰(; 山)은,

主出′

⑴ 文章榜首(문장방수; 〈⑧①七四〉)・

⑵ 賢淑佳麗(현숙가려; 〈⑧①七四〉)이고,

又^主′

⑶ 服飾(복식; 의복, ㄹ)・

⑷ 美容業(미용업; ㅇ)으로 發財이다。

*榜(명단 방)
*首(머리 수)

*賢(어질 현)
*淑(맑을 숙)
*佳(아름다울 가)
*麗(고울 려)

*服(옷 복)
*飾(꾸밀 식)
*容(얼굴 용)
*業(직업 업)

各^宮의 詳細的(상세적)^看法(간법; 보는 방법)은,

請(청)^參看(참간)′

巳山亥向^下卦・起星의

註解(주해)^及^表格(표격)하시라。

巽山^兼巳^起星의 斷法(단법)은,

與^下卦하여 同이다。

*詳(자세할 상)
*細(가늘 세)
*請(청할 청)

八運 巳山亥向【下卦】

兼巽 [丁巳]分金・需(수)卦
正線 [己巳]分金・需(수)卦
兼丙 [辛巳]分金・小畜(소축)卦

*需(구할 수)
*畜(쌓을 축)

巽 巳 丙 午 丁 未 坤		
8 ① 七	3 5 三	1 3 五
▲9 2 六	-7-9● △八	5 7 一
4 6 二	2 4 四	6 ⑧ 九

辰 乙 卯 甲 寅 艮 — 丑 癸 子 壬 亥 乾 — 申 庚 酉 辛 戌

巳				
癸巳	辛巳	己巳	丁巳	乙巳
157/156	154/153 152/151	150/149 148/147	146/145	144/143

四局	△旺山旺向
地運	20年 (四運 入囚)✔
城門	正城門: ✗ 副城門: 辛方
特記	

山8	孝義忠良(효의충량),積善之家·文才不絶。	山3	肝膽病·脾胃病·肢體殘廢(지체잔폐),出'賊盜(적도)。	山1	生子(;출산)·文武全才·發明專利·參謀(참모)。
水1	勤儉興家(근검흥가)·貴人相助(귀인상조)·門庭光顯(문정광현)。	水5	腫毒(종독)·車禍(차화)·槍決(창결)·橫禍(횡화)·家破人亡(가파인망)。	水3	淹死(엄사)·分屍(분시;분신자살)·雷打(뇌타)·肝膽病·放蕩(방탕)。
山▲9	旺丁(왕정)·加官晋爵(가관진작)·進(진)'田産土地(전산토지)。	山7	[註];癸方(☑④)에 見'尖峰은, 興訟이다. 見'水路가 直硬(직경)이면, 出'悍媳(한식)·忤逆(오역)'婆婆(파파;시어머니)。	山5	肺癌(폐암)·口腔癌·性病·腫毒(종독;악성종기)·絶嗣·凶死。
水2	腸炎(장염)·胃出血·眼病·産厄(산액)·訴訟(소송)。	水9●		水7	吸食毒品·癌症·刀傷·性病·姦殺(간살;간통피살)。
山4	宜'遠秀之山,出'文人秀士。 忌'高逼(기고핍)	山2	脾胃病·多病暗悶(다병암민)·傷'老母·乏'男丁。	山6	發育不全·精神異常(정신이상)·老化·骨病·肺病。
水6	男女不倫(남녀불륜)·官司·姦通破財·窒息(질식)。	水4	姑婦不和·人財兩失·股票破財(고표파재;증권손해)。	水⑧	文士叄軍·異路功名(;특수분야에서 성공)·發財得官。

[原註]
與^
巽乾(; 巽坐乾向)下卦圖와 仝(=同)이다。
向首(; 向宮)에 有´水는,
合´
『六遇輔星(육우보성; 〈b8〉)은,
尊榮(존영)이 不次(; 2등이 아님, 최고)이다』:

*輔(도울 보)
*尊(높을 존)
*榮(꽃 영)

主´
當元(; 四運)에
(1) 富(; 〈8〉)
(2) 貴(; 〈b〉)이다。

【鐘註】
'談養吾(담양오)'가
曰하기를:
『本^山向은,
〈8白〉令星이 到山到向이다。
向首에
有´來水·三叉(; 合水)·明堂者는,
財帛(재백; 재물)이 大發인데;
坐山인 則^
吉星(; 〈8①〉)이 疊疊(첩첩)하고,
有´山龍·來水는,
丁財가 大發인데,
交´上元甲子(; 2044~2053年)·
甲戌(; 2044~2063年) 20年은
必^應인데,
欲(욕)^求´悠久(유구)은,
惟^
此卦는 爲´最^有用이고;

*談(말씀 담)
*養(기를 양)
*吾(나 오)

*財(재물 재)
*帛(비단 백)

*疊(겹쳐질 첩)
*悠(멀 유)
*久(오랠 구)

■

坤宮(; 〈①③〉)은,
忌´水(; 〈③〉)하고
取´山(; 〈①〉)이고;

■

離宮(; 〈③⑤〉)·
震宮(; 〈⑨②〉)·
坎宮(; 〈②④〉)은,
均(균; 모두)^爲´衰死(쇠사)之^氣으로,
有´形·有´氣(; 見山·見水)이고,
動하면
主´破財(파재)이고, 並^欲^傷丁(상정)이고;

■

兌宮(; 〈⑤⑦一〉)은,
凶星이 交作하므로,
避(피)´之이 爲´妥(타; 적당함)이다;
命宮(; 本命宮, 나이에 따른 九星)이 有´
〈兌七〉·〈坤二〉·〈巽四〉者는,
均^
主´
夭折(요절)이고, 女丁은 最^不利이고;
流年(; 年紫白星)에 添丁(첨정; 출산)은,
以^戌·亥·辰·巳年이 爲´最旺이고,
其^餘(여; 나머지)^流年은
均^不利이다。』

『陽宅은:
宅外에 山水의 用神은

*忌(꺼릴 기)
*取(취할 취)

*均(고를 균)
*衰(쇠할 쇠)
*欲(하고자할 욕)
*傷(상처 상)
*丁(성인 정)

*避(피할 피)
*妥(온당할 타)

*餘(나머지 여)

*與(줄 여)

*灶(부엌 조)

與(여; 과)^陰宅하여 同인데,

內門(내문)·房門(방문)·灶門(조문; 부엌문)은

開´在^

乾(; 〈⑧〉)·巽(; 〈①〉)

兩宮者는,

瓜瓞綿綿(과질면면; 〈1〉, 자손번창)이고,

財積千萬(재적천만; 〈8〉, 부동산 부자)이고

此는 是´ '談先生(; 담양오)' 이

(鐘按: 在^1923年[; 三運 20年次] 時的^

　　　觀點)이다;

坎(; 〈②④〉)·坤(; 〈①③〉)·

艮(; 〈④⑥〉)·震(; 〈⑨②〉)·

離(; 〈③⑤〉)의

五宮은,

避(피)´之^爲´吉인데,

否(부)인 則^

枉死(왕사; 억울하게 죽음)하는 橫禍(횡화)이고,

女丁(; 성인 여성)이 遭殃(조앙; 재앙을 만남)이다。』

各^宮의

山水吉凶之^主應(주응)은,

見´表格(표격)하시라。

*瓜(오이 과)
*瓞(오이 질)
*綿(이어질 면)
*積(쌓을 적)

*觀(볼 관)
*點(점 점)

*避(피할 피)
*枉(굽을 왕)
*橫(가로 횡)
*禍(재화 화)
*遭(만날 조)
*殃(재앙 앙)
*應(응할 응)
*表(겉 표)
*格(네모칸 격)

八運 巳山亥向[起星]

兼巽 [乙巳]分金・大畜卦
兼丙 [癸巳]分金・小畜卦

*畜(쌓을 축)

巽	巳	丙	午	丁	未	坤
辰	[8] ① 七		3 5 三		[1] 3 五	申
乙						庚
卯	▲[9] 2 六		-7-⑨ △八		5 7 一	酉 辛
甲						戌
寅	4 6 二		2 4 四		6 ⑧ 九	乾
艮	丑	癸	子	壬	亥	

巳				
癸巳	辛巳	己巳	丁巳	乙巳
1/5/7 1/5/6	1/5/5 1/5/4 1/5/3	1/5/2 1/5/1 1/5/0 1/4/9	1/4/8 1/4/7 1/4/6 1/4/5	1/4/4 1/4/3

四局	◬旺山旺向	
地運	20年 (五運 入囚)✔	
城門	正城門: ✗	
	副城門: 辛方	
特記		

山[8]	孝義忠良・孝子善人・文才不絶(문재부절).	山3	惡瘡・刑耗(형모)・肝膽病・脚病・官司牢獄(관사뇌옥).	山1	宜′文筆峰, 出′聰秀子女(총수자녀), 科甲功名.
水1	勤儉興家・理財致富, 出′文士・善人.	水5	瘡疽癰癌・瘟瘟・淫亂・破蕩.	水3	頭病・中風・刀傷・劫盜・官災・破財.
山▲9	發′女兒・外姓・庶出(서출), 敗′男子. 宜′遠峰(원봉).	山7		山5	昏迷癡獃(혼미치애)・腫毒怪病・火災・乏丁・絶嗣.
水2	吐血(토혈)・落胎・難産・夭折(요절)・性病・火災・服毒.	水9		水7	吐血・落胎・難産・夭折(요절)・性病・火災・服毒.
山4	漂蕩(표탕)・劫盜官災・男蕩女淫(남탕여음)・中風.	山2	惡瘡(악창)・刑耗・肝膽病・脾胃病・腿脚病(퇴각병).	山6	文士參軍・異路功名(이로공명)・孝義忠良.
水6	頭痛(두통)・中風・刀傷・劫盜(겁도)・官災(관재).	水4	瘟瘟(온황)・臌脹(고창)・風癩(풍탄)・淫亂・破蕩.	水⑧	勤儉興家(근검흥가)・理財致富・出′文士善人.

[註]
巳山에 兼′巽은, 斷法이 與^下卦하여 同이다. 本^挨星圖(에성도)는 是′坐는 巳兼丙이고 向은 亥^兼^壬的의 挨星法이다.

　　無「替」可尋(; 下卦와 飛星數가 동일)이다.

【鐘註】
　　無「替」之^局이므로,
　　另(영; 달리)^飛′山向星의 一盤인데,
　　見′　　　　　　　　　　　　　　　　　　*盤(소반 반)
　　丑山未向起星之^解說이다。

　　此局은 宜′平洋地(평양지; 平地)이고,　　　　*洋(바다 양)
　　⑴ 背後　　　　　　　　　　　　　　　　*背(등 배)
　　背後(배후)에 有′　　　　　　　　　　　*後(뒤 후)
　　微微(미미; 약간)^高起的^地塊(지괴; 땅 덩어리)이고,　*微(작을 미)
　　　　　　　　　　　　　　　　　　　　*起(일어날 기)
　　　　　　　　　　　　　　　　　　　　*塊(흙덩이 괴)
　　⑵ 前面
　　前面에는 有′小^池塘(지당; 연못)이고,　　　*池(못 지)
　　池塘(지당)의 後에는　　　　　　　　　　*塘(못 당)
　　有′如^
　　彎月(만월; 半月이나 新月)一般(; 비슷하다)이고,　*彎(굽을 만)
　　　　　　　　　　　　　　　　　　　　*般(일반 반)
　　抱(포; 감싸다)′　　　　　　　　　　　*抱(안을 포)
　　向^穴的^微微高起(미미고기)^堤岸(제안; 언덕)이면,　*微(작을 미)
　　這(저; 이것)는　　　　　　　　　　　*起(일어날 기)
　　　　　　　　　　　　　　　　　　　　*堤(둑 제)
　　是′最^符合(부합; 적당한)^星氣的^地形이다。　*岸(언덕 안)
　　　　　　　　　　　　　　　　　　　　*這(이 저)
　　　　　　　　　　　　　　　　　　　　*符(부신 부)

　　▲
　　坤申方(; 〈①③〉):
　　宜′金水(; 形勢를 지칭)・
　　品字形(품자형)的^墩阜(돈부; 낮은 언덕)이고,　*墩(돈대 돈)
　　主^　　　　　　　　　　　　　　　　　*阜(언덕 부)
　　産(산; 出)′　　　　　　　　　　　　*産(낳을 산)
　　⑴ 文人秀士(문인수사)이다。

■

酉辛方(; 〈-⑤-⑦〉):
陰神凶星(음신흉성)이 會聚(회취)하여,
山・水는
俱(구; 모두)^不宜(; 마땅하지 않다)´逼近(핍근)이다。

　　　　　　　　　　　　　　　　　*聚(모일 취)
　　　　　　　　　　　　　　　　　*俱(전부 구)
　　　　　　　　　　　　　　　　　*逼(닥칠 핍)
　　　　　　　　　　　　　　　　　*近(가까울 근)

■

午丁(; 〈③⑤〉)・子癸(; 〈②④〉)・
卯乙(; 〈⑨②〉)・艮寅(; 〈④⑥〉)의
四宮은:
會聚(회취)之^星이 皆(개; 모두)^凶으로,
亦^
不宜(불의; 마땅하지 못함)^
見´逼近(핍근)之^高山大水인데,
只^
宜´一片平坦(일편평탄)之^地이다。

　　　　　　　　　　　　　　　　　*聚(모일 취)
　　　　　　　　　　　　　　　　　*逼(닥칠 핍)
　　　　　　　　　　　　　　　　　*近(가까울 근)
　　　　　　　　　　　　　　　　　*平(평평할 평)
　　　　　　　　　　　　　　　　　*坦(평평할 탄)
　　　　　　　　　　　　　　　　　#垣(담 원)
　　　　　　　　　　　　　　　　　#旦(아침 단)

(1) 下卦
此局은
若^
不用´替卦起星(체괘기성)이고,
直接(직접)^使用(사용)´下卦이고,
又^
用´於^合龍格的인 山地(; 平地의 반대개념)이면,
必^可^大發´富貴이다。

　　　　　　　　　　　　　　　　　*直(곧을 직)
　　　　　　　　　　　　　　　　　*接(사귈 접)

(2) 替卦
用´起星(; 替卦)은,
富貴的인 效應인
就(취; 바로)^
大^打(타; 하다)´
折扣(절구; 줄어듦)了(료; 변화의미의 어기사)이다。

　　　　　　　　　　　　　　　　　*效(본받을 효)
　　　　　　　　　　　　　　　　　*應(응할 응)
　　　　　　　　　　　　　　　　　*打(칠 타)
　　　　　　　　　　　　　　　　　*折(꺾을 절)
　　　　　　　　　　　　　　　　　*扣(에누리 구)

(3) 大空亡

若(약; 만약)^

又^

採用(채용)′兼^丙은,

坐가 小畜卦(소축괘; 64괘중 하나인 風天小畜卦)로,

必^敗(패)′

長房(장방)·三房이다。

*採(캘 채)
*畜(쌓을 축)
*援(당길 원)
*助(도울 조)
*交(사귈 교)
*際(사이 제)

巽宮														
巳					巽					辰				
癸巳	辛巳	己巳	丁巳	乙巳	壬辰	庚辰	戊辰	丙辰	甲辰	壬辰	庚辰	戊辰	丙辰	甲辰
畜小 축소		需 수		畜大 축대		泰 태		履 리		兌 태		暌 규		妹歸 매귀

《訣(결)》에

曰하기를:

『巳兼丙은 [; 大空亡]이고,

　(1) 敗(패)′長·三房이고,

　(2) 老夫少妻(노부소처; 〈67〉, 원조고제)이고,

　(3) 上元(; 一~三運)에는 傷女(상녀)이고,

　(4) 下元(; 四~六運)에는 傷男(상남)이다。』

*傷(상처 상)

又^

云하기를:

『(1) 傷′女人이고,

　(2) 賤(천; 신분이 낮음)이고,

　(3) 出′賊盜(도적)이고;

　入首龍(; 入首龍이 大空亡)은

*傷(상처 상)
*賤(천할 천)
*盜(훔칠 도)
*賊(도둑 적)

主´

(1) 殺戮(살륙)·

(2) 官刑(관형)이다。』

切(절; 절대로)^莫(; ~하지마라)^犯´之 이다!

羅經圖(나경도)

八運 戌山辰向【下卦】

兼辛[丙戌]分金・漸卦
正線[戊戌]分金・蹇卦
兼乾[庚戌]分金・蹇卦

*漸(점점 점)
*蹇(절 건)

巽 巳 丙 午 丁 未 坤			戌				
⑧ 6 / 七	4 2 / 三	6 4 / 五	壬戌	庚戌	戊戌	丙戌	甲戌
7 5 / 六	▲+⑨+7 / 八	2 9● / 一	307 306 305	304 303 302	301 300 299	298 297 296	295 294 293
3 ① / 二	5 3 / 四	① ⑧ / 九	四局	✗上山下水			
			地運	160年（七運 入囚）			
			城門	正城門：✗			
				副城門：甲方			
			特記	連珠三般卦(123,234,...)			

山⑧	出´文韜武略(문도무략)之才・善人・賢人(현인)。	山4	山岡硬直(산강경직),出´悍婦(한부)。臌脹(고창)・肝膽病(간담병)。	山6	官司(관사)・肺氣腫(폐기종)・頭風・肝硬化(간경화)・自縊(자액)。
水6	退´産業・功名無望・消極(소극)・卑微(비미)。	水2	出´寡婦・胃腸病・家業凌替(가업능체;쇠퇴)。	水4	因色破財・肝膽病・窒息(질식)・腿病(퇴병)。
山7	退(퇴)´人口，出´盜賊・娼妓(창기)・殘疾(잔질)・死刑。	山▲9		山2	宜^水外에 遠秀之峰이면, 三運에 添子(첨자;출산)。
水5	販毒(판독)・密輸(밀수)・服毒(복독)・殘廢(잔폐)・死刑。	水7		水9●	宜^小水・暗水(암수)이면,四運에 發財。
山3	出´賊盜・長子放蕩(장자방탕)・溺水(익수;물에 빠짐)。	山5	仲房損丁・絶嗣(절사),肝膽病・殘廢(잔폐)。	山1	宜^水外에 遠秀之峰(원수지봉),三運에 出´貴。
水1	宜^之玄의 長流水이면, 勤儉創業(근검창업)。	水3	肝膽病・肢體殘廢(지체잔폐)・家破人亡(가파인망)。	水⑧	當元(당원)에 進財(진재),富貴壽考(부귀수고)。

[原註]

令星이 顚倒(전도; ✖上山下水)이다.

甲方은 可用´「城門訣」이다.

次運(; 四運)에

丁星(; 山星)이 「入囚(입수)」이다.

*顚(엎어질 전)
*倒(넘어질 도)
#丁星(=山星)

【鐘註】

「令星顚倒(영성전도; ✖上山下水)」인,

即^

(1) 下水(; ◉雙星會向으로 凶)

山上龍神(; 坐宮에 있어야 할 山星)이

下了(하료; 내려가 있음)´水(; 向宮)이고,

*了(마칠 료)
*倒(거꾸로 도)

(2) 上山(; ▲雙星會坐으로 凶)

水裏龍神(; 向宮에 있어야 할 向星)이

上了(사료; 올라가 있음)´山(; 坐宮)』

이므로,

*背(등 배)
*臨(임할 림)

*保(지킬 보)

必須(필수)^

山과 水가 倒用(도용)하여야 [; 背山臨水의 반대],

方(; 바야흐로)^保(보)´財와 丁이 兩全이다.

´談養吾(담양오

; 1890~1987年, 江蘇省[강소성] 武進[무진]출신으로,

´章仲山(장중산)'의 再傳弟子[; 제자의 제자]인

´楊九如(양구여),'의 제자)

《大玄空路透(대현공로투; 1923年에 출간)》에

云하기를:

『在´龍空之^地(

; 坐空으로, 背山臨水의 반대가 되는 地形)이어야,

方^可^點穴(점혈)이다.

所謂(소위)^

*談(말씀 담)
*養(기를 양)
*吾(나 오)
*武(굳셀 무)
*進(나아갈 진)
*路(길 로)
*透(통할 투)

「龍空하면 氣는 不空(; 滿)」이 是(옳을)也이다.

向首(; 向宮〈⑧⑥〉)·
坐山(; 坐宮〈①⑧〉)이,
會合´均^爲´吉神(길신;〈1,6,8〉)인데,
山水의 用神(; 四運에 山星⑧과 向星⑧)은
尙^可^不論(; 숫자로만 논하는 것이 아님)하고,
用得其所(; ✖上山下水라도 合局)이면,
丁財이 大旺이다.

●

兌宮(;〈②⑨〉)에 有´小水者이면,
交´甲辰(九運 전반기 10年)·
甲寅(九運 후반기 10年)의
20年(; 2024~2043年)은 必^發이다.

●

艮宮(;〈③①〉)은,
爲´悠久之星(유구지성; 次生氣)이므로,
先時(; 四~九運기간)에는 補救(보구)´之이고,
屆時(계시; 一運기간)에는
自(; 자연적으로)^可^大旺이다.

*悠(멀 유)
*久(오랠 구)
*補(기울 보)
*救(건질 구)
*悠(멀 유)
*屆(이를 계)

●

離宮(;〈④②〉)은 死氣이므로,
切^忌´有水이고,
定^主´破敗(파패)이다.

*破(깨뜨릴 파)

●

坎宮(;〈⑤③〉)는,
亦^宜^
靜而無形(정이무형)이다.

*靜(고요할 정)

●
坤宮(; 〈6④〉)도,
亦^
然(연; 그러하다)이다。』

●
甲方之^水(; 〈7⑤〉)는 大凶이므로,
不可^用인데,
[原註]에
謂´「可^用´城門訣」은,
切^莫(막; ~마라)^相信(; 믿음)이다。

*謂(이를 위)
*莫(없을 막)

▲
九運에 丁星(; 中宮山星9)이
入囚」이고,

▲
若^
坎方〈; 5③〉에 有´大山이면,
主´
次房(차방; 坎은 中男)이
損丁(손정; 사람이 다침)·絕嗣(절사; 絕孫[절손])이다。

*損(덜 손)
*絕(끊을 절)
*嗣(이을 사)

此局은
全盤(전반; 九宮全體)이
合´「連珠三般卦(연주삼반괘)」로,
有´逢凶化吉(봉흉화길)之^作用이다。

*逢(만날 봉)
*凶(흉할 흉)
*化(될 화)
*吉(길할 길)

兼辛 [甲戌]分金・漸卦
兼乾 [壬戌]分金・艮卦

*漸(점점 점)

巽 巳	丙 午 丁	未 坤
辰↖ 6 ⑧ 七	2 4 三	4 6 五
乙 卯 5 7 六	+7+⑨● ⊖八	▲9 2 一 庚 酉 辛
甲 寅 [1] 3 二	3 5 四	⑧ ① 九 ■ 戌
艮 丑	癸 子 壬	亥 乾

戌				
壬戌	庚戌	戊戌	丙戌	甲戌
307 306 305	304 303 302	301 300 299	298 297 296	295 294 293

四局	⊖旺山旺向	
地運	20年 (五運 入囚)✔	
城門	正城門: ✗	
	副城門: 甲方	
特記	連珠三般卦	

山6	長房은 人丁冷退, 出´鰥夫(환부)·獨夫(독부; 독신남자)。	山2	姑婦不和(고부불화)·脾胃病·暗悶抑鬱(암민억울)。	山4	窒息(질식)·男女不倫(남녀불륜)·股病(고병)·刀傷(도상)。
水⑧	發財·父慈子孝(부자자효)·門庭光顯(문정광현)。	水4	水路가 直射이면, 惡婦欺姑(악부기고)·黃腫(황종)·股病(고병)。	水6	姦淫(간음)·官司(관사)·退財(퇴재)·爲財惹禍(위재야화)
山5	乏(핍)´男丁·絶嗣(절사)·橫禍(횡화)·怪病·凶死。	山7		山▲9	四運旺丁,加官晋爵(가관직작;승진)·名聞天下(명문천하)。
水7	殘疾(잔질)·吸食毒品(흡식독품)·肺病·喉症(후증)·色癆(색로)。	水9●		水2	目疾(목질)·心疼(심동)·腸炎(장염)·胰臟炎(:췌장염)·難産(난산)。
山1	生´貴子·得´減刑(감형)或´特赦(특사)·出´特任官。	山3	出´賊盜(도적)·暴戾之人(폭려지인)·肝膽病(간담병)·路死(노사)。	山⑧	出´文人名士(문인명사)·富貴壽考(부귀수고)。
水3	動盪離散(동탕이산), 分屍(분시)·溺水·落入陷阱。	水5	販毒(판독)·密輸(밀수)·賭博傾家(도박경가)·破産。	水1	忌´大水, 主´損丁·出´聾啞(농아)·智障兒(지장아)。

［原註］
　　令星(영성)이

　　「到山到向(; △旺山旺向)」이다。

　　甲方은 可用´「城門訣」이다。

　　次運(차운; 五運)에 「入囚(입수)」이다。

【鐘註】

　　此局

　　(; 替卦는 △旺山旺向)은 與^

　　　　下卦(; ✖上山下水)는

　　是´

　　「分金이 差(차; 차이)´一線(; 작은 범위)이면,

　　　　富貴는 便(편; 바로)^不見이다。」로,

　　狀元地(장원지; 最吉地)^與(여; 과)^
　　絕地(절지; 最凶地)·　　　　　　　　　　　　　　*狀(형상 장)
　　　　　　　　　　　　　　　　　　　　　　　　　*元(으뜸 원)
　　⑴ 火坑(화갱; 大空亡 또는 ✖上山下水))^與^
　　　　　　　　　　　　　　　　　　　　　　　　　*坑(구덩이 갱)
　　⑵ 珠寶(주보; 吉坐)　　　　　　　　　　　　　*珠(구슬 주)
　　的^分界(분계)이다。　　　　　　　　　　　　　*寶(보배 보)

　　⑴ 用´「下卦」인

　　　　則^✖上山下水로,

　　　　宜^坐空朝滿(좌공조만; 背山臨水의 반대)이고;

　　⑵ 用´「起星」인
　　　　　　　　　　　　　　　　　　　　　　　　　*尋(찾을 심)
　　　　則^△旺山旺向으로,

　　　　宜^坐實朝虛(좌실조허; 背山臨水의 형세)이다。　*操(잡을 조)
　　　　　　　　　　　　　　　　　　　　　　　　　*權(저울추 권)
　　⑴ 一(; ✖上山下水)은 於^平洋에서　尋穴하고,　*掛(걸 괘)

　　⑵ 一(; △旺山旺向)은 於^山地에서　尋穴한다。

　　操(조; 조종하다)´其^權(; 저울추, 핵심)者는,

　　立向의 掛線(괘선; 좌향을 결정함)일 而已(; ~뿐)이다!

讀者(독자)는

觀´辰山戌向下卦(; ✖ 上山下水)^與^

　　　　起星(; △旺山旺向)之^解說인,

即^可^理會(이회; 이해하다)´

⑴ 玄空의 星(; 飛星)·

⑵ 卦(; 八卦와 九宮)·

⑶ 元運(; 3元9運)之^奧妙(오묘; 秘法[비법])함은,

是´

其他(기타; 현공풍수법을 제외한 다른 풍수이론)^

地理學派(지리학파)는

所不能及者(; 따라올 수 없음)이다。

△旺山旺向은

宜´(의; 마땅히)^山龍穴(산룡혈)인데,

因´(; 왜냐면)^

九運에「入囚(입수)」되지만,

金墩(금돈; 墓龜[묘귀; 봉분])은 要^高하고,

向首(;〈⑧〉)에 有´水가 放光인,

則^

九運에도 不敗(불패)이고,

繼續(계속)으로 發福이다。

二運에는,

財星(; 向星〈①〉)이 上(; 오르다)´

山(; 坐宮)이므로,

必須(필수)^

主山背後(주산배후)에는

有´溪流(계류)가 纏繞(전요; 감아 돌다)이거나,

或^大湖(대호)·水庫(수고; 저수지)이다。

*奧(속 오)
*妙(묘할 묘)

*墩(돈대 돈)
*龜(거북 귀)
*繼(이을 계)
*續(이을 속)

*背(등 배)
*後(뒤 후)
*溪(시내 계)
*流(흐를 류)

*纏(동일 전)
*繞(두를 요)
*湖(호수 호)
*庫(곳집 고)

此^種(종; 종류)의 地形은,
大都(대도; 대부분)는
是′
橫龍入首(횡룡입수)로 結穴인데,

*都(모두 도)

龍虎砂(용호사)는
丑(; 靑龍 〈①〉)·
庚(; 白虎 〈⑨〉)上에
起(기; 솟다)′
曜星(요성
　; 靑龍과 白虎 너머로
보이는 砂)이면,

曜星(요성)

#官(벼슬 관)
#禽(날짐승 금)
#曜(빛날 요)
#鬼(귀신 귀)

*曜(빛날 요)
*顯(나타날 현)
*職(벼슬 직)
*崇(높을 숭)

⑨運·①運에는
必^
出′貴하여,
(1) 登(등)′科甲(과갑; 과거급제)하고,
(2) 得′顯職崇位(현직숭위; 고급관리로 출세)이다。

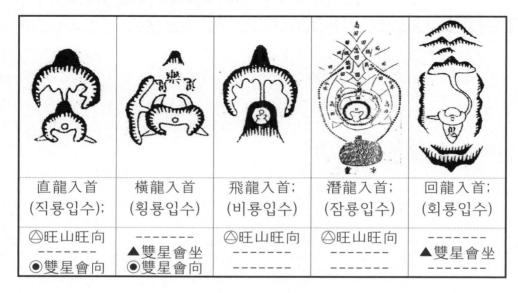

直龍入首 (직룡입수);	橫龍入首 (횡룡입수)	飛龍入首; (비룡입수)	潛龍入首; (잠룡입수)	回龍入首; (회룡입수)
△旺山旺向 ◉雙星會向	------ ▲雙星會坐 ◉雙星會向	△旺山旺向 ------ ------	△旺山旺向 ------ ------	------ ▲雙星會坐

閃龍入首(섬룡입수); 상황에 따라 四局을 적용함.

螺螄土肉形局(나사토육형국; 소라가 몸을 드러내고 있는 형국)

八運 乾山巽向【下卦】

兼戌 [丙戌]分金・謙卦
正線 [戊戌]分金・謙´否卦
兼亥 [庚戌]分金・否卦

*謙(겸손할 겸)
*否(아닐 비)

巽	巳	丙	午	丁	未	坤	乾						

	壬戌	庚戌	戊戌	丙戌	甲戌
	322 327 320	319 318 317	316 315 314	313 312 311	310 309 308
四局	△旺山旺向				
地運	160年（七運 入囚）				
城門	正城門: 午方				
	副城門: ✗				
特記					

飛星盤:
- 辰 乙 卯 甲 寅 艮 丑 癸 子 壬 亥 (乾)
- 坤 申 庚 酉 辛 戌
- ① ⑧ 七 ／ 5 3 三 ／ 3 ① 五
- 2 ⑨● 六 ／ ▲-9-7 八 ／ 7 5 一
- 6 4 二 ／ 4 2 四 ／ ⑧ 6 九

山 1	一運에 旺丁出貴, 文武全才(문무전재)。	山 5	少´人丁・凶死・手脚畸形(수각기형)・出´暴徒(폭도)。	山 3	官訟・破敗・損丁・蛇咬(사교;뱀에게 물림)・溺水(익수)。
水 ⑧	富貴, 出´學者, 賢人(현인)。	水 3	肝膽病(간담병)・災禍橫死(재화횡사)。	水 1	一運에 發財(발재), 勤儉創業(근검창업)。
山 2	三運에 旺´人丁。四運에 多病。	山 ▲9		山 7	服毒(복독)・吸毒(흡독;대마초)・性病(성병)・肺病。
水 9●	九運에 發財(발재), 竝旺人文(병왕인문)。	水 7		水 5	凶災橫禍(흉재횡화)・破産(파산)・癌症(암증)。
山 6	剋妻(극처;상처)・官司刑獄(관사형옥)・肺病。	山 4	肝膽(간담)・股(고)・氣喘病(기천병)・姑婦不和(고부불화)。	山 ⑧	武貴(무귀), 出´忠臣孝子, 積德善行(적덕선행)。
水 4	肝膽(간담)・股(고)・氣喘病(기천병)。勞碌(노록;고생)。自縊(자액)。	水 2	三運에 發財。四運~一運에 出´寡婦(과부)。	水 6	損丁(손정), 老人孤獨(노인고독)・痴呆(치매)。無識(무식)。

[原註]

　令星(영성)이

　到山到向(; △旺山旺向)이다。

　午方(; 〈③〉)은 可^用´「城門訣」이다。

　次運(; 九運)에는

　丁星(; 中宮의 山星〈九〉)이 「入囚」이다。

　■

　如^

　乾方(; 〈8 6〉)에

　有´窰(요; 도자기 불가마)인,　　　　　　　　　*窰(가마 요)
　則^　　　　　　　　　　　　　　　　　　　　　*燒(사를 소)

　「火(; 實火〈9〉)가

　　燒(소)´天門(; 〈6〉)이다」으로,　　　　　　*吐(토할 토)
　形氣(형기+이기)가 兩全(양전)이라도,　　　　*血(피 혈)

　主´

⑴　家長이 吐血而亡(토혈이망)이다。

　■

　艮方(; 〈6 ④二〉)에

　有´水(; 〈④〉)이면:　　　　　　　　　　　　*姑(시어미 고)
　主´　　　　　　　　　　　　　　　　　　　　*媳(며느리 식)

⑴　姑媳(고식; 姑婦[고부; 시어머니와 며느리])가

　　不和이고,　　　　　　　　　　　　　　　　*射(쏠 사)
　　　　　　　　　　　　　　　　　　　　　　　*衝(찌를 충)
⑵　[양택에서] 若^　　　　　　　　　　　　　　*槍(창 창)

　更^有´路(노; 도로)가

　直射(직사; 일명 路衝[노충], 槍殺[창살])이면,　*欺(속일 기)
　主´　　　　　　　　　　　　　　　　　　　　*姑(시어미 고)
　家(; 집안)에 有´欺姑之婦(기고지부; 며느리가 시어머니를　*婦(며느리 부)
업신여김)이다。

【鐘註】
據(거; 근거하다)^《秘本(비본)》하여,
四運에 乾山·亥山은
是´「七星打劫(칠성타겁)」之^局이다.

(非´《沈氏玄空學》에서
所謂^
◉雙星會向之^
「眞打劫」·「假打劫(가타겁)」이다。)

若^
來龍·水法이 皆^合者이면,
富貴는 不可言(; 두 말할 필요가 없음)이다.

■
午方(; 〈5③〉은 是´殺水인데,
且^
挨星〈5③〉는 爲´凶星이므로,
若^
見´水(; 大水)이면,
必^主´
(1) 橫死(횡사; 5=9)·
(2) 肝癌(간암; 4)이다。

■
有窰之處(유요지처; 불가마)는,
不論^何(하; 무슨)^運하고 皆(개; 모두)^凶으로,
筆者의 考驗(고험; 경험)으로,
凡^
居(거; 거주하다)´於^磚窰近處(전요근처; 불가마)는,
尤(우; 더욱)^
其^是·住在(주재; 살다)´

*據(의거할 거)

*打(칠 타)
*劫(위협할 겁)

*窰(불가마 요)
*考(상고할 고)
*驗(증험할 험)
*磚(벽돌 전)
*窰(불가마 요)
*近(가까울 근)
*處(살 처)
*尤(더욱 우)

- 269 -

磚窰(전요)의 對面(; 정면 15도 범위)者는,

多^

(1) 賭博破家(도박파가) ・

(2) 車禍(차화; 교통사고) ・

(3) 心臟痛(심장통) ・

(4) 灼傷(작상; 화상) ・(5) 燙傷(탕상; 화상) ・

(6) 胃出血(위출혈) ・

(7) 倒閉跑路(도폐포로; 부도내고 도망) ・

(8) 女子는 爲´娼(창; 기생)하는

等의 凶이 應한다。

*賭(걸 도)
*博(넓을 박)
*禍(재화 화)
*臟(오장 장)
*灼(사를 작)
*傷(상처 상)
*燙(데울 탕)
*胃(밥통 위)
*倒(넘어질 도)
*閉(닫을 폐)
*跑(허빌 포)
*路(길 로)
*娼(기생 창)

蓋(개)^

窰(요; 가마)는 爲´火之^太過(태과)者로,

其^性(; 성질)이 燥烈(조열)하여,

動而旺인 則^暴虐(포학; 사나움)也이다。

*燥(마를 조)
*烈(세찰 렬)
*暴(사나울 포)
*虐(사나울 학)

五行과 오장육부(五臟六腑)			
五行	天干	-오장(五臟)	+육부(六腑)
木	+甲		담(膽; 쓸개)
	-乙	간장(肝臟; 애)	
火	+丙		소장(小腸; 작은 창자), 삼초(三焦)
	-丁	심장(心臟; 염통)	
土	+戊		위장(胃腸; 밥통)
	-己	비장(脾臟; 지라)	
金	+庚		대장(大腸; 큰 창자)
	-辛	폐장(肺臟; 허파)	
水	+壬		방광(膀胱; 오줌통)
	-癸	신장(腎臟; 콩팥)	

*臟(오장 장)
*腑(장부 부)

*焦(그을릴 초)
*胃(밥통 위)
*膀(쌍배 방)
*胱(오줌통 광)

*삼초(三焦): 상초(上焦), 중초(中焦), 하초(下焦)를 아울러 이르는 말. 심장을 중심으로 한 흉부를 상초, 위(胃) 부근의 복부를 중초, 배꼽 아래 부분의 하복부를 하초라 하며, 음식물의 흡수와 소화, 배설을 맡고 있다.

八運 乾山巽向[起星]

兼戌 [甲戌]分金·艮卦
兼亥 [壬戌]分金·萃卦

*萃(모일 췌)

巽	巳	丙 午 丁	未	坤
辰	1⃞ ⑧ 七	5 3 三	3 ①⃝ 五	申
乙 卯 甲	2 ⑨● 六	▲9⃝7 ⑦ 八	7 5 一	庚 酉 辛
寅 艮	6 4 二	4 2 四	8⃞ 6 九	戌
丑	癸 子 壬		亥 乾	

乾				
壬戌	庚戌	戊戌	丙戌	甲戌
322 321 320	319 318 317	316 315 314	313 312 311	310 309 308

四局	⊕旺山旺向
地運	160年 (七運 入囚)
城門	正城門: 午方 副城門: ✗
特記	

山 1	日運에, 旺丁出´貴(왕정출귀),出´教育家(교육가)。	山 5	少´人丁·凶死。長房은 出´暴戾(폭려)不法之人。	山 3	脚病·膽病(담병)·出´賊盜·蛇咬(사교;뱀에 물림)。
水 ⑧	富貴, 勤儉創業(근검창업)·房房皆發(방방개발)。	水 3	肝病(간병)·橫禍凶死(횡화흉사),出´盜賊(출도적)。	水 1	日運에 長·仲房(중방)이 發財·出´文武人才。
山 2	日運에, 人丁이 旺盛·出´文人畵家(문인화가)。	山 ▲9		山 7	服毒·吸毒(흡독)·性病·肺病·酒色亡身(주색망신)。
水 9●	五運에 長房(장방;장남)이 發財(발재),宜´小水。	水 7		水 5	凶災橫禍(흉재횡화)·性病·殘廢(잔폐)·死刑。
山 6	剋妻(극처;상처)·長房(장방)人丁冷退(인정냉퇴)。	山 4	肝膽(간담)·股(고)·氣喘病(기천병;천식)·出´乞丐(걸개;거지)。	山 8	武貴(무귀), 出´忠臣孝子(충신효자)·積善行仁(적선행인)。
水 4	肝膽(간담)·股(고)·氣喘病·窒息死(질식사)	水 2	日運에 發財(발재),積富(적부)·中獎(중장;복권당첨)。	水 6	損丁(손정)·老人孤獨痴呆(노인고독치매)·退敗(퇴패)。

[原註]
　　無′「替」可尋이다。

【鐘註】
　　運星囧을 入中하여,
　　飛臨(비림)′山・向之^字는 是′〈⑨⑦〉이고,
　　天元之^〈⑨⑦〉인 即^午・酉이고,
　　爲′右弼(우필)・破軍(파군)이며,
　　數字는 仍(잉; 여전히)^是′〈⑨⑦〉인,
　　故^
　　云′「無替可尋(무체가심)」이다。

　　無′「替」之^局이므로,
　　另^飛′山向星一盤인데,
　　見′丑山未向의 起星之^解說(해설)하고,

　　本圖(본도)는
　　是′
　　乾^兼^戌之^挨星法(애성법)이다。
　　向首(; 向宮〈①⑧〉)의 盪(탕
　　　;〈①坎水〉는 下卦과
　　　　〈⑧艮山〉은 上卦조합은
　　得′「山水蒙(산수몽; ☶☵)」卦인데,

　　《易(; 주역)・彖(단)》에
　　曰하기를:
　　『蒙(몽;〈①⑧〉)은 以^養正(양정)하여,
　　　聖(성)의 功(공)也이다。』인데,

　　若^
　　前面에 有・水城(; 물,〈⑧〉)이 抱(포)′穴하고,
　　水外에 有・小山(;〈①〉)이

*臨(임할 림)
*弼(도울 필)
*仍(인할 잉)

*另(별도로 령)

*盪(씻을 탕
*蒙(입을 몽)

*彖(판단할 단)
*養(기를 양)
*功(공 공)

*抱(안을 포)
*群(무리 군)
*童(아이 동)
*聽(들을 청)

若^群童(군동; 많은 학생)이 聽講(청강; 수업)은,
是´形氣(; 형기+이기)가 兩合이면,

必^出´
(1) 哲學家(철학가)·
(2) 教育家(교육가)·
(3) 五術(오술;
　　① 仙[선; 神仙, 養生],
　　② 醫[의; 醫學],
　　③ 命[명; 사주팔자, 자미두수],
　　④ 卜[복; 점];,
　　⑤ 相[地相(; 風水), 觀相])
名家
等의 「師(사; 고수)」字^級(급; 정도)의 人才로,

爲´天地立心·
爲´生民立命·
爲´往聖繼絶學(왕성계절학; 옛 성인의 학문을 계승)하고,
爲´萬世에 開´太平이다。

■
震宮(; 〈②⇐⑨〉)은,
山水(; 山·向星)가 均^爲´未來의 生氣이므로,
宜(의; 마땅히)^
有´
池水(지수)가 停瀦(정저)하고,
遠峰(원봉)이 列秀(열수)이면,
主´
(1) 靑蚨闐闐(청부전전; 부자의 의미),
(2) 瓜瓞緜緜(과질면면; 百子千孫)이다。

*講(익힐 강)

*術(꾀 술)
#醫(의원 의)
#命(운수 명)
#卜(점 복)
*師(스승 사)
*級(등급 급)

*往(갈 왕)
*聖(성스러울 성)
*繼(이을 계)
*絶(끊을 절)

*停(머무를 정)
*瀦(웅덩이 저)
*列(벌일 렬)

*蚨(靑강충이 부)
*闐(성할 전)
*瓜(오이 과)
*瓞(북치 질)
*緜(연이을 면)

■

艮宮의 挨星(; 〈⑥→④〉)은,
名´
「巽宮(; 〈4〉)에 水路가 纏(전; 감아 돌다)´
  乾(; 〈6〉)이면,
  主有´
  懸樑之厄(현량지액; 목을 매고 자살)이다。」
忌見´
旱溪(한계; 비가 오지 않으면 물이 흐르지 않는 도랑)가

如(; 마치)^
繩圈(승권; 올가미)^
與^
「斷頭山(단두산)」이다。

繩圈(승권)

*纏(얽을 전)
*懸(매달 현)
*樑(들보 량)
*厄(액 액)
*旱(가물 한)
*溪(시내 계)

*繩(줄 승)
*圈(우리 권)
*斷(끊을 단)

■

坎宮(; 〈④→②〉)에
若^
見´山岡(산강)이 直硬(직경)하여 射脅(사협)이면,
名´
『風(; 〈4〉)이 行´
  地(; 〈2〉)上^而^
  硬直(경직)이면 難當(난당; 막기 어려움)으로,
  室(실; 집안)에 有´欺姑之媳(기고지식)이다。』

*岡(산등성 강)
*硬(굳을 경)
*射(쏠 사)
*脅(옆구리 협)
*欺(속일 기)
*姑(시어미 고)
*媳(며느리 식)

盪卦表(탕괘표)

上卦／下卦	乾 6	兌 7	離 9	震 3	巽 4	坎 1	艮 8	坤 2
天 6	乾6／爲6 天-천	澤7／天6 夬-쾌	火9／天6 大有+대유	雷3／天6 大壯+대장	風4／天6 小畜-소축	水1／天6 需+수	山8／天6 大畜-대축	地2／天6 泰+태
澤 7	天6／澤7 履-리	兌7／爲7 澤+택	火9／澤7 睽-규	雷3／澤7 歸妹+귀매	風4／澤7 中孚+중부	水1／澤7 節-절	山8／澤7 損+손	地2／澤7 臨-림
火 9	天6／火9 同人+동인	澤7／火9 革-혁	離9／爲9 火+화	雷3／火9 豊-풍	風4／火9 家人-가인	水1／火9 旣濟+기제	山8／火9 賁-비	地2／火9 明夷-명이
雷 3	天6／雷3 无妄-무망	澤7／雷3 隨+수	火9／雷3 噬嗑-서합	震3／爲3 雷+뇌	風4／雷3 益+익	水1／雷3 屯-둔	山8／雷3 頤+이	地2／雷3 復-복
風 4	天6／風4 姤-구	澤7／風4 大過+대과	火9／風4 鼎-정	雷3／風4 恒+항	巽4／爲4 風+풍	水1／風4 井-정	山8／風4 蠱+고	地2／風4 升-승
水 1	天6／水1 訟+송	澤7／水1 困-곤	火9／水1 未濟+미제	雷3／水1 解-해	風4／水1 渙-환	坎1／爲1 水+수	山8／水1 蒙-몽	地2／水1 師+사
山 8	天6／山8 遯-돈	澤7／山8 咸+함	火9／山8 旅-려	雷3／山8 小過+소과	風4／山8 漸+점	水1／山8 蹇-건	艮8／爲8 山+산	地2／山8 謙-겸
地 2	天6／地2 否+비	澤7／地2 萃-췌	火9／地2 晉+진	雷3／地2 豫-예	風4／地2 觀-관	水1／地2 比+비	山8／地2 剝-박	坤2／爲2 地+지

八運 亥山巳向【下卦】

兼乾 [丁亥]分金・晉卦
正線 [己亥]分金・晉卦
兼壬 [辛亥]分金・觀卦

*晉(나아갈 진)
*觀(볼 관)

巽 辰 乙 卯 甲 寅	巳 丙 午 丁 未 坤 申 庚 酉 辛 戌 乾	艮 丑 癸 子 壬 亥
↖		■

1 ⑧ 七	5 3 三	3 ① 五
2 ⑨● 六	→▲9-7 △八	7 5 一
6 4 二	4 2 四	8 6 九

亥

	癸亥	辛亥	己亥	丁亥	乙亥
	337 336 335	334 333 332	331 330 329	328 327 326	325 324 323

四局	⊿旺山旺向
地運	160年 (七運 入囚)
城門	正城門: 午方 / 副城門: ✗
特記	

山1	宜´狀元峰(장원봉; 文筆峰)・祖山, 出´貴。	山5	少´人丁・凶災橫死(흉재횡사), 甚至絶嗣(절사)。	山3	忌´探頭山(탐두산; 엿보는 산)・出´盜賊(도적)・蛇咬(사교)。
水⑧	當元에 發財(발재), 出´文人秀士(문인수사)。	水3	雷殛(뇌극;벼락사망)・槍殺(창살;총살)・橫死(횡사)・出´盜賊。	水1	二運發財, 出´發明家(발명가)・創業者(창업자)。
山2	胃腸病・眼病(안병)・人物愚庸(우용)・出´寡婦。	山▲9		山7	吸毒(흡독;대마초)・好酒色(호주색)・性病・肺癆(폐로)。
水9●	四運發財・旺丁・榮顯(영현)・長壽。	水7		水5	吸毒(흡독)・服毒・販毒・走私(주사;밀수)・橫禍(횡화)。
山6	勞苦不絶(노고불절)・剋妻・男女不倫(남녀불륜)。	山4	出´乞丐(걸개)・姑婦不和(고부불화)・股病・肝膽病。	山8	人才蔚起(인재울기; 蔚무성할 울)・藝業精通・文武全能。
水4	窒息(질식)・肝膽病(간담병)・刀傷(도상)・股病(고병)・自縊(자액)。	水2	風疾(풍질)・腹病(복병)・癌腫(암종)・主母遭殃(주모조앙)。	水6	鰥寡孤獨(환과고독)・長房退敗(장방퇴재)。

[原註]
與^
乾巽(; 乾坐巽向)下卦와 圖가 同하다。

【鐘註】
除了^
前面의 乾山巽向의 所解說的^之外에,
再(재; 더)^補充(보충)´於^後이다。

*除(제외할 제)
*補(기울 보)
*充(찰 충)

坐의 〈⑧⑥〉은
後에 有´端正(단정)的^山峰은,
合´《紫白訣(자백결)》
所云한:
『 〈68〉은 文士參軍(문사참군; 문무겸비)이고,
   武인 則^異途擢用(이도탁용; 특별채용)이다。』

*端(바를 단)
*參(간여할 참)
*途(길 도)
*擢(뽑을 탁)

積善之家(적선지가)는,
常(상; 항상)^
有´
餘慶(여경; 넉넉한 경사)으로,
(1) 子孫이 出衆(출중)하고,
(2) 及第登科(급제등과)하고,
(3) 學藝(학예)에 精通(정통)하다,

*餘(남을 여)
*慶(경사 경)
*衆(무리 중)
*及(미칠 급)
*第(차례 제)
*科(과정 과)
*藝(심을 예)
*精(뛰어날 정)
*通(통할 통)

〈68〉·〈86〉은
乃´「武庫(무고)」로,
得令이면,
主´
(1) 發富(발부)^及^
(2) 異路功名(이로공명; 특수한 분야에서 출세)也이다。
宜^(; 向宮의 山星이 〈①〉이므로)

*庫(곳집 고)
#顧(돌아볼 고)

回龍逆結(회룡역결; 回龍顧祖[회룡고조])하고,
前에는
有´池湖(지호)之^局이다。

●

艮(;〈④〉)・
離(;〈③〉)・
兌(;〈⑤〉)의
三宮에 有´水이면
爲´「殺氣水」이므로, 最^不吉인데;

●

艮水(;〈6④二〉)가
若^直射(직사)이면,
主´

*婆(할미 파)
*媳(며느리 식)

(1) 婆媳不和(파식불화; 고부불화, 〈6④二〉)이고,

若(;〈6④二〉)^
見´
旱流(한류)・小徑(소경; 좁은 길)의 形狀이
似(사; 같다)´繩圈(승권; 올가미 모양)이면,
主´

*旱(가물 한)
*徑(지름길 경)
*繩(줄 승)
*圈(우리 권)
*縊(목맬 액)

(2) 縊死(액사; 목매고 자살)이다。

●

兌水(;〈7⑤〉)는
主´

*吸(숨 들이쉴 흡)
*販(팔 판)
*走(달릴 주)
*私(사사 사)
*暴(사나울 포)

(1) 吸毒(흡독)・
(2) 服毒(복독)・
(3) 販毒(판독; 마약판매)・
(4) 走私(주사; 밀수, 암거래)・
(5) 凶暴橫死(흉포횡사)이고;

●

離水(; 〈⑤⊕←③⊛〉)는,

⊛剋⊕(; 〈2⊕・5⊕・8⊕〉←3〈⊛・ㄐ⊛〉)로,

爲´

「鬪牛煞(투우살; 쥬로 民事쇼숑)」이며,

又^

爲´「賊星(적성; 〈3〉)」으로,

主´

(1) 雷殛(뇌극; 벼락사망;5=9)・

(2) 震災(진재;3)・

(3) 槍斃(창폐; 총살;5=9)・

(4) 蛇咬(사교)・

(5) 賭博破家(도박파가)・

(6) 橫死(횡사; 5=9)이다。

*鬪(싸움 투)
*牛(소 우)
*煞(죽일 살)
*賊(도둑 적)

*雷(우레 뢰)
*殛(죽일 극)
*災(재앙 재)
*槍(창 창)
*斃(죽을 폐)
*賭(걸 도)
*博(넓을 박)

▲

坎(; 〈④②〉)・

坤(; 〈③①〉)・

離(; 〈⑤③〉)

三宮에

有´逼壓(핍압)・形狀(형상)이 醜惡(추악)之^山도,

同此而斷이다。

*逼(닥칠 핍)
*壓(누를 압)
*醜(추할 추)
*惡(악할 악)
*斷(감정할 단)

■

巳峰(; 〈①〉)・

乙水(; 〈⑨〉)는,

名´

「〈一白〉의 龍에

配(배)´〈九紫〉의 水」는,

富貴가 極品(극품)이며,

*配(짝 배)
*極(다할 극)
*品(물건 품)
*敗(깨뜨릴 패)

三元不敗(삼원불패)이다。

《秘本》에

云하기를:

『四運에

　亥巳(; 亥坐巳向)^兼(겸; 그리고)^

　乾巽(; 乾坐巽向)은,

(1) 向上(; 向宮)의 〈①⑧七四〉는

　　〈⑧土〉 ⇨ 〈七金〉 ⇨

　　〈①水〉 ⇨ 〈四木〉 으로 遞生(체생)하고,

　　　　　　　　　　　　　　　　　*遞(번갈아 체)

(2) 山上(; 坐宮)의 〈⑧⑥九〉는

　　〈九火〉 ⇨ 〈八土〉 ⇨ 〈六金〉 도

　　亦^

　　遞生(체생)이므로,

　　皆^稱(칭)´極旺(극왕)하고,

　　若^遇(우; 만나다)´山水가 合局이면,

　　可^許´力이 貫(관)´兩元(; 下元과 上元)이다。

　　　　　　　　　　　　　　　*亦(또 역)
　　　　　　　　　　　　　　　*稱(일컬을 칭)
　　　　　　　　　　　　　　　*極(다할 극)
　　　　　　　　　　　　　　　*遇(만날 우)
　　　　　　　　　　　　　　　*許(허락할 허)
　　　　　　　　　　　　　　　*貫(꿸 관)

　　　●

　　乙卯(; 〈⑨〉)・坤申(; 〈①〉)은

　　宜´水이고,

　　　■

　　午丁의 山(; 〈⑤〉)・水(; 〈③〉)는

　　皆^忌이고,

　　　▲

　　申坤(; 〈③〉)・癸子(; 〈④〉)의 二宮은

　　忌´山이고,

　　　●

辛酉(; 〈⑤〉) · 寅艮(; 〈④〉)의 二宮은
忌´水이다。

▲
若^
癸(; 〈④〉) · 巳(; 〈①〉)의 二宮에
皆^有´秀峰이고,

▲
向의 旁(방; 옆)인 二宮
(; 〈震②〉, 〈離⑤〉)에
無´山이고,
亦^爲´〈四一〉가 向宮하여,
不作´殺氣論也이다。』

【鍾按】
「力貫兩元(역관양원)」인
即^
發´富貴가 40年(; 西元2004年에서 至´2043年)。

■
乙方의 挨星 〈②〉인데,
〈②〉之^人元인 即^申으로,

《飛星賦》에
云하기를:
『申(; 〈2〉)이 尖(첨)하면
　興訟(흥송; 소송을 일으킴)이다。』로,

*興(일 흥)
*訟(송사할 송)

此方은
忌/見´
尖銳(첨예)之^山峰 · 石筍(석순) ·
砂脚(사각) · 建築物(건축물)하여,

*尖(뾰족할 첨)
*銳(날카로울 예)
*筍(죽순 순)
*脚(다리 각)

主出´
(1) 訟棍(송곤; 악덕 변호사)·   *訟(송사할 송)
(2) 土地訴訟(토지소송)·   *棍(몽둥이 곤)
(3) 爲´女人之^事로 打官司(타관사; 소송)이다。 *司(맡을 사)

■

壬子癸^方은,
挨星〈④②〉인데,   *曾(일찍 증)
《飛星賦(비성부)》에   *聞(들을 문)
                              *虎(범 호)
云하기를: *咥(깨물 질)

『寅(;〈8〉)申(;〈2〉)이
   觸(촉; 만나다)´巳(;〈4〉)이면,   *犬(개 견)
   曾^聞´虎가 咥(질)´家人이다。[; 주로 교통사고]』, *咬(깨물 교)
                                          *逢(만날 봉)
                                          *蛇(뱀 사)
『或^被´犬(견)에게 咬(교)하거나,   *毒(독 독)
   或^逢(봉)´蛇毒(사독)이다。』

《玄空秘旨》에
云하기를:

『山(;〈8〉)
   地(;〈2〉)에 被´
   風(;〈4〉)는,   *還(돌아올 환)
   還^生´風疾(풍질; 전염병)이다。』이고;   *硬(굳을 경)
                                        *難(어려울 난)
『風(;〈4〉)이 行´   *當(당할 당)
   地(;〈2〉)에다가 而^   *室(집 실)
   硬直(경직)이면 難當(난당)으로,   *欺(속일 기)
   室(실)에 有´欺姑之婦(기고지부)이다。』   *姑(시어미 고)

若^   *岡(산등성이 강)
有´   *丘(언덕 구)
直來的^山岡丘壠(산강구롱)·   *壠(언덕 롱)
                                 *提(끌 제)

- 282 -

提岸(제안; 둑길)·   *岸(언덕 안)

田塍(전승; 밭두둑 길)·   *塍(이길 승)

道路·

流水이면,

必^主´

(1) 宅母多災(댁모다재)·   *災(재앙 재)

(2) 脾胃病(비위병)·   *皮(가죽 피)

(3) 皮肉傷(피육상)·   *肉(고기 육)

(4) 婆媳不和(파식불화; 고부갈등)^   *婆(할미 파)

等이 應한다。   *媳(며느리 식)

八運 亥山巳向[起星]

兼乾[乙亥]分金·晉卦　　　　　　　　　　　*晉(나아갈 진)
兼壬[癸亥]分金·觀卦　　　　　　　　　　　*觀(볼 관)

巽	巳	丙 午 丁	未	坤
辰	① ⑧ / 7 ⑨ / 七	5 3 / 2 5 / 三	3 ① / ▲⑨ 7 / 五	申
乙卯	2 ⑨● / ⑧⑧ / 六	◀⑨ 7 / -6+① / △八	7 5 / 4 3 / 一	庚酉
甲	6 4 / 3 4 / 二	4 2 / ① 6 / 四	⑧ 6 / 5 2 / 九	辛
寅				戌
艮	丑	癸 子 壬	亥	乾

亥				
壬戌	庚戌	戊戌	丙戌	甲戌
3327 3336 3335	3334 3333 3332	3331 3330 3329	3328 3327 3326	3325 3324 3323

四局	△旺山旺向
地運	160年 (七運 入囚)
城門	正城門; 午方 / 副城門; ✗
特記	고딕체는 壬坐替卦

山1	宜´文筆峰(문필봉), 出´思想家(사상가)·教育家。	山5	少´人丁·凶災橫死(흉재횡사)。	山3	蛇咬·蜂螫(봉석)·長房은 出´浪蕩子·賊盜(적도)。
水8	當元에 發財(발재), 富而有德(부이유덕)。	水3	出´盜賊(도적),巳命人當之;博弈亡家(박혁망가)。	水1	秀水之玄(수수지현)은, 出´貴子·思想家(사상가)。
山2	出´愚庸(우용)之人·尖峰은 興訟·刑獄(형옥)。	山9		山7	季房大敗(계방대패), 凶死常生。吸毒(흡독;대마초)·服毒(복독)。
水9	靑蚨闐闐(청부전전;부자)·富而多子(부이다자)。	水7		水5	暴發暴敗(폭발폭패)·痲藥密輸(마약밀수)。
山6	剋妻(극처;상처)·頭風·人丁冷退(냉퇴;쇠퇴)。	山4	山崗(산강)이 直來하여 撞脅(당협)은 室에 有´欺姑之媳。	山8	少年早發(소년조발), 武貴는 宜´御屏山(어병산)。
水4	出´乞丐(걸개;거지)·逃亡之人(도망지인)。	水2	久病·癌腫·因小失大, 貪心失財(탐심실재)。	水6	子不孝(자불효)·父不慈(부불자)·無嗣(무사), 長房은 冷退(냉퇴)。

[原註]
無「替」可尋^{이다}。

【鐘註】
見´
乾山巽向^의 起星(; 替卦]之^解說(해설)^{하고},
惟^
亥^는 不可´兼壬^{인데} [; 大空亡],
兼´壬^한 則^
(1) 敗´季房(계방; 막내)^{이고}, 又^主´
(2) 關節風濕症(관절풍습증)·
(3) 損´小口(소구; 미성년자)^{이고},
(4) 出人(; 앞으로 태어난 사람^은
    不能(; ~할리가 없다)^有爲(유위; 장래가 유망)^{이고},
(5) 發´螟蛉(명령; 養子^로 대를 이음; 男子^가 ^{피해})·
(6) 贅婿(췌서; 데릴사위; 男子^가 피해)·
(7) 寡婦(과부; 男子^가 피해)^는;

乃(내; ~이다)´
「天卦不出(; 合局)·
  地卦出(; 坐向空亡)」^{으로}
氣^가 不純(불순)之^故(고; 때문)也^{이므로},

不當´用替^{임에도} 而^
用替(; 替卦를 ^{사용})之^弊(폐; 폐단)也^{이다};
語^에
云^{하기를}:
『羅經差一線(나경차일선; 조금 차이로 空亡^이 되면),
  富貴便不見(부귀편불견; 부귀는 나타나지 않음)。』^인
即^如´此^한 局^{이다}。

*敗(깨뜨릴 패)
*季(끝 계)
*關(빗장 관)
*節(마디 절)
*濕(축축할 습)
*症(증세 증)
*損(덜 손)
*螟(마디충 명)
*蛉(잠자리 령)
*贅(혹 췌)
*婿(사위 서)

*純(생사 순)
*弊(해질 폐)

▲

乙方(; 〈②⑨〉)은

不可^見´尖峰(첨봉)·尖角(첨각)인데,

《飛星賦(비성부)》에

云하기를:

『申尖(신첨)은 興訟(흥송)이다。』

該方에 山星은 挨´〈②〉인데,

〈②〉之^人元인 即^申으로,

28宿(수)로는

又^當´

角(각; 乙方별자리)·

亢(항; 乙方별자리)의 分野(분야)로,

主有´

(1) 官司刑獄(관사형옥)之^災(재; 재앙)이다。

●

寅方(; 〈⑥④〉)은

不可^見´旱水(한수)로,

如^

繩圈之形(승권지형; 올가미 모양)은;

《玄空秘旨》에

云하기를:

『巽宮(; 〈4〉)에

　水路가 纏(전)´乾(; 〈6〉)이면,

　主有´懸樑(현량)之^厄(액)이다。』로

主´

(1) 自縊(자액; 목매고 자살)·

(2) 勒斃(늑폐; 絞殺[교살; 피살])이고;

*尖(뾰족할 첨)
*興(일어날 흥)
*訟(송사할 송)

*角(뿔 각)
*亢(목 항)
*野(들 야)

*官(벼슬 관)
*司(맡을 사)
*刑(형벌 형)
*獄(옥 옥)

*災(재앙 재)

*旱(가물 한)

*繩(줄 승)
*圈(우리 권)

*纏(얽힐 전)
*懸(매달 현)
*樑(들보 량)

*縊(목맬 액)
*勒(굴레 늑)
*斃(넘어질 폐)

見´

「斷頭山(단두산)」^{이면}

尤(우; 더욱)^凶^{하여},

(3) 主´斬首(참수)^{이다}。

斷頭山(단두산)

*尤(더욱 우)
*斬(벨 참)
*首(머리 수)

山・水之^形은 不同^{이면},

星氣之^義(; 의미)인 即^有´異(; 다르다)^{이므로},

*通(통할 통)
*變(변할 변)

讀者(독자)는 宜^通變(통변)^{하여},

不可^拘泥(구니; 얽매임)^{하여야},

在(;에서)^斷驗(단험; 감정)方面^{하여}

才(; 비로소)^能^神準(신준; 神처럼 정확한 경지)^{이다}。

*拘(잡을 구)
*泥(진흙 니)
*準(수준기 준)

[鍾註]

若^

亥^가 兼´壬^{이면} ; 大空亡],

用´〈四・三〉入中^{하여},

另(영; 달리)^飛´一盤^{하고},

〈-ㄴ〉는 逆(역; 역행)^{하고}・

〈+3〉은 順(순; 순행)^{이다}。

*兼(겸할 겸)

本^篇(편)^{에서는} 不用´此法^{이고},

而以^

筆者의 考驗(고험)之^

心得(심득; 이치를 깨우침)^解說(해설)^{이다}。

*篇(책 편)
*考(상고할 고)
*驗(증험할 험)

1~9運별 24坐向 下卦替卦 飛星盤

1運《1864-1883年》(下卦·替卦) 飛星盤

坐卦	下卦	替卦	坐卦	下卦	替卦
壬	7九4 2五9 9七2 / 8八3 -6+5 4三7 / 3四8 1六1 5二6	✕	丙	4九7 9五2 2七9 / 3八4 +5-6 7三4 / 8四3 1六1 6二5	✕
子 / 癸	5九6 1五1 3七8 / 4八7 +6-5 8三3 / 9四2 2六7 7二4 / ↑	← / ↗	午 / 丁	6九5 1五1 8七7 / 7八4 -5+6 3三8 / 2四9 6六2 4二7 / ↑	← / ↗
丑	5九6 9五2 7七4 / 6八5 -4+7 2三9 / 1四1 8六3 3二8	7九8 2五4 9七6 / 8八7 -6+9 4三2 / 3四3 1五5 5二1	未	6九5 2五9 4七7 / 5八6 +7-4 9三2 / 1四1 8六3 3二8	8九7 4五2 6七9 / 7八6 +9-6 2三4 / 3四3 5一1 1二5
艮 / 寅	3九8 7五4 1七1 / 2八9 +4-7 6三5 / 7四4 1六9 3二6 / ↑	5九8 1五3 3七1 / 4八9 +6-7 8三5 / 9四4 2六6 7二2 / ∥ ↑	坤 / 申	8九3 3五8 1七1 / 9八2 -7+4 5三6 / 4四7 2六9 6二5 / ↑	8九3 3五1 1七1 / 9八4 -7+6 5三8 / 4四7 2六9 6二5 / ↑
甲	9九2 4五7 2七9 / 1八1 -8+3 6三5 / 5四6 8六3 7二4	8九9 3五5 1七7 / 9八8 -7+1 5三3 / 4四4 2六6 6二2	庚	2九9 7五4 9七2 / 1八1 -3+8 5三6 / 6四5 8六3 4二7	9九4 5五3 7七1 / 8八3 +1-2 3三5 / 4四7 6六8 2二6
卯 / 乙	7九4 3五8 5七6 / 6八5 +8-3 1三1 / 2四9 4六7 9二2 / ↑	6九2 2五7 4七9 / 5八4 +7-2 9三9 / 1四3 3六6 8二1 / 8九3 4五7 6七5 / 7八4 +9-2 2三9 / 3四8 5六6 1二1	酉 / 辛	4九7 8五5 6七5 / 5八6 -3+8 1三1 / 9四4 7六3 2二9 / ↑	3九6 7五2 5七4 / 4八5 -2+7 9三9 / 8四3 6六5 1二8 / 3九8 7五3 5七6 / 4八7 -2+9 9三3 / 8四3 6六5 1二1
辰 / 巽	8九3 4五7 6七5 / 7八4 +9-2 2三9 / 3四8 5六6 1二1 / 7九1 5五5 3七8 / 2八9 -9+2 7三4 / 6四5 4六7 8二3 / ∥ ↑	6九3 2五7 4七5 / 5八4 +2-2 9三9 / 1四8 3六6 8二1 / 1九9 5五5 3七7 / 2八8 -9+1 7三2 / 6四4 4六6 8二2 / ↑	戌 / 乾	3九8 7五4 5七5 / 4八7 -2+9 9三2 / 1四3 6六5 8二1 / 1九1 6五5 8七3 / 9八2 +2-9 4三7 / 5四6 7六4 3二8 / ←	3九6 7五2 5七4 / 4八5 -2+7 9三9 / 8四3 6六5 1二8 / 9九1 5五5 7七3 / 8八2 +1-9 3三7 / 4四6 6六4 2二8 / ↑

坐卦	下卦	替卦	坐卦	下卦	替卦
壬	6̱7 ②̱② 4̱9 5̱8九 +7‑6六 9̱4四 1̱3五 3̱1七 8̱5三	8̱7 4̱② 6̱9 7̱8九 +9‑6六 2̱4四 3̱3五 5̱七 1̱5三	丙	7̱6 ②̱② 9̱4 8̱5九 ▲‑6+7六 4̱9四 3̱五 1̱3七 5̱8三	7̱8 ②̱4 9̱6 8̱7九 ‑6+9六 4̱②四 3̱3五 1̱5七 5̱1三
子	8̱5 3̱1 1̱3 9̱4九 ‑7+6六 5̱8四 4̱5九 ②̱八 6̱7三	←	午	5̱8 1̱3 3̱1 4̱9九 +6‑7六 8̱5四 9̱5九 ②̱八 7̱6三	←
癸	↑	↖	丁	↑	↖
丑	6̱9 1̱4 8̱② 7̱九 ‑5‑8六 3̱6四 ②̱5五 5̱八 4̱7三	6̱8 1̱3 8̱1 7̱九 ‑7六 3̱5四 ②̱5五 9̱② 4̱6三	未	9̱6 4̱1 ②̱8 1̱7九 ‑8‑5六 6̱3四 5̱五 9̱八 7̱4三	8̱6 3̱1 1̱8 9̱7九 ‑7六 5̱四 4̱②五 ②̱9 6̱4三
艮	4̱7 9̱3 ②̱5 3̱6九 +5+8六 7̱1四 8̱②五 1̱七 6̱9三	4̱6 9̱② ②̱4 3̱5九 +5六 7̱9四 8̱5五 1̱3 6̱8三	坤	7̱4 3̱9 ②̱八 6̱3九 +8+5六 1̱7四 ②̱8五 4̱七 9̱6三	6̱4 ②̱1 4̱② 5̱3九 +7六 9̱7四 1̱五 3̱1 8̱三
寅	✕↑	4̱8 9̱4 ②̱6 3̱7九 +9六 7̱四 8̱3五 1̱5七 6̱1三	申	✕↑	8̱4 4̱9 6̱② 7̱九 +9六 ②̱四 3̱8五 1̱七 1̱6三
甲	8̱5 4̱9 6̱7 7̱6九 +9‑4六 ②̱②四 3̱5五 8̱七 1̱3三	6̱7 ②̱② 4̱9 5̱8九 +7六 9̱4四 1̱5五 3̱七 8̱3三	庚	5̱8 9̱4 7̱6 6̱7九 ‑4+9六 ②̱②四 1̱5五 8̱七 3̱1三	7̱6 ②̱② 9̱8 8̱5九 ‑6+7六 4̱9四 3̱1五 1̱七 5̱8三
卯	1̱3 5̱8 3̱1 ②̱②九 ‑9+4六 7̱6四 6̱5五 4̱七 9̱8三	1̱5 5̱六 3̱3 ②̱4九 ‑9+6六 7̱8四 6̱9五 4̱② 8̱7三	酉	3̱1 8̱5 1̱3 ②̱②九 +4‑9六 6̱7四 7̱6五 9̱七 4̱5三	5̱1 六 3̱3 4̱②九 +6‑9六 8̱7四 9̱6五 ②̱4 7̱8三
乙	↑	↗	辛	↑	↗
辰	9̱② 5̱六 八 8̱九 ⅄‑1+3六 3̱5四 4̱5五 6̱七 ②̱4三	1̱9 6̱六 8̱七 9̱8九 +②+1六 4̱3四 5̱4五 七 3̱②三	戌	②̱9 7̱六 7̱八 1̱8九 ⅄+3+1六 3̱四 6̱5五 6̱七 4̱②三	9̱1 5̱六 7̱8 8̱9九 +1+②六 3̱4四 4̱5五 七 ②̱3三
巽	②̱4 6̱8 4̱6 3̱5九 ‑1‑3六 8̱1四 7̱9五 5̱七 9̱②三	②̱3 6̱7 4̱5 3̱4九 ‑1‑②六 8̱四 7̱8五 5̱6七 9̱1三	乾	4̱② 8̱6 6̱4 5̱3九 ‑3‑1六 1̱四 9̱7五 ②̱七 8̱三	3̱② 7̱6 5̱4 4̱九 ‑②‑1六 9̱3四 8̱7五 七 1̱9三
巳	↑	↑	亥	↑	↗

3運《1904-1923年》(下卦・替卦) 飛星盤

坐卦	下卦	替卦	坐卦	下卦	替卦
壬	9 6 · 4 2 · 2 4 1 5 · ▲-8+7 · 6 9 5 1 · ③③ · 7 8	8 8 · 3 4 · 1 6 9 7 · -7+9 · 5 2 4 3 · 2 5 · 6 1	丙	6 9 · 2 4 · 4 2 5 1 · +7-8 · 9 6 1 5 · ③③ · 8 7	8 8 · 4 3 · 6 1 7 9 · +9-7 · 2 5 ③ 4 · 5 2 · 1 6
子	7 8 · ③③ · 5 1 6 9 · +8-7 · 1 5 2 4 · 4 2 · 9 6	6 8 · 2 3 · 4 1 5 9 · +7-7 · 9 5 1 4 · 3 2 · 8 6	午	8 7 · ③③ · 1 5 9 6 · ▲-7+8 · 5 1 4 2 · 2 4 · 6 9	8 6 · 3 2 · 1 4 9 5 · -7+7 · 5 9 4 1 · 2 ③ · 6 8
癸	↑	8 8 · 4 3 · 6 1 7 9 · +9-7 · 2 5 ③ 4 · 5 2 · 1 6	丁	↑	8 8 · 3 4 · 1 6 9 7 · -7+9 · 5 2 ③ 4 · 2 5 · 6 1
丑	7 8 · 2 4 · 9 6 8 7 · ▲-6+9 · 4 2 ③③ · 1 5 · 5 1	7 6 · 2 2 · 9 4 8 5 · -6+7 · 4 9 ③ 1 · 1 ③ · 5 8	未	8 7 · 4 2 · 6 9 7 8 · +9-6 · 2 4 ③③ · 5 1 · 1 5	6 7 · 2 2 · 4 9 5 8 · +7-6 · 9 4 1 ③ · ③ 1 · 8 5
艮	5 1 · 1 5 · ③③ 4 2 · +6-9 · 8 7 9 6 · 2 4 · 7 8	← //	坤	1 5 · 5 1 · ③③ 2 4 · ▲-9+6 · 7 8 6 9 · 4 2 · 8 7	← //
寅	↑	↖	申	↑	↖
甲	9 4 · 5 9 · 7 2 8 ③ · ✕+1+5 · 3 7 4 8 · 6 1 · 2 6	1 4 · 6 9 · 8 2 9 ③ · ✕+2+5 · 4 7 5 8 · 7 1 · ③ 6	庚	4 9 · 9 5 · 2 7 ③ 8 · ✕+5+1 · 7 3 8 4 · 1 6 · 6 2	4 1 · 9 6 · 2 8 ③ 9 · ✕+5+2 · 7 4 8 5 · 1 7 · 6 ③
卯	2 6 · 6 1 · 4 8 ③ 7 · -1-5 · 8 ③ 7 2 · 5 9 · 9 4	← //	酉	6 2 · 1 6 · 8 4 7 ③ · -5-1 · ③ 8 2 7 · 9 5 · 4 9	← //
乙	↑	↖	辛	↑	↖
辰	③ 5 · 7 9 · 5 7 4 6 · -2-4 · 9 2 8 1 · 6 8 · 1 ③	③ 7 · 7 2 · 5 9 4 8 · -2-6 · 9 4 8 ③ · 6 1 · 1 5	戌	5 ③ · 9 7 · 7 5 6 4 · -4-2 · 2 9 1 8 · 8 6 · ③ 1	7 ③ · 2 7 · 9 5 8 4 · -6-2 · 4 9 ③ 8 · 1 6 · 5 1
巽	1 ③ · 6 8 · 8 1 9 2 · ✕+2+4 · 4 6 5 7 · 7 9 · ③ 5	1 5 · 6 1 · 8 ③ 9 4 · +2+6 · 4 8 5 9 · 7 2 · ③ 7	乾	③ 1 · 8 6 · 1 8 2 9 · ✕+4+2 · 6 4 7 5 · 9 7 · 5 ③	5 1 · 1 6 · ③ 8 4 9 · +6+2 · 8 4 9 5 · 2 7 · 7 ③
巳	↑	9 5 · 5 1 · ③ 3 8 4 · +1+6 · ③ 8 4 9 · 6 2 · 2 7	亥	↑	5 9 · 1 5 · ③ 7 4 8 · +6+1 · 8 ③ 9 4 · 2 6 · 7 2

4運《1924-1943年》(下卦・替卦) 飛星盤

坐卦	下卦	替卦	坐卦	下卦	替卦
壬	8_9 [4]_④ 6_2 7_1 +9+8 2_6 3_七 5_九 1_五	6_8 2_八 [4]_1 5_9 +七7 9_5 1_④ 3_九 8_六	丙	9_8 [4]_④ 2_6 1_7 −8+9 6_2 5_三 3_九 7_五	8_6 3_2 1_④ 9_5 −七7 5_9 [4]_1 2_九 6_八
子	1_7 5_3 3_5 2_6 −9+8 7_六 6_2 [4]_④ 8_9	1_6 5_2 3_④ 2_5 −酉9 7_六 6_七 [4]_3 8_8	午	7_1 3_5 5_3 6_2 +8+9 1_7 2_6 [4]_④ 9_8	6_1 2_5 [4]_3 5_2 +酉9 9_7 1_6 3_④ 8_8
癸	‖ ↑	1_三 5_④ 3_6 2_7 −9+9 7_2 6_三 [4]_九 1_五	丁	‖ ↑	8_1 [4]_九 6_3 7_2 +9+9 2_7 3_六 5_④ 1_五
丑	6_9 2_5 [4]_7 5_8 七+1 9_六 1_④ 3_6 8_五	8_1 [4]_九 6_8 7_9 +9+1 2_④ 3_七 5_5 1_3	未	9_6 5_2 7_④ 8_5 七+7 3_六 [4]_1 6_3 2_八	1_8 6_④ 8_6 9_7 +2+9 [4]_六 5_3 7_5 3_1
艮	8_3 3_6 1_④ 9_3 7_四1 5_8 [4]_七 2_九 6_五	← ‖	坤	2_三 6_3 [4]_1 3_9 七1_7 8_5 7_④ 9_九 5_五	← ‖
寅	‖ ↑	‖ ↗	申	‖ ↑	‖ ↗
甲	3_7 8_八 5_9 [4]_8 2_6 9_④ 8_七 6_1 1_五	←	庚	7_三 2_八 9_五 8_④ 6_2 [4]_9 3_七 1_九 5_1	←
卯	1_5 6_八1 8_3 9_④ 七2+6 [4]_六 5_七 7_九2 3_五	←	酉	5_三 1_6 3_8 [4]_8 七6+2 8_④ 9_七 5_九7 7_3	←
乙	‖ ↑	9_三 5_八1 7_3 8_④ +四6 3_8 [4]_9 6_2 2_7	辛	‖ ↑	5_9 1_八 3_7 [4]_8 +6+1 8_3 9_4 3_九 7_五
辰	2_6 八1 9_8 1_7 +3−5 5_3 6_七 8_九 [4]_④	9_6 5_八1 7_8 8_7 +四6 3_3 [4]_4 2_6 2_④	戌	6_三 1_7 8_9 7_1 −5+3 3_5 2_6 9_九 [4]_五	6_9 1_五 8_7 7_8 −5四1 3_六 2_④ 9_6 [4]_2
巽	[4]_④ 8_9 6_2 5_3 +3+5 1_7 9_八 8_九1 2_6	3_④ 7_9 5_2 [4]_3 西 9_7 8_6 1_1 6_5	乾	[4]_④ 9_8 2_6 3_5 +5+3 7_1 8_七 1_九 6_五	[4]_4 9_7 2_5 3_④ +西 7_9 8_五 1_九 6_1
巳	⊠↑	⊠↑ ‖	亥	⊠↑	⊠↑ ‖

- 294 -

5運《1944-1963年》(下卦·替卦) 飛星盤

坐卦	下卦	替卦	坐卦	下卦	替卦
壬	9四8 5九4 7二6 / 8三7 +1五+9 3七2 / 4八3 6五 2六1	1六6 6二 8四4 / 9五 +2五+7 4七2 / 5八1 7三3 3八8	丙	8四9 4九5 6二7 / 7三8 +9五+1 2七3 / 3八4 5五6 1六2	6四1 2二6 4八8 / 5五9 +7五+2 9四 / 1五 3七7 8八3
子	2四6 6九5 4二3 / 3三2 ⊖1五9 8七1 / 7六 5五4 9二8	←	午	1四2 5九6 3二4 / 2三3 9五1 7七 / 6六7 4五 8二9	←
癸	↑	↖	丁	↑	↖
丑	9四3 4九7 2二5 / 1三4 -8五2 6七9 / 5八6 3五6 7一1	8四3 3二7 1六5 / 9二 -7五 5四1 / 4八6 2六 6一1	未	3四9 7九4 5二2 / 4三1 -2五8 9七6 / 8八5 6五 1七1	3四8 7二3 5四1 / 4九 -2五7 9五 / 8四 6二 1六
艮	7四4 3九7 5二8 / 6三9 +8五+2 1七4 / 2八5 4七 9三3	6四7 2二6 4八8 / 5五9 +7五+2 9四 / 1五 3七7 8八3	坤	1四7 6九3 8二5 / 9三6 +2五+8 4七1 / 5八 7五4 3九3	1四6 6二 8四4 / 9五 +2五+7 4七 / 5八1 7三3 3八8
寅	‖ ↑	8四9 4九5 6二7 / 7三 +9五+1 2七 / 3四 5五6 1六2	申	‖ ↑	9四8 5九4 7二6 / 8三 +1五+9 3七 / 4八 5五 2六1
甲	2四6 7九2 9二4 / 1三5 -3五+7 5七9 / 6八1 3五 4七8	4四 5九 7二6 / 8三7 +1五+9 3七2 / 4八3 6五 2六1	庚	6四2 2九7 4二9 / 5三1 -7五+3 9七5 / 1六 8五4 3七8	8四 3九 1二6 / 7三 +9五+1 2七 / 3八 5五6 1六2
卯	4四8 9九3 6二1 / 5三 -3五7 1七5 / 9八4 7五 2二6	3四8 7九2 5二1 / 4三9 -2五7 9七 / 8八4 6二 1六6	酉	8四4 3九9 1二6 / 7三 -7五3 5七1 / 4九 2五7 6二1	8四3 3七7 1五 / 9四 -2五2 7七 / 4八 2六 6一1
乙	↑	‖ ↑	辛	↑	‖ ↑
辰	5四7 7九2 7二9 / 6三8 -4五+6 2七4 / 1 3 8一1 6六	7四 2九 9二 / 8三8 -6五6 4七4 / 3三 1 6五5	戌	7五 2九7 9二9 / 8三6 -6五+4 4七2 / 3一 1 8七4 6六	7四 2九 9二9 / 8三 -6五6 4七4 / 3三 1一 5五5
巽	3四5 9九1 1二3 / 2三 -4五+6 6七8 / 7八 9二 5五7	5五 1九1 3二3 / 4四 +6五+7 8八7 / 9七 2二2 7六	乾	5四3 1九8 3二1 / 4三 +6五+4 8七 / 9七 2九 7五6	5五 1九1 3二3 / 4四 +6五+6 8八7 / 9七 2二2 7七
巳	↑	↗	亥	↑	‖

- 295 -

6運《1964-1983年》(下卦・替卦) 飛星盤

坐卦	下卦	替卦	坐卦	下卦	替卦
壬	3₅9　7 5　5₇7 4₄8　▲-2+1₆　9₃3 8₉4　6₆6　1₂2	3₅1　7 ⑥　5₈8 4₄9　-2+2₆　9₃4 8₈5　⑥7　1₃3	丙	9₅5　5 7　7₃5 8₄4　⊙+1-2₆　3₉9 4₉4　6₆6　2₅5	1₃3　⑥7　8₅5 9₄4　+2-2₆　4₃8 5₈8　7 ⑥　3₃1
子	1₅2　6₆6　8₃4 9₄3　⊙+2-1₆　4₉8 5₅7　7 5　3₃9	1₅2　6₆6　8₃4 9₄9　+2₆　4₉8 5₅7　7 5　3₃9	午	2₅1　6₆6　4₃8 3₄9　▲-1+2₆　8₉4 7₅5　5 7　9₃3	2₅1　6₆6　4₃8 3₄9　-1₆　8₉4 7₅5　5 7　9₃3
癸	‖ ↑	9₅5　5 ⑥　7₃7 8₄3　+1-1₆　3₉8 4₉7　6₆6　2₂9	丁	‖ ↑	2₅1　6₆7　4₃7 3₄8　-1+1₆　8₅8 7₉4　6₆6　9₃2
丑	8₅2　4 7　6₃9 7₄1　+9+3₆　2₅5 3₉6　5 8　1₇4	6₅9　2 5　4₃7 5₄4　+7+1₆　9₇2 1₄4　3 ⑥　8₂2	未	2₅8　7 4　9₃6 1₄7　+3+9₆　5₅2 6₉3　8 5　4₇1	9₅6　5 2　7₃4 8₄5　+1+7₆　3₇9 4₉1　6₆3　2₈8
艮	1₅4　5 8　3₃6 2₄5　-9-3₆　7₇1 6₉9　4 7　8₂2	1₅3　5 7　3₃5 2₄4　-9₆　7₇9 6₆8　4 ⑥　8₂2	坤	4₅1　8 5　6₃3 5₄2　-3-9₆　1₇7 9₉6　7 4　2₈8	3₅1　7 5　3₃3 4₄2　-3₆　9₇8 8₆6　6₃3　1₇8
寅	‖ ↑	1₅3　5 7　3₃5 2₄4　-9₆　7₇9 6₆8　4 ⑥　8₂2	申	‖ ↑	↑
甲	5₅9　9 4　7₃2 6₄1　-4-8₆　2₉⑥ 1₉5　8 3　3₇7	7₅8　2 3　9₃1 8₄9　-4₆　7₉7 3₄4　1 2　5₆⑥	庚	9₅5　4 9　2₃7 1₄4　-8-4₆　6₉2 5₉1　8 3　7₇3	8₅7　3 2　1₃9 9₄8　-7₆　5₄4 4₃3　2 1　6₇5
卯	3₅7　8 3　1₃5 2₄⑥　+4+8₆　6₇1 7₉2　9 4　5₇9	5₅4　7 8　9₃6 4₄5　+6+7₆　8₉8 9₉9　2 4　7₇9	酉	7₅3　2 8　9₃1 6₄⑥　+8+4₆　1₇⑥ 2₉7　4 9　5₇2	⑥₅5　2 7　4₃9 5₄4　+7+6₆　9₈8 1₉9　4 2　2₇7
乙	‖ ↑	5₅8　1 4　3₃⑥ 4₄7　+6+4₆　8₉8 9₉3　2 5　7₇1	辛	‖ ↑	8₅5　4 1　⑥₃3 7₄6　+9+6₆　2₉8 3₉9　5 2　1₇7
辰	⑥₅6　1 2　8₃4 7₄4　▲-5+7₆　3₉9 2₉5　5 3　4₇8	⑥₅8　1 4　8₃⑥ 7₄7　-5₆　3₉9 2₄9　5 3　4₇4	戌	⑥₅6　2 1　4₃8 5₄7　⊙+7-5₆　9₃3 1₉2　3 9　8₇4	8₅⑥　4 1　⑥₃8 7₄7　+7₆　2₃3 3₉2　9 5　1₇4
巽	4₅8　9 3　2₃1 3₄9　⊙+5+7₆　7₇5 8₉4　1 2　⑥₆6	4₅8　9 3　2₃1 3₄9　+5+7₆　7₇5 8₈4　1 2　⑥₆6	乾	8₅4　3 9　1₃2 9₄3　▲-7+5₆　5₉7 4₉8　2 1　⑥₆6	8₅4　3 9　1₃2 9₄3　-7+5₆　5₉7 4₉8　2 1　⑥₆6
巳	✕↑	✕↑	亥	✕↑	✕↑

- 296 -

坐卦	下卦	替卦	坐卦	下卦	替卦

+壬 下卦
2₆ 3	7 -7	9₄ 5
1₅ 4	+3-2	5₉ 9
6 8	8₃ 6	4₈ 1

+壬 替卦
9₆ 3	5 7	7₄ 5
8₅ 4	+1-2	3₉ 9
4 8	6₃ 6	2₈ 1

一丙 下卦
3₆ 2	7 7	5₄ 9
4₅ 1	-2+3	9₉ 5
8 6	6₃ 8	1₈ 4

一丙 替卦
3₆ 9	7 5	5₄ 7
4₅ 8	-2+1	9₉ 3
8 4	6₃ 6	1₈ 2

一子 下卦
4₆ 1	8 6	6₄ 8
5₅ 2	-3+2	1₉ 4
9 5	7 7	2₈ 3

一子 替卦
3₆ 1	7 1	5₄ 8
4₅ 2	-2+2	9₉ 6
8 5	6₃ 6	1₈ 4

+午 下卦
1₆ 4	6 8	8₄ 6
9₅ 5	+2-3	4₉ 1
5 9	7 7	3₈ 2

+午 替卦
1₆ 5	6 1	8₄ 3
9₅ 4	+1-2	4₉ 9
5 8	7 6	3₈ 1

一癸 下卦
‖ ↑

一癸 替卦
3₆ 1	7 5	5₄ 9
4₅ 8	-2+1	9₉ 3
8 4	6₃ 6	1₈ 2

+丁 下卦
‖ ↑

+丁 替卦
9₆ 3	5 7	7₄ 5
8₅ 4	+1-2	3₉ 9
4 8	6₃ 6	1₈ 1

+丑 下卦
9₆ 5	5 9	7 7
8₅ 6	+1-4	3₉ 2
4 1	6₃ 8	2₈ 3

+丑 替卦
1 7	6₆ 2	8₄ 9
9₅ 8	+2-5	4₉ 4
5 3	7 1	3₈ 6

一未 下卦
5₆ 9	9 5	7 7
6₅ 8	-4+1	2₉ 3
1 4	8₃ 6	3₈ 2

一未 替卦
7 1	2 6	9₄ 8
8₅ 9	-6+2	4₉ 4
3 5	1 7	5₈ 3

一艮 下卦
2₆ 3	7 7	9₄ 5
3₅ 2	-1+4	8₉ 6
7 7	6₃ 8	9 5

一艮 替卦
2₆ 5	6 1	4₄ 3
3₅ 4	-1+6	8₉ 8
7 7	5 2	9₈ 7

+坤 下卦
3₆ 2	7 7	5₄ 9
2₅ 3	+4-1	6₉ 8
7 7	8 6	2 9

+坤 替卦
3₆ 4	8 8	1₄ 6
4₅ 3	+6-1	8₉ 8
7 9	2 5	7₈ 7

一寅 下卦
‖ ↑

一寅 替卦
↑

+申 下卦
↑

+申 替卦
↑

+甲 下卦
4₆ 8	9 4	2₄
3 7	+5+9	7 2
8 3	1₃ 5	6₈ 1

+甲 替卦
4₆ 6	9 2	2₄ 4
3₅ 5	+5+7	7 9
8 1	1₃ 3	6₈ 8

+庚 下卦
8₆ 4	4 9	6₄ 2
7₅ 3	+9+5	2₉ 7
3 8	5 1	1₈ 6

+庚 替卦
6₆ 4	2 9	4₄ 2
5₅ 5	+7+7	9 9
1 8	3₃ 1	8₈ 6

一卯 下卦
6₆ 1	1 5	8₄ 3
7 2	-5-9	3₉ 7
2 6	6 4	4₈ 2

一卯 替卦
= ←

一酉 下卦
1₆ 6	5 1	3₄ 8
2 7	-9-5	7 3
6 2	4 6	8₈ 4

一酉 替卦
= ←

一乙 下卦
‖ ↑

一乙 替卦
= // ↖

一辛 下卦
‖ ↑

一辛 替卦
= // ↖

一辰 下卦
7 9	2 4	9₄
8₅ 1	-6-8	4₉ 6
3 5	1₃ 3	5 7

一辰 替卦
7 8	2 3	9₄ 1
8₅ 9	-6-7	4₉ 5
3 4	1 2	5₈ 6

一戌 下卦
9 7	4 2	2₄ 9
1₅ 8	-8-6	6₉ 4
5 3	3 1	7₈ 5

一戌 替卦
8 3	3 2	1₄
9₅ 4	-7-6	5₉ 4
4 3	2 1	6₈

+巽 下卦
5 7	1 3	3₄
4₅ 6	+6+8	8₉ 1
9 2	2 4	7₈ 9

+巽 替卦
5₆ 6	1 2	3₄
4₅ 5	+6+7	8₉ 9
9 1	2 3	7₈

+乾 下卦
7 5	3 1	5₄
6₅ 4	✕8+6	1₉ 8
2 9	8 2	9₈ 7

+乾 替卦
6₆ 5	2 1	4₄ 2
5₅ 4	+7+7	9₉ 8
1 9	3 2	8₈ 6

+巳 下卦
‖ ↑

+巳 替卦
5₆ 1	1 4	3₄ 6
4₅ 1	+6+9	8₉ 2
9 3	2 5	7₈

+亥 下卦
‖ ↑

+亥 替卦
8₆ 5	4 1	6₄
7₅ 4	+9+6	2₉ 8
3 9	5 2	1₈ 7

8運《2004-2023年》（下卦·替卦）飛星盤

坐卦	下卦	替卦	坐卦	下卦	替卦
一壬	5七2　9三7　7五 6六1　-4+3▲　2五 1六6　8四8　3九4	7七9　2三5　9五 8六8　-6+1　4_3 3_4　1四　5九	+丙	2七5　7三9　9五 1六6　+3-4●　5_2 6_1　8四8　4九	9七7　5三2　7五 8六8　+1-6　3_4 4_3　1四　2九
+子	3七4　8三8　1五6 2_5　+4-3●　6_1 7_9　四7　5二2	5七3　1三7　3五5 4_4　+6-2　8三9 9三8　2四　7九1	一午	4七3　8三8　6五1 5_2　-3+4▲　1_6 9_7　四7　2九5	3七5　7三1　5五3 4_4　-2+6　9三8 8二9　6四　1_7
+癸	⬆	⬆	一丁	⬆	⬆
一丑	3七6　7三1　5五8 4_7　-2-5　9_3 8二2　6四　1九4	⬅	一未	6七3　1三7　8五 7_4　-5-2　3_9 2二　8四　4九	⬅
+艮	1七4　6三9　8五2 9_3　+2+5✕　4_7 5_8　四1　3六6	⬉	+坤	4七1　9三6　2五8 3_9　+5+2✕　7_4 8二5　四7　6九3	⬉
+寅	⬆	9七4　5三9　7五2 8二3　+1-5✕　3_7 4_8　6四　2九	+申	⬆	4七9　9三5　2五7 3_9　+5-1✕　7_3 8二6　1四　6九2
一甲	7七9　2三5　9五7 8六8　-6+1▲　4_3 3_4　四7　5六2	7七1　2三6　9五8 8六1　-6+2　4_4 3_5　1四　5九	+庚	9七7　5三2　7五 8六8　+1-6●　3_4 4_3　6四1　2九	1七7　6三2　8五9 9六8　+2-6　4_4 5_3　7四　3九5
+卯	5七2　1三6　3五4 4_3　+6-1●　8六8 9_7　二7　7九9	⬅	一酉	2七5　6三1　4五3 3_4　-1+6▲　8六8 7_9　二7　9九7	⬅
+乙	⬆	⬉	一辛	⬆	⬉
+辰	6七8　2三4　4五6 5_7　-7+9✕　9_2 1_3　四4　8六1	8七6　4三2　6五4 7_5　+9-7　2_9 3_1　5四　1_8	+戌	8七6　4三2　6五4 7_5　+9-7✕　2_9 3_1　5四　1九8	6七8　2三4　4五6 5_7　+7-9　9_2 1_3　3四　8二1
一巽	8七1　3三5　1五3 9_2　-7-9　5_7 4_6　四1　6六8	⬅	一乾	1七8　5三3　3五1 2_9　-9-7　7_5 6_4　四1　8_6	⬅
一巳	⬆	⬉	一亥	⬆	⬉

9運《2024-2043年》（下卦·替卦）飛星盤

坐卦	下卦	替卦	坐卦	下卦	替卦
壬	4·5〔八〕 9·9〔四〕 2·7〔六〕 3·6〔七〕 +5·4〔九〕 7·2〔二〕 8·1〔三〕 1·8〔五〕 6·3〔一〕	4·7〔八〕 9·2〔四〕 2·9〔六〕 3·8〔七〕 +5·6〔九〕 7·4〔二〕 8·3〔三〕 1·1〔五〕 6·5〔一〕	丙	5·4〔八〕 9·9〔四〕 7·2〔六〕 6·3〔七〕 -4·5〔九〕 2·7〔二〕 1·8〔三〕 8·1〔五〕 3·6〔一〕	7·4〔八〕 2·9〔四〕 9·2〔六〕 8·3〔七〕 -6·5〔九〕 4·7〔二〕 3·8〔三〕 1·1〔五〕 5·6〔一〕
子 癸	6·3〔八〕 1·8〔四〕 8·1〔六〕 7·2〔七〕 -5·4〔九〕 3·6〔二〕 2·7〔三〕 9·9〔五〕 4·5〔一〕 ↑	6·5〔八〕 1·1〔四〕 8·3〔六〕 7·4〔七〕 -5·6〔九〕 3·8〔二〕 2·9〔三〕 9·2〔五〕 4·7〔一〕 ↑	午 丁	3·6〔八〕 8·1〔四〕 1·8〔六〕 2·7〔七〕 +4·5〔九〕 6·3〔二〕 7·2〔三〕 9·9〔五〕 5·4〔一〕 ↑	5·6〔八〕 1·1〔四〕 3·8〔六〕 4·7〔七〕 +6·5〔九〕 8·3〔二〕 9·2〔三〕 2·9〔五〕 7·4〔一〕 ↑
丑	2·7〔八〕 7·2〔四〕 9·9〔六〕 1·8〔七〕 +3·6〔九〕 5·4〔二〕 6·3〔三〕 8·1〔五〕 4·5〔一〕	9·7〔八〕 5·2〔四〕 7·9〔六〕 8·8〔七〕 +1·6〔九〕 3·4〔二〕 4·3〔三〕 6·1〔五〕 2·5〔一〕	未	7·2〔八〕 2·7〔四〕 9·9〔六〕 8·1〔七〕 -6·3〔九〕 4·5〔二〕 3·6〔三〕 1·8〔五〕 5·4〔一〕	7·9〔八〕 2·5〔四〕 9·7〔六〕 8·8〔七〕 -6·1〔九〕 4·3〔二〕 3·4〔三〕 1·6〔五〕 5·2〔一〕
艮 寅	4·5〔八〕 8·1〔四〕 6·3〔六〕 5·4〔七〕 -3·6〔九〕 1·8〔二〕 9·9〔三〕 7·2〔五〕 2·7〔一〕 ↑	3·5〔八〕 7·1〔四〕 5·3〔六〕 4·4〔七〕 -2·6〔九〕 9·8〔二〕 8·9〔三〕 6·2〔五〕 1·7〔一〕 ↑	坤 申	5·4〔八〕 1·8〔四〕 3·6〔六〕 6·3〔七〕 +6·3〔九〕 8·1〔二〕 9·9〔三〕 2·7〔五〕 7·2〔一〕 ↑	5·3〔八〕 1·7〔四〕 3·5〔六〕 4·4〔七〕 +6·2〔九〕 8·9〔二〕 9·8〔三〕 2·6〔五〕 7·1〔一〕 ↑
甲	6·3〔八〕 2·7〔四〕 4·5〔六〕 5·4〔七〕 +7·2〔九〕 9·9〔二〕 1·8〔三〕 3·6〔五〕 8·1〔一〕	8·3〔八〕 4·7〔四〕 6·5〔六〕 7·4〔七〕 +9·2〔九〕 2·9〔二〕 3·8〔三〕 5·6〔五〕 1·1〔一〕	庚	3·6〔八〕 7·2〔四〕 5·4〔六〕 4·5〔七〕 -2·7〔九〕 9·9〔二〕 8·1〔三〕 6·3〔五〕 1·8〔一〕	3·5〔八〕 7·4〔四〕 5·6〔六〕 4·7〔七〕 -2·9〔九〕 9·2〔二〕 8·3〔三〕 6·5〔五〕 1·1〔一〕
卯	8·1〔八〕 3·6〔四〕 1·8〔六〕 9·9〔七〕 -7·2〔九〕 5·4〔二〕 4·5〔三〕 2·7〔五〕 6·3〔一〕	←	酉	1·8〔八〕 6·3〔四〕 8·1〔六〕 9·9〔七〕 +2·7〔九〕 4·5〔二〕 5·4〔三〕 7·2〔五〕 3·6〔一〕	←
乙	↑	8·9〔八〕 3·4〔四〕 1·7〔六〕 9·8〔七〕 -7·9〔九〕 5·3〔二〕 4·4〔三〕 2·6〔五〕 6·2〔一〕	辛	↑	9·8〔八〕 5·2〔四〕 7·1〔六〕 8·9〔七〕 +1·7〔九〕 5·3〔二〕 4·4〔三〕 6·2〔五〕 2·6〔一〕
辰	9·9〔八〕 4·5〔四〕 2·7〔六〕 1·8〔七〕 -8·1〔九〕 6·3〔二〕 5·4〔三〕 3·6〔五〕 7·2〔一〕	8·1〔八〕 3·6〔四〕 1·8〔六〕 9·9〔七〕 -2·7〔九〕 5·4〔二〕 4·5〔三〕 7·2〔五〕 6·3〔一〕	戌	9·9〔八〕 5·4〔四〕 7·2〔六〕 8·1〔七〕 +1·8〔九〕 3·6〔二〕 4·5〔三〕 6·3〔五〕 2·7〔一〕	1·8〔八〕 6·3〔四〕 8·1〔六〕 9·9〔七〕 +2·7〔九〕 4·5〔二〕 5·4〔三〕 7·2〔五〕 3·6〔一〕
巽	7·2〔八〕 3·6〔四〕 5·4〔六〕 6·3〔七〕 +8·1〔九〕 1·8〔二〕 2·7〔三〕 4·5〔五〕 9·9〔一〕	6·2〔八〕 2·6〔四〕 4·4〔六〕 5·3〔七〕 +7·1〔九〕 9·8〔二〕 1·7〔三〕 3·5〔五〕 8·9〔一〕	乾	2·7〔八〕 7·2〔四〕 9·9〔六〕 3·6〔七〕 -1·8〔九〕 8·1〔二〕 7·2〔三〕 5·4〔五〕 9·9〔一〕	2·6〔八〕 6·2〔四〕 4·4〔六〕 3·5〔七〕 -7·1〔九〕 8·9〔二〕 7·1〔三〕 5·3〔五〕 9·8〔一〕
巳	↑	8·2〔八〕 4·6〔四〕 6·4〔六〕 7·3〔七〕 +9·1〔九〕 2·8〔二〕 3·7〔三〕 5·5〔五〕 1·9〔一〕	亥	↑	2·6〔八〕 6·4〔四〕 4·6〔六〕 3·7〔七〕 -1·9〔九〕 8·2〔二〕 7·3〔三〕 5·5〔五〕 9·1〔一〕

24坐向別 1~9運 下卦替卦 飛星盤

坎宮

癸					子					壬				
壬子	庚子	戊子	丙子	甲子	壬子	庚子	戊子	丙子	甲子	癸亥	辛亥	己亥	丁亥	乙亥

022 021 020 019 018 017 016 015 014 013 012 011 010 009 008 007 006 005 004 003 002 001 000 359 358 357 356 355 354 353 352 351 350 349 348 347 346 345 344 343 342 341 340 339 338 337

益 익	屯 둔	頤 이	復 복	坤 곤	剝 박	比 비	觀 관

↑

7 4 九	2 9 五	9 2 七
8 3 八	−6+5 [一]	4 7 三
3 8 四	1① 六	5 6 二

▲雙星會坐·⊠伏吟

↑

6 7 一	2② 六	4 9 八
5 8 九	+7−6 [二]	9 4 四
1 3 五	3 1 七	8 5 三

◉雙星會向

↑

9 6 二	4 2 七	2 4 九
1 5 一	−8+7 [三]	6 9 五
5 1 六	3③ 八	7 8 四

▲雙星會坐

↑

8 9 三	4④ 八	6 2 一
7 1 二	+9−8 [四]	2 6 六
3 5 七	5 3 九	1 7 五

◉雙星會向

↑

9 8 四	5 4 九	7 6 二
8 7 三	+1+9 [五]	3 2 七
4 3 八	6⑤ 一	2 1 六

✕上山下水

↑

3 9 五	7 5 一	5 7 三
4 8 四	−2+1 [六]	9 3 八
8 4 九	6⑥ 二	1 2 七

▲雙星會坐

↑

2 3 六	7⑦ 二	9 5 四
1 4 五	+3−2 [七]	5 9 九
6 8 一	8 6 三	4 1 八

◉雙星會向

↑

5 2 七	9 7 三	7⑨ 五
6 1 六	−4+3 [八]	2 5 一
1 6 二	8⑧ 四	3 4 九

▲雙星會坐

↑

4 5 八	9⑨ 四	2 7 六
3 6 七	+5−4 [九]	7 2 二
8 1 三	1 8 五	6 3 一

◉雙星會向·⊠伏吟

坎宮														
癸					子					壬				
壬子	庚子	戊子	丙子	甲子	壬子	庚子	戊子	丙子	甲子	癸亥	辛亥	己亥	丁亥	乙亥
022.7 / 022.2	020.9 / 018.7	017.6 / 015.4	014.3 / 012.1	010.9 / 010.8	007.6 / 006.5	004.3 / 003.2	002.1 / 001.0	359 / 357	356 / 354	353 / 352	351 / 350	349 / 347	346 / 345	343 / 342 · 341 / 340 · 339 / 338 · 337
益 益		屯 둔		頤 이		復 복		坤 곤		剝 박		比 비		觀 관

①

↑

7 4 九	2 9 五	9 2 七
8 3 八	-6+5 [一]	4 7 三
3 8 四	[1]① 六	5 6 二

= ▲雙星會坐 ☒伏吟

②

↑

8 7 一	4② 六	6 9 八
7 8 九	+9-6 [三]	[2]4 四
3 3 五	5 1 七	1 5 三

‡ ▲雙星會坐

③

↑

8 8 二	[3]4 七	1 6 九
9 7 一	-7+9 [三]	5 2 五
4③ 六	2 5 八	6 1 四

‡ 山十

④

↑

6 8 三	2 3 八	[4]1 一
2 5 二	+7-7 [四]	9 5 六
1④ 七	3 2 九	8 6 五

‡

⑤

↑

1 6 四	6 2 九	8 4 二
9⑤ 三	+2+7 [五]	4 9 七
[5]1 八	7 3 一	3 8 六

‡

⑥

↑

3 1 五	7⑥ 一	5 8 三
4 9 四	-2+2 [因]	9 4 八
8 5 九	6⑦ 二	1 3 七

‡ △旺山旺向·壯狀

⑦

↑

9 3 六	5⑦ 二	[7]5 [四]
8 4 五	+1-2 [七]	3 9 九
4 8 一	6 6 三	2 1 八

‡

⑧

↑

7 9 七	2 5 三	9 7 五
[8]⑧ 六	-6+1 [八]	4 3 一
3 4 二	1 6 四	5 2 九

‡

⑨

↑

4 7 八	[9]2 四	2⑨ 六
3 8 七	+5-6 [五]	7 4 二
8 3 三	1 1 五	6 5 一

‡ ☒伏吟

坎宮

癸					子					壬				
壬子	庚子	戊子	丙子	甲子	壬子	庚子	戊子	丙子	甲子	癸亥	辛亥	己亥	丁亥	乙亥
022 021	020 019	017 016	014 013	012 010	009 008	007 005	004 003	002 001	000 359	358 357	356 355	354 353	352 351	349 348 346 345 343 342 340 339 337
益(익)		屯(둔)		頤(이)		復(복)		坤(곤)		剝(박)		比(비)		觀(관)

---

① (좌상)

5 6 九	1① 五	3 8 七
4 7 八	+6-5 □	8 3 三
9 2 四	2 9 六	7 4 二

◉雙星會向·返吟

② (상중)

8 5 一	3 1 六	1 3 七
9 4 九	-7+6 □	5 8 四
4 9 五	2② 七	6 7 三

▲雙星會坐

③ (우상)

7 8 二	3③ 七	5 1 九
6 9 一	+8-7 □	1 5 五
2 4 六	4 2 八	9 6 四

◉雙星會向·向十

---

④ (좌중)

1 7 三	5 3 八	3 5 一
2 6 二	-9+8 四	7 1 六
6 2 七	4④ 九	8 9 五

▲雙星會坐

⑤ (중앙)

2 1 四	6⑤ 九	4 3 二
3 2 三	-1-9 五	8 7 七
7 6 八	5 4 一	9 8 六

△旺山旺向·斗杓正運

⑥ (우중)

1 2 五	6⑥ 一	8 4 三
9 3 四	+2-1 六	4 8 八
5 7 九	7 5 二	3 9 七

◉雙星會向

---

⑦ (좌하)

4 1 六	8 6 二	6 8 四
5 9 五	-3+2 七	1 4 九
9 5 一	7⑦ 三	2 3 八

▲雙星會坐·山十

⑧ (하중)

3 4 七	8⑧ 三	1 6 五
2 5 六	+4-3 四	6 1 一
7 9 二	9 7 四	5 2 九

◉雙星會向

⑨ (우하)

6 3 八	1 8 四	8 1 六
7 2 七	-5+4 九	3 6 二
2 7 三	9⑨ 五	4 5 一

▲雙星會坐·返吟

坎宮

癸					子				壬					
壬子	庚子	戊子	丙子	甲子	壬子	庚子	戊子	丙子	甲子	癸亥	辛亥	己亥	丁亥	乙亥
022 / 020	019 / 017	016 / 014	013 / 011	010 / 008	007 / 006	005 / 004	003 / 001	000 / 358	355 / 354	353 / 352	350 / 349	347 / 346	343 / 342	340 / 339
益益(익)		屯屯(둔)		頤頤(이)		復復(복)		坤坤(곤)		剝剝(박)		比比(비)		觀觀(관)

↑

5 6 九	1① 五	3 8 七
4 7 八	+6-5 一	8 3 三
9 2 四	2 9 六	7 4 二

= ◉雙星會向 · 返吟

↑

8 5 一	3 1 六	1 3 八
9 4 九	-7+6 二	5 8 四
4 9 五	2② 七	6 7 三

= ▲雙星會坐

↑

6 8 二	2③ 七	4 1 九
5 9 一	+7-7 三	9 5 五
1 4 六	3 2 八	8 6 四

= ☖旺山旺向 · 向十

↑

1 6 三	5 2 八	3④ 一
2 5 二	-9+7 四	7 9 六
6 1 七	4 3 九	8 8 五

✕

↑

2 1 四	6⑤ 九	4 3 二
3 2 三	-1-9 五	8 7 七
7 6 八	5 4 一	9 8 六

= ☖旺山旺向

↑

1 2 五	6⑥ 一	8 4 三
9 3 四	+2-1 六	4 8 八
5 7 九	7 5 二	3 9 七

= ◉雙星會向

↑

3 1 六	7 6 二	5 8 四
4 9 五	-2+2 七	9 4 九
8 5 一	6⑦ 三	1 3 八

✕ ✖上山下水

↑

5 3 七	1 7 三	3 5 五
4 4 六	+6-2 四	8 9 一
9⑧ 二	2 6 四	7 1 九

✕ 向十

↑

6 5 八	1 1 四	8 3 六
7 4 七	-5+6 九	3 8 二
2⑨ 三	9 2 五	4 7 一

✕ 返吟

坎宮

癸					子					壬				
壬子	庚子	戊子	丙子	甲子	壬子	庚子	戊子	丙子	甲子	癸亥	辛亥	己亥	丁亥	乙亥
022	020	019/018	016/015	013/012	010/009	008/007	005/004	003/002	001	359	358/357	355/353	352/350	349/348
益 익		屯 둔		頤 이	復 복		坤 곤		剝 박		比 비		觀 관	

↑

5 6 九	1① 五	3 8 七
4 7 八	+6-5 〓	8 3 三
9 2 四	2 9 六	7 4 二

◉雙星會向·返吟

↑

8 5 一	3 1 六	1 3 七
9 4 九	-7+6 二	5 8 四
4 9 五	2② 七	6 7 三

▲雙星會坐

↑

7 8 二	3③ 七	5 1 九
6 9 一	+8-7 三	1 5 五
2 4 六	4 2 八	9 6 四

◉雙星會向·向十

↑

1 7 三	5 3 八	3 5 一
2 6 二	-9+8 四	7 1 六
6 2 七	4④ 九	8 9 五

▲雙星會坐

↑

2 1 四	6⑤ 九	4 3 二
3 2 三	-1-9 五	8 7 七
7 6 八	5 4 一	9 8 六

△旺山旺向·斗杓正運

↑

1 2 五	6⑥ 一	8 4 三
9 3 四	+2-1 六	4 8 八
5 7 九	7 5 二	3 9 七

◉雙星會向

↑

4 1 六	8 6 二	6 8 四
5 9 五	-3+2 匚	1 4 九
9 5 一	7⑦ 三	2 3 八

▲雙星會坐·山十

↑

3 4 七	8⑧ 三	1 6 五
2 5 六	+4-3 八	6 1 一
7 9 二	9 7 四	5 2 九

◉雙星會向

↑

6 3 八	1 8 四	8 1 六
7 2 七	-5+4 九	3 6 二
2 7 三	9⑨ 五	4 5 一

▲雙星會坐·返吟

坎宮														
癸					子					壬				
壬子	庚子	戊子	丙子	甲子	壬子	庚子	戊子	丙子	甲子	癸亥	辛亥	己亥	丁亥	乙亥
022 022 021	020 019 017	016 015 013	012 011 010	010 009 008	007 006 005	004 003 002	001 000 359	357 356 355	354 353 351	347 346 345	345 344 342	342 341 340	340 339 338	337 337
益익		屯둔		頤이		復복		坤곤		剝박		比비		觀관

Chart 1 ↑

5 6 九	1① 五	3 8 七
4 7 八	+6-5 一	8 3 三
9 2 四	2 9 六	7 4 二

=◉雙星會向·返吟

Chart 2 ↑

8 5 一	3 1 六	1 3 八
9 4 九	-7+6 三	5 8 四
4 9 五	2② 七	6 7 三

= ▲雙星會坐

Chart 3 ↑

8 8 二	4③ 七	6 1 九
7 9 一	+9-7 三	2 5 五
③4 六	5 2 八	1 6 四

⼻ 向十

Chart 4 ↑

1 8 三	5④ 八	3 6 一
2 7 二	-9+9 四	7 2 六
6 3 七	4⑤ 九	8 1 五

⼻ △旺山旺向

Chart 5 ↑

2 1 四	6⑤ 九	4 3 二
3 2 三	-1-9 五	8 7 七
7 6 八	5④ 一	9 8 六

= △旺山旺向

Chart 6 ↑

9 2 五	5⑥ 一	7 4 三
8 3 四	+1-1 六	3 8 八
4 7 九	6⑤ 二	2 9 七

⼻ △旺山旺向

Chart 7 ↑

3 9 六	7⑤ 二	5⑦ 四
4 8 五	-2+1 七	9 3 九
8 4 一	6 6 三	1 2 八

⼻

Chart 8 ↑

5 3 七	1 7 三	3 5 五
4 4 六	+6-2 八	8⑨
9⑧ 二	2 6 四	7 1 九

⼻ 山十

Chart 9 ↑

6 5 八	1 1 四	8 3 六
7 4 七	-5+6 九	3 8 二
2⑨ 三	9② 五	4 7 一

⼻ 返吟

艮宮

	寅					艮					丑			
壬寅	庚寅	戊寅	丙寅	甲寅	癸丑	辛丑	己丑	丁丑	乙丑	癸丑	辛丑	己丑	丁丑	乙丑

度数: 067 066 065 064 063 062 061 060 059 058 057 056 055 054 053 052 051 050 049 048 047 046 045 044 043 … 035 034 033 032 031 030 029 028 027 026 025 024 023

人家인가	濟既제기	賁비	夷明이명	妄無망무	隨수	嗑噬합서	震진

↗

5 6	9 2	7 4
九	五	七
6 5	-4+7	2 9
八	一	三
1①	8 3	3 8
四	六	二

▲雙星會坐

↗

6 9	1 4	8②
一	六	七
7 1	-5-8	3 6
九	三	四
2 5	9 3	4 7
五	七	三

◎旺山旺向·向十

↗

7 8	2 4	9 6
二	七	九
8 7	-6+9	4 2
一	三	五
3③	1 5	5 1
六	八	四

▲雙星會坐

↗

6 9	2 5	4 7
三	八	一
5 8	+7+1	9 3
二	四	六
1④	3 6	8 2
七	九	五

✖上山下水

↗

9 3	4 7	2⑤
四	九	二
1 4	-8-2	6 9
三	五	七
5 8	3 6	7 1
八	一	六

◎旺山旺向

↗

8 2	4 7	6 9
五	一	三
7 1	+9+3	2 5
四	六	八
3⑥	5 8	1 4
九	二	七

✖上山下水·父母

↗

9 5	5 9	7⑦
六	二	四
8 6	+1-4	3 2
五	七	九
4 1	6 8	2 3
一	三	八

◉雙星會向

↗

3 6	7 1	5⑧
七	三	五
4 7	-2-5	9 3
六	八	一
8 2	6 9	1 4
二	四	九

◎旺山旺向·山十·返吟

↗

2 7	7 2	9⑨
八	四	六
1 8	+3-6	5 4
七	九	二
6 3	8 1	4 5
三	五	一

◉雙星會向

艮宮

人家인가　濟旣제기　賁[비]　夷明이명　妄無망무　隨수　嗑噬합서　震진

① (寅)

7 8 九	2 4 五	9 6 七
8 7 八	−6+9 日	4 2 三
3 3 四	①5 六	5① 二

‡

② (艮 返吟)

6 8 一	1 3 六	8 1 八
7 9 九	−5−7 三	3 5 四
②4 五	9② 七	4 6 三

‡ 返吟

③ (丑)

7 6 二	2 2 七	9 4 九
8 5 一	−6+7 三	4 9 五
③1 六	1③ 八	5 8 四

‡

④

8 1 三	④6 八	6 8 一
7 9 二	+9+2 四	2④ 六
3 5 七	5 7 九	1 3 五

‡

⑤

8 3 四	3 7 九	1⑤ 二
9 4 三	−7−2 五	⑤9 七
4 8 八	2 6 一	6 1 六

‡

⑥

⑥9 五	2 5 一	4 7 三
5 8 四	+7+1 六	9 3 八
1 4 九	3⑥ 二	8 2 七

‡

⑦

1⑦ 六	6 2 二	8 9 四
9 8 五	+2−6 七	4 4 九
5 3 一	⑦1 三	3 5 八

‡

⑧

3 6 七	7 1 三	5⑧ 五
4 7 六	−2−5 八	9 3 一
⑧2 二	6 9 四	1 4 九

= △旺旺·山十·返吟

⑨

⑨7 八	5 2 四	7⑨ 六
8 8 七	+1−6 九	3 4 二
4 3 三	6 1 五	2 5 一

‡

艮宮

寅					艮					丑				
壬寅	庚寅	戊寅	丙寅	甲寅	癸丑	辛丑	己丑	丁丑	乙丑	癸丑	辛丑	己丑	丁丑	乙丑

度数（分金）:
067 066 065 064 063 062 061 060 059 058 057 056 055 054 053 052 051 050 049 048 047 046 045 044 043

卦象:

人家인가	濟旣제기	賁[비]	夷明이명	妄無망무	隨수	嗑噬합서	震진

1

3 8 九	8 3 五	①① 七
2 9 八	+4-7 〔一〕	6 5 三
7 4 四	9 2 六	5 6 二

◉雙星會向

2

4 7 一	9 3 六	②5 七
3 6 九	+5+8 〔三〕	7 1 四
8② 五	1 4 七	6 9 三

✕上山下水·⊠伏吟

3

5 1 二	1 5 七	③③ 九
4 2 一	+6-9 〔三〕	8 7 五
9 6 六	2 4 八	7 8 四

◉雙星會向

4

8 2 三	3 6 八	①④ 一
9 3 二	-7-1 〔四〕	5 8 六
④7 七	2 5 九	6 9 五

△旺山旺向

5

7 1 四	3 6 九	⑤8 二
6 9 三	+8+2 〔五〕	1 4 七
2⑤ 八	4 7 一	9 3 六

✕上山下水

6

1 4 五	5 8 一	③⑥ 三
2 5 四	-9-3 〔六〕	7 1 八
⑥9 九	4 7 二	8 2 七

△旺山旺向

7

2 3 六	6 8 二	4 1 四
3 2 五	-1+4 〔七〕	8 6 九
⑦⑦ 一	5 9 三	9 5 八

▲雙星會坐

8

1 4 七	6 9 三	⑧2 五
9 3 六	+2+5 〔四〕	4 7 一
5⑧ 二	7 1 四	3 6 九

✕上山下水·⊠伏吟·父母

9

4 5 八	8 1 四	6 3 六
5 4 七	-3+6 〔九〕	1 8 二
⑨⑨ 三	7 2 五	2 7 一

▲雙星會坐

艮宮

寅					艮					丑				
壬寅	庚寅	戊寅	丙寅	甲寅	癸丑	辛丑	己丑	丁丑	乙丑	癸丑	辛丑	己丑	丁丑	乙丑
066	065	064	063	062	052 051	050	049…044	043	040 039 038	037…033	032	031…028	027 025	024 023
人家 인가		濟既 제기		賁 [비]		夷明 이명		妄無 망무		隨 수		嗑噬 합서		震 진

Chart 1 ↗

5 8 九	1̲3 五	3① 七
4 9 八	+6-7 曰̲	8 5 三
9 4 四	2 2 六	7 6 二

⚹

Chart 2 ↗

4 6 一	9② 六	2̲4 八
3 5 九	+5+7 三̲	7 9 四
8 1 五	1 3 七	6 8 三

⚹ 凶伏吟

Chart 3 ↗

5 1 二	1 5 七	3③ 九
4 2 一	+6-9 三̲	8 7 五
9 6 六	2 4 八	7 8 四

= ◉雙星會向

Chart 4 ↗

8 2 三	3 6 八	1④ 一
9 3 二	-7-1 四̲	5 8 六
4̲7 七	2 5 九	6 9 五

= △旺山旺向

Chart 5 ↗

6 1 四	2 6 九	4 8 二
5̲9 三	+7+2 五̲	9 4 七
1⑤ 八	3 7 一	8 3 六

⚹

Chart 6 ↗

1 3 五	5 7 一	3 5 三
2 4 四	-9-2 凶̲	7 9 八
6̲8 九	4⑥ 二	8 1 七

⚹

Chart 7 ↗

2 5 六	6 1 二	4 3 四
3 4 五	-1+6 七̲	8 8 九
7̲9 一	5 2 三	9⑦ 八

⚹

Chart 8 ↗

1 4 七	6 9 三	8̲2 五
9 3 六	+2+5 八̲	4 7 一
5⑧ 二	7 1 四	3 6 九

= ✗   凶伏吟·父母

Chart 9 ↗

3 5 八	7 1 四	5 3 六
4 4 七	-2+6 九̲	9̲8 二
8⑨ 三	6 2 五	1 7 一

⚹

艮宮

寅					艮					丑				
壬寅	庚寅	戊寅	丙寅	甲寅	癸丑	辛丑	己丑	丁丑	乙丑	癸丑	辛丑	己丑	丁丑	乙丑
066	066 066	061 060	059 058	057	055	054	052	051	049	037	035	033	031	029
065	064 063 062	061 060 059	058 057	056	055 054	053	052 051	050	049 048	037 035	035 033	033 031	031 029	029 027

人家 인가	濟旣 제기	賁 [비]	夷明 이명	妄無 망무	隨 수	嗑噬 합서	震 진

飛星盤

[左上]

3 8 九	8 3 五	1① 七
2 9 八	+4-7 四	6 5 三
7 4 四	9 2 六	5 6 二

◉雙星會向

[中上]

4 7 一	9 3 六	②5 七
3 6 九	+5+8 二	7 1 四
8② 五	1 4 七	6 9 三

✕上山下水·⌧伏吟

[右上]

5 1 二	1 5 七	3③ 九
4 2 一	+6-9 三	8 7 五
9 6 六	2 4 八	7 8 四

◉雙星會向

[左中]

8 2 三	3 6 八	1④ 一
9 3 二	-7-1 四	5 8 六
4 7 七	2 5 九	6 9 五

△旺山旺向

[中中]

7 1 四	3 6 九	5 8 二
6 9 三	+8+2 五	1 4 七
2⑤ 八	4 7 一	9 3 六

✕上山下水

[右中]

1 4 五	5 8 一	3⑥ 三
2 5 四	-9-3 六	7 1 八
6 9 九	4 7 二	8 2 七

△旺山旺向

[左下]

2 3 六	6 8 二	4 1 四
3 2 五	-1+4 七	8 6 九
7⑦ 一	5 9 三	9 5 八

▲雙星會坐

[中下]

1 4 七	6 9 三	8 2 五
9 3 六	+2+5 四	4 7 一
5⑧ 二	7 1 四	3 6 九

✕上山下水·⌧伏吟

[右下]

4 5 八	8 1 四	6 3 六
5 4 七	-3+6 九	1 8 二
9⑨ 三	7 2 五	2 7 一

▲雙星會坐

艮宮

寅					艮					丑				
壬寅	庚寅	戊寅	丙寅	甲寅	癸丑	辛丑	己丑	丁丑	乙丑	癸丑	辛丑	己丑	丁丑	乙丑
067	066 065	063 061 060	059 058 057	055 054 053	052	054 051	048 047 046	045 044 043	041 040 039	038	035 034	033 032	030	028	027 026 025	023
人家 인가		濟既 제기		賁[비]	夷明 이명		妄無 망무		隨 수		嗑噬 합서		震 진		

5 8	1̄3	3① ↗
九	五	七
4 9	**+6 -7**	**8 5**
八	(	三
9 4	**2 2**	**7 6**
四	六	二

⚹

4 8	9 4	2̄6 ↗
一	六	八
3 7	**+5 +9**	**7 ②**
九	三̄	四
8 3	**1 5**	**6 1**
五	七	三

⚹ 凶伏吟

5 1	1 5	3③ ↗
二	七	九
4 2	**+6 -9**	**8 7**
一	三̄	五
9 6	**2 4**	**7 8**
六	八	四

= ◉雙星會向

8 2	3 6	1④ ↗
三	八	一
9 3	**-7 -1**	**5 8**
二	四̄	六
4̄7	**2 5**	**6 9**
七	九	五

= △旺山旺向

8 9	4⑤	6 7 ↗
四	九	二
7 8	**+9 +1**	**2 3**
三	五̄	七
3 4	**5̄6**	**1 2**
八	一	六

⚹

1 3	5 7	3 5 ↗
五	一	三
2 4	**-9 -2**	**7 9**
四	六̄	八
6̄8	**4⑥**	**8 1**
九	二	七

⚹

2 5	6 1	4 3 ↗
六	二	四
3 4	**-1 +6**	**8 8**
五	七̄	九
7̄9	**5 2**	**9⑦**
一	三	八

⚹

9 4	5 9	7 2 ↗
七	三	五
8̄3	**+1 +5**	**3 7**
六	四̄	一
4⑧	**6 1**	**2 6**
二	四	九

⚹ 凶伏吟

3 5	7 1	5 3 ↗
八	四	六
4 4	**-2 +6**	**9̄8**
七	五̄	二
8⑨	**6 2**	**1 7**
三	五	一

⚹

震宮

乙					卯					甲				
癸卯	辛卯	己卯	丁卯	乙卯	癸卯	辛卯	己卯	丁卯	乙卯	壬寅	庚寅	戊寅	丙寅	甲寅
112 110	109 108	107 106	105 104	103 102	101 100	099 098	097 096	095 094	093 092	091 090	089 088	087 086	085 084	083 082 081 080 079 078 077 076 075 074 073 072 071 070 069 068
孚中 부중		節 절		損 손		臨 림		同人 인동		革 혁		離 리		豐 풍

9 2 九	4 7 五	2 9 七
①① 八	-8+3 (	6 5 三
5 6 四	3 8 六	7 4 二

▲雙星會坐

8 5 一	4 9 六	6 7 七
7 6 九	+9-4	②② 四
3 1 五	5 8 七	1 3 三

◉雙星會向

9 4 二	5 9 七	7 2 九
8③ 一	+1+5 三	③7 五
4 8 六	6 1 八	26 四

✕上山下水·凶伏吟

3 7 三	7 2 八	5 9 一
④8 二	-2-6 四	9④ 六
8 3 七	6 1 九	1 5 五

△旺山旺向·向十

2 6 四	7 2 九	9 4 二
1⑤ 三	+3+7 五	⑤9 七
6 1 八	8 3 一	4 8 六

✕上山下水

5 9 五	9 4 一	7 2 三
⑥1 四	-4-8 凶	2⑥ 八
1 5 九	8 3 二	3 7 七

△旺山旺向·山十

4 8 六	9 4 二	2 6 四
3⑦ 五	+5+9 七	⑦2 九
8 3 一	1 5 三	6 1 八

✕上山下水·凶伏吟

7 9 七	2 5 三	9 7 五
8⑧ 六	-6+1 四	4 3 一
3 4 二	1 6 四	5 2 九

▲ 雙星會坐

6 3 八	2 7 四	4 5 六
5 4 七	+7-2 九	9⑨ 二
1 8 三	3 6 五	8 1 一

◉雙星會向

震宮

乙					卯					甲				
癸卯	辛卯	己卯	丁卯	乙卯	癸卯	辛卯	己卯	丁卯	乙卯	**壬寅**	庚寅	戊寅	丙寅	**甲寅**
111 112	110 109	108 107	106 105	104 103	102 101	100 099	098 097	096 095	094 093	**082 081 080**	079 078 077	076 075	074 073	072 071	**070 069 068**
中孚 부중		節 절		損 손		臨 림		同人 인동		革 혁		離 리		豐 풍

飛星盤

① 乙卯 (上)

89 九	35 五	[1]7 七
98 八	-7+① (	53 三
44 四	26 六	62 二

‡

② 卯 (中)

67 一	[2][2] 六	49 八
58 九	+7-6 三	94 四
13 五	31 七	85 三

‡

③ 甲寅 (革)

14 二	69 七	82 九
9③ 一	+2+5 三	47 五
58 六	71 八	③6 四

‡ ⊠伏吟

④

37 三	72 八	59 一
[4]8 二	-2-6 四	9④ 六
83 七	61 九	15 五

= △旺山旺向·向十

⑤

98 四	[5]4 九	76 二
87 三	+1+9 五	32 七
43 八	6⑤ 一	21 六

‡

⑥

78 五	23 一	91 三
89 四	+[6]-7 因	45 八
34 九	12 二	5⑥ 七

‡

⑦

46 六	92 二	24 四
35 五	+5+⑦ 七	[7]9 九
81 一	13 三	68 八

‡ ⊠伏吟

⑧

71 七	26 三	9⑧ 五
[8]9 六	-6+2 因	44 一
35 二	17 四	53 九

‡

⑨

83 八	47 四	65 六
74 七	+[9]-2 九	2⑨ 二
38 三	56 五	11 一

‡

震宮														
乙					卯				甲					
癸卯	辛卯	己卯	丁卯	乙卯	癸卯	辛卯	己卯	丁卯	乙卯	壬寅	庚寅	戊寅	丙寅	甲寅
112 110	109 108	107 106	105 104	103 102	101 100 099	098 097	096 095 094	093 092 091	090 089 088 087	086 085 084 083	082 081 080	079 078 077	076 075 074 073	072 071 070 069 068
孚中 부중	節 절	損 손		臨 림		人同 인동		革 혁		離 리		豐 풍		

◉雙星會向

7 4 九	3 8 五	5 6 七
6 5 八	+8-3 (	1① 三
2 9 四	4 7 六	9 2 二

▲雙星會坐

1 3 一	5 8 六	3 1 七
2② 九	-9+4 二	7 6 四
6 7 五	4 9 七	8 5 三

△旺山旺向·返吟

2 6 二	6 1 七	4 8 九
3 7 一	-1-5 三	8 3 五
7 2 六	5 9 八	9 4 四

✕上山下水

1 5 三	6 1 八	8 3 一
9④ 二	+2+6 四	4 8 六
5 9 七	7 2 九	3 7 五

△旺山旺向

4 8 四	8 3 九	6 1 二
5 9 三	-3-7 五	1⑤ 七
9 4 八	7 2 一	2 6 六

✕上山下水

3 7 五	8 3 一	1 5 三
2⑥ 四	+4+8 六	6 1 八
7 2 九	9 4 二	5 9 七

△旺山旺向·返吟

6 1 六	1 5 二	8 3 四
7 2 五	-5-9 七	3 7 九
2 6 一	9 4 三	4 8 八

◉雙星會向

5 2 七	1 6 三	3 4 五
4 3 六	+6-1 四	8 8 一
9 7 二	2 5 四	7 9 九

▲雙星會坐

8 1 八	3 6 四	1 8 六
9⑨ 七	-7+2 九	5 4 二
4 5 三	2 7 五	6 3 一

震宮

乙					卯					甲				
癸卯	辛卯	己卯	丁卯	乙卯	癸卯	辛卯	己卯	丁卯	乙卯	壬寅	庚寅	戊寅	丙寅	甲寅
1120	1109	1098	1087	1076	0097 0096	0095	0094 0093	0091 0090	0085 0084 0083	0082 0081	0079 0078	0077 0076	0073 0072	0070 0069 0068
孚中 中孚		節 절		損 손		臨 림		同人 동인		革 혁		離 리		豊 풍

左
63 九	27 五	45 七
54 八	+7-2 (	99 三
[1]8 四	36 六	8① 二

= ✚

中
15 一	51 六	33 八
[2]4 九	-9+6 [三]	78 四
69 五	4② 七	87 三

= ✚

右
26 二	61 七	48 九
[3]7 一	-1-5 [三]	8③ 五
72 六	59 八	94 四

= △旺山旺向·返吟

中段

左
15 三	61 八	83 一
9④ 二	+2+6 [四]	[4]8 六
59 七	72 九	37 五

= ✗上山下水

中
38 四	73 九	[5]1 二
49 三	-2-7 [五]	9⑤ 七
84 八	62 一	16 六

= ✚

右
5⑥ 五	12 一	34 三
45 四	+[6]+7 [六]	89 八
91 九	23 二	78 七

= ✚

下段

左
61 六	15 二	83 四
[7]2 五	-5-9 [七]	3⑦ 九
26 一	94 三	48 八

= △旺山旺向·返吟

中
52 七	16 三	34 五
43 六	+6-1 [四]	[8]⑧ 一
97 二	25 四	79 九

= ●雙星會向

右
81 八	36 四	18 六
[9]⑨ 七	-7+2 [九]	54 二
45 三	27 五	63 一

= ▲雙星會坐

震宮

乙					卯					甲				
癸卯	辛卯	己卯	丁卯	乙卯	癸卯	辛卯	己卯	丁卯	乙卯	壬寅	庚寅	戊寅	丙寅	甲寅
112/110	1098	10076	10054	1032	10021	1009	0997	0995	0943	0991	0988	0987	0865	0843	0821	0810	0778	0776	0753	0772	0710	0069	0068	
中孚（부중）		節（절）		損（손）	臨（림）		同人（동인）			革（혁）		離（리）		豊（풍）

74 九 / 38 五 / 56 七 65 八 / +8-3 (/ 1① 三 29 四 / 47 六 / 92 二 →	13 一 / 58 六 / 31 七 2② 九 / -9+4 三 / 76 四 67 五 / 49 七 / 85 三 →	26 二 / 61 七 / 48 九 3⑦ 一 / -1-5 三 / 8③ 五 72 六 / 59 八 / 94 四 →
◉雙星會向	▲雙星會坐	△旺山旺向·返吟
15 三 / 61 八 / 83 一 9④ 二 / +2+6 四 / 4⑧ 六 59 七 / 72 九 / 37 五 →	48 四 / 83 九 / 61 二 5⑨ 三 / -3-7 五 / 1⑤ 七 94 八 / 72 一 / 26 六 →	37 五 / 83 一 / 15 三 2⑥ 四 / +4+8 六 / 6① 八 72 九 / 94 二 / 59 七 →
✕上山下水	△旺山旺向	✕上山下水
61 六 / 15 二 / 83 四 7② 五 / -5-9 七 / 3⑦ 九 26 一 / 94 三 / 48 八 →	52 七 / 16 三 / 34 五 43 六 / +6-1 四 / 8⑧ 一 97 二 / 25 四 / 79 九 →	81 八 / 36 四 / 18 六 9⑨ 七 / -7+2 九 / 54 二 45 三 / 27 五 / 63 一 →
△旺山旺向·返吟	◉雙星會向	▲雙星會坐

震宮

震宮 飛星盤

8 3 九	4 7 五	6 5 七
7 4 八	+9-2 (	2 9 三
3 8 四	5 6 六	1① 二

‡

1 5 一	5 1 六	3 3 八
②4 九	-9+6 三	7 8 四
6 9 五	4② 七	8 7 三

‡

2 6 二	6 1 七	4 8 九
③7 一	-1-5 三	8③ 五
7 2 六	5 9 八	9 4 四

= △旺山旺向 · 返吟

9 5 三	5 1 八	7 3 一
8④ 二	+1+6 四	3 8 六
④9 七	6 2 九	2 7 五

‡

3 8 四	7 3 九	⑤1 二
4 9 三	-2-7 五	9⑤ 七
8 4 八	6 2 一	1 6 六

‡

5 8 五	1 4 一	3⑥ 三
4 7 四	+⑥+9 六	8 2 八
9 3 九	2 5 二	7 1 七

‡

6 1 六	1 5 二	8 3 四
⑦2 五	-5-9 七	3⑦ 九
2 6 一	9 4 三	4 8 八

= △旺山旺向 · 返吟

5 2 七	1 6 三	3 4 五
4 3 六	+6-1 四	8⑧ 一
9 7 二	2 5 四	7 9 九

= ◉雙星會向

8⑨ 八	3 5 四	1 7 六
⑨8 七	-7+1 九	5 3 二
4 4 三	2 6 五	6 2 一

‡

巽宮

◉雙星會向

```
8 3 | 4 7 | 6 5
九  | 五  | 七
7 4 |+9-2| 2 9
八  | (  | 三
3 8 | 56 | 1①
四  | 六  | 二
```

✕上山下水·連珠

```
9② | 5 7 | 7 9
一  | 六  | 七
8 1 |+1+3| 35
九  | 三  | 四
4 6 | 6 8 | 2④
五  | 七  | 三
```

△旺山旺向

```
3 5 | 7 9 | 5 7
二  | 七  | 九
4 6 |-2-4| 9 2
一  | 三  | 五
8 1 | 6 8 | 1③
六  | 八  | 四
```

◉雙星會向·返吟

```
2 6 | 7 1 | 9 8
三  | 八  | 一
1 7 |+3-5| 5 3
二  | 四  | 六
6 2 | 8 9 | 4④
七  | 九  | 五
```

△旺山旺向

```
5 7 | 9 2 | 7 9
四  | 九  | 二
6 8 |-4-6| 2 4
三  | 五  | 七
1 3 | 8 1 | 3⑤
八  | 一  | 六
```

▲雙星會坐·返吟

```
6⑥ | 1 2 | 8 4
五  | 一  | 三
7 5 |-5+7| 3 9
四  | 六  | 八
2 1 | 9 3 | 4 8
九  | 二  | 七
```

△旺山旺向

```
7 9 | 2 4 | 9 2
六  | 二  | 四
8 1 |-6-8| 4 6
五  | 七  | 九
3 5 | 1 3 | 5⑦
一  | 三  | 八
```

✕上山下水·連珠

```
6⑧ | 2 4 | 4 6
七  | 三  | 五
5 7 |+7+9| 9 2
六  | 四  | 一
1 3 | 3 5 | 8①
二  | 四  | 九
```

▲雙星會坐

```
9⑨ | 4 5 | 2 7
八  | 四  | 六
1 8 |-8+1| 6 3
七  | 九  | 二
5 4 | 3 6 | 7 2
三  | 五  | 一
```

巽宮

巳					巽					辰				
癸巳	辛巳	己巳	丁巳	乙巳	壬辰	庚辰	戊辰	丙辰	甲辰	壬辰	庚辰	戊辰	丙辰	甲辰

| 畜小
축소 | | 需
수 | | 畜大
축대 | | 泰
태 | | 履
리 | | 兌
태 | | 睽
규 | | 妹歸
매귀 |

Chart 1

63 九	27 五	45 七
54 八	+7-2 (	99 三
[1]8 四	36 六	8① 二

‡

Chart 2

19 一	65 六	87 八
98 九	+[2]+1 三	43 四
54 五	76 七	3② 三

‡

Chart 3

[3]7 二	72 七	59 九
48 一	-2-6 三	94 五
8③ 六	61 八	15 四

‡

Chart 4

96 三	51 八	78 一
87 二	+1-5 [四]	33 六
[4]2 七	69 九	2④ 五

‡ 返吟

Chart 5

77 四	22 九	99 二
88 三	-6-6 [五]	44 七
33 八	11 一	5⑤ 六

‡ ◉雙星會向·八純卦

Chart 6

[6]8 五	14 一	8⑥ 三
77 四	-5+9 [六]	32 八
23 九	95 二	41 七

‡ 返吟

Chart 7

[7]8 六	23 二	91 四
89 五	-6-⑦ [七]	45 九
34 一	21 三	56 八

‡

Chart 8

[8]6 七	42 三	64 五
75 六	+9+7 [八]	29 一
31 二	53 四	1⑧ 九

‡ △旺山旺向

Chart 9

81 八	36 四	18 六
9⑨ 七	-7+2 [九]	54 二
45 三	27 五	63 一

‡

巽宮

巳					巽					辰				
癸巳	辛巳	己巳	丁巳	乙巳	壬辰	庚辰	戊辰	丙辰	甲辰	壬辰	庚辰	戊辰	丙辰	甲辰
畜小 축소		需 수		畜大 축대	泰 태		履 리		兌 태		睽 규		妹歸 매귀	

▲雙星會坐·山十

1① 九	5 6 五	3 8 七
2 9 八	-9+2 ﹁(	7 4 三
6 5 四	4 7 六	8 3 二

⊙旺山旺向

2 4 一	6 8 六	4 6 七
3 5 九	-1-3 三	8 1 四
7 9 五	5 7 七	9② 三

✕上山下水·連珠

1③ 二	6 8 七	8 1 九
9 2 一	+2+4 三	4 6 五
5 7 六	7 9 八	③5 四

▲雙星會坐 ⊠伏吟

4④ 三	8 9 八	6 2 一
5 3 二	-3+5 四	1 7 六
9 8 七	7 1 九	2 6 五

✕上山下水·連珠

3⑤ 四	8 1 九	1 3 二
2 4 三	+4+6 五	6 8 七
7 9 八	9 2 一	⑤7 六

◉雙星會向·⊠伏吟

4 8 五	9 3 一	2 1 三
3 9 四	+5-7 六	7 5 八
8 4 九	1 2 二	6⑥ 七

✕上山下水·連珠

5⑦ 六	1 3 二	3 5 四
4 6 五	+6+8 七	8 1 九
9 2 一	2 4 三	⑦9 八

⊙旺山旺向

8 1 七	3 5 三	1 3 五
9 2 六	-7-9 八	5 7 一
4 6 二	2 4 四	6⑧ 九

◉雙星會向·向十

7 2 八	3 6 四	5 4 六
6 3 七	+8-1 九	1 8 二
2 7 三	4 5 五	9⑨ 一

巽宮

巳					巽					辰				
癸巳	辛巳	己巳	丁巳	乙巳	壬辰	庚辰	戊辰	丙辰	甲辰	壬辰	庚辰	戊辰	丙辰	甲辰

（度数：… 144 142 140 … 130 128 …）

| 小畜 | | 需 | | 大畜 | | 泰 | | 履 | | 兌 | | 睽 | | 歸妹 |
| 축소 | | 수 | | 축대 | | 태 | | 리 | | 태 | | 규 | | 매귀 |

1①	5 6	3 8
九	五	七
2 9	-9+2	7 4
八	(	三
6 5	4 7	8 3
四	六	二

= ▲雙星會坐

2 3	6 7	4 5
一	六	八
3 4	-1-②	8 9
九	三	四
7 8	5 6	9 1
五	七	三

✛

1 5	6 1	8③
二	七	九
9 4	+2+6	4 8
一	三	五
5 9	7 2	③7
六	八	四

✛

3④	7 9	5 2
三	八	一
④3	-2+5	9 7
二	四	六
8 8	6 1	1 6
七	九	五

✛ 区伏吟

5⑤	1 1	3 3
四	九	二
4 4	+6+6	8 8
三	五	七
9 9	2 2	7 7
八	一	六

✛▲雙星會坐·八純卦

4 8	9 3	2 1
五	一	三
3 9	+5-7	7 5
四	区	八
8 4	1 2	6⑥
九	二	七

= ●雙星會向·区伏吟

5 6	1 2	3 4
六	二	四
4 5	+6+⑦	8 9
五	七	九
9 1	2 3	7⑧
一	三	八

✛

8①1	3 5	1 3
七	三	五
9 2	-7-9	5 7
六	四	一
4 6	2 4	6⑧
二	四	九

= △旺山旺向

6 2	2 6	4 4
八	四	六
5 3	+7-1	9⑧
七	九	二
1 7	3 5	8⑨
三	五	一

✛

巽宮

巳					巽					辰				
癸巳	辛巳	己巳	丁巳	乙巳	壬辰	庚辰	戊辰	丙辰	甲辰	壬辰	庚辰	戊辰	丙辰	甲辰
小畜소축		需수		大畜대축	泰태		履리		兌태		睽규		歸妹귀매	

Chart 1

[1]① 九	5 6 五	3 8 七
2 9 八	-9+2 ㇄(	7 4 三
6 5 四	4 7 六	8 3 二

▲雙星會坐·山十

Chart 2

[2]4 一	6 8 六	4 6 七
3 5 九	-1-3 [三]	8 1 四
7 9 五	5 7 七	9[②] 三

⊙旺山旺向

Chart 3

1[③] 二	6 8 七	8 1 九
9 2 一	+2+4 [三]	4 6 五
5 7 六	7 9 八	[③]5 四

✗上山下水·連珠

Chart 4

[4]④ 三	8 9 八	6 2 一
5 3 二	-3+5 [四]	1 7 六
9 8 七	7 1 九	2 6 五

▲雙星會坐·区伏吟

Chart 5

3[⑤] 四	8 1 九	1 3 二
2 4 三	+4+6 [五]	6 8 七
7 9 八	9 2 一	[5]7 六

✗上山下水·連珠

Chart 6

4 8 五	9 3 一	2 1 三
3 9 四	+5-7 [区]	7 5 八
8 4 九	1 2 二	[6]⑥ 七

◉雙星會向·区伏吟

Chart 7

5[⑦] 六	1 3 二	3 5 四
4 6 五	+6+8 [七]	8 1 九
9 2 一	2 4 三	[7]9 八

✗上山下水·連珠

Chart 8

[8]1 七	3 5 三	1 3 五
9 2 六	-7-9 [区]	5 7 一
4 6 二	2 4 四	6[⑧] 九

⊙旺山旺向

Chart 9

7 2 八	3 6 四	5 4 六
6 3 七	+8-1 [区]㇄	1 8 二
2 7 三	4 5 五	[9]⑨ 一

◉雙星會向·向十

巽宮

巳					巽					辰				
癸巳	辛巳	己巳	丁巳	乙巳	壬辰	庚辰	戊辰	丙辰	甲辰	壬辰	庚辰	戊辰	丙辰	甲辰
畜小 축소		需 수		畜大 축대	泰 태		履 리		兌 태		睽 규		妹歸 매귀	

1

①9 九	5 5 五	3 7 七
2 8 八	-9+① (	7 3 三
6 4 四	4 6 六	8 2 二

↘　✳

2

②3 一	6 7 六	4 5 八
3 4 九	-1-② 三	8 9 四
7 8 五	5 6 七	9 1 三

↘　✳

3

9 5 二	5 1 七	7③ 九
8 4 一	+1+6 三	③8 五
4 9 六	6 2 八	2 7 四

↘　✳

4

3④ 三	7 9 八	5 2 一
④3 二	-2+5 四	9 7 六
8 8 七	6 1 九	1 6 五

↘　✳ ⊠伏吟

5

⑤5 四	1 1 九	3 3 二
4 4 三	+6+6 五	8 8 七
9 9 八	2 2 一	7 7 六

↘　✳

6

4 8 五	9 3 一	2 1 三
3 9 四	+5-7 囚	7 5 八
8 4 九	1 2 二	6⑥ 七

↘　✳ ●雙星會向·⊠伏吟

7

5 8 六	1 4 二	3 6 四
4⑦ 五	+6+9 七	8 2 九
9 3 一	2 5 三	⑦1 八

↘　✳

8

⑧1 七	3 5 三	1 3 五
9 2 六	-7-9 囚	5 7 一
4 6 二	2 4 四	6⑧ 九

↘　= △旺山旺向

9

8 2 八	4 6 四	6 4 六
7 3 七	+⑨-1 九	2 8 二
3 7 三	5 5 五	1⑨ 一

↘　✳

離宮

	丁					午					丙			
壬午	庚午	戊午	丙午	甲午	壬午	庚午	戊午	丙午	甲午	癸巳	辛巳	己巳	丁巳	乙巳
2022/2021	2009/1998	1997/1986	1985/1974	1973/1962	1961/1950	1949/1938	1937/1926	1925/1914	1913/1902	1901/1890	1889/1878	1877/1866	1865/1854	1853/1842

| 恒항 | 鼎정 | 大過대과 | 姤구 | 乾건 | 夬쾌 | 大有대유 | 大壯대장 |

1
4 7 九	9 2 五	2 9 七
3 8 八	+5-6 (	7 4 三
8 3 四	1① 六	6 5 二

↓ ◉雙星會向·⊠伏吟

2
7 6 一	2② 六	9 4 七
8 5 九	-6+7 ⊟	4 9 四
3 五	1 3 七	5 8 三

↓ ▲雙星會坐

3
6 9 二	2 4 七	4 2 九
5 1 一	+7-8 ⊟	9 6 五
1 5 六	3③ 八	8 7 四

↓ ◉雙星會向·次運入囚

4
9 8 三	4④ 八	2 6 一
1 7 二	-8+9 四	6 2 六
5 3 七	3 5 九	7 1 五

↓ ▲雙星會坐

5
8 9 四	4⑤ 九	6 7 二
7 8 三	+9+1 五	2 3 七
3 4 八	5 6 一	1 2 六

↓ ✕上山下水

6
9 3 五	5 7 一	7 5 三
8 4 四	+1-2 六	3 9 八
4 8 九	6⑥ 二	2 1 七

↓ ◉雙星會向·次運入囚

7
3 2 六	7⑦ 二	5 9 四
4 1 五	-2+3 七	9 5 九
8 6 一	6 8 三	1 4 八

↓ ▲雙星會坐·次運入囚

8
2 5 七	7 9 三	9 7 五
1 6 六	+3-4 八	5 2 一
6 1 二	8⑧ 四	4 3 九

↓ ◉雙星會向

9
5 4 八	9⑨ 四	7 2 六
6 3 七	-4+5 九	2 7 二
1 8 三	8 1 五	3 6 一

↓ ▲雙星會坐·⊠伏吟

離宮

丁					午					丙				
壬午	庚午	戊午	丙午	甲午	壬午	庚午	戊午	丙午	甲午	癸巳	辛巳	己巳	丁巳	乙巳

恒 항	鼎 정	大過 과대	姤 구	乾 건	夬 쾌	大有 유대	大壯 장대

[上段 / 左]

4 7 九	9 2 五	2 9 七
3 8 八	+5-6 (	7 4 三
8 3 四	[1]① 六	6 5 二

↓ = ◉雙星會向 · 凶伏吟

[上段 / 中]

7 8 一	[2]4 六	9 6 八
8 7 九	-6+9 二	4② 四
3 3 五	1 5 七	5 1 三

↓ ‡

[上段 / 右]

8 8 二	4③ 七	6 1 九
7 9 一	+9-7 三	2 5 五
[3]4 六	5 2 八	1 6 四

↓ ‡ 向十

[中段 / 左]

8 6 三	3 2 八	1④ 一
9 5 二	-7+7 四	5 9 六
[4]1 七	2 3 九	6 8 五

↓ ‡

[中段 / 中]

6 1 四	2 6 九	4 8 二
[5]9 三	+7+2 五	9 4 七
1⑤ 八	3 7 一	8 3 六

↓ ‡

[中段 / 右]

1 3 五	[6]7 一	8 5 三
9 4 四	+2-2 六	4 9 八
5 8 九	7⑥ 二	3 1 七

↓ ‡ △旺山旺向 · 狀元卦

[下段 / 左]

3 9 六	[7]5 二	5⑦ 四
4 8 五	-2+1 七	9 3 九
8 4 一	6 6 三	1 2 八

↓ ‡

[下段 / 中]

9 7 七	5 2 三	7 9 五
[8]8 六	+1-6 八	3 4 一
4 3 二	6 1 四	2 5 九

↓ ‡

[下段 / 右]

7 4 八	2⑨ 四	[9]2 六
8 3 七	-6+5 九	4 7 二
3 8 三	1 1 五	5 6 一

↓ ‡ 凶伏吟

離宮

丁					午					丙				
壬午	庚午	戊午	丙午	甲午	壬午	庚午	戊午	丙午	甲午	癸巳	辛巳	己巳	丁巳	乙巳

| 恒항 | | 鼎정 | | 過大 과대 | | 姤구 | | 乾건 | | 夬쾌 | | 有大 유대 | | 壯大 장대 |

▲雙星會坐·返吟

6 5 九	1①五	8 3 七
7 4 八	-5+6 (	3 8 三
2 9 四	9 2 六	4 7 二

↓ ▲雙星會坐·返吟

◉雙星會向

5 8 一	1 3 六	3 1 七
4 9 九	+6-7 ⊟	8 5 四
9 4 五	2②七	7 6 三

↓ ◉雙星會向

▲雙星會坐·山十

8 7 二	3③七	1 5 九
9 6 一	-7+8 ⌐三	5 1 五
4 2 六	2 4 八	6 9 四

↓ ▲雙星會坐·山十

◉雙星會向

7 1 三	3 5 八	5 3 一
6 2 二	+8-9 四	1 7 六
2 6 七	4④九	9 8 五

↓ ◉雙星會向

△旺山旺向

1 2 四	5 6 九	3 4 二
2 3 三	-9-1 五	7 8 七
6 7 八	4⑤一	8 9 六

↓ △旺山旺向

▲雙星會坐

2 1 五	6⑥一	4 8 三
3 9 四	-1+2 囚	8 4 八
7 5 九	5 7 二	9 3 七

↓ ▲雙星會坐

◉雙星會向·向十

1 4 六	6 8 二	8 6 四
9 5 五	+2-3 囝	4 1 九
5 9 一	7⑦三	3 2 八

↓ ◉雙星會向·向十

▲雙星會坐

4 3 七	8⑧三	6 1 五
5 2 六	-3+4 囚	1 6 一
9 7 二	7 9 四	2 5 九

↓ ▲雙星會坐

◉雙星會向·返吟

3 6 八	8 1 四	1 8 六
2 7 七	+4-5 囝	6 3 二
7 2 三	9⑨五	5 4 一

↓ ◉雙星會向·返吟

離宮

丁					午					丙				
壬午	庚午	戊午	丙午	甲午	壬午	庚午	戊午	丙午	甲午	癸巳	辛巳	己巳	丁巳	乙巳
202–200	199–197	196–194	193–191	190–188	187–185	184–182	181–179	178–176	175–173	172–170	169–167	166–164	163–161	160–158
恒 항		鼎 정		過大 대과		姤 구		乾 건		夬 쾌		有大 유대		壯大 장대

(午 sector 壬午 and 甲午 columns shaded)

Grid 1 (運 一)

6 5 九	[1]① 五	8 3 七
7 4 八	−5+6 〔一〕	3 8 三
2 9 四	9 2 六	4 7 二

↓ = ▲雙星會坐·返吟

Grid 2 (運 二)

5 8 一	1 3 六	3 1 八
4 9 九	+6−7 〔二〕	8 5 四
9 4 五	2② 七	7 6 三

↓ ✛

Grid 3 (運 三)

8 6 二	[3]2 七	1 4 九
9 5 一	−7+7 〔三〕	5 9 五
4 1 六	2③ 八	6 8 四

↓ ✛

Grid 4 (運 四)

6 1 三	2 5 八	[4]3 一
5 2 二	+7−9 〔四〕	9 7 六
1 6 七	3④ 九	8 8 五

↓ ✛

Grid 5 (運 五)

1 2 四	[5]6 九	3 4 二
2 3 三	−9−1 〔五〕	7 8 七
6 7 八	4⑤ 一	8 9 六

↓ = ◎旺山旺向

Grid 6 (運 六)

2 1 五	6⑥ 一	4 8 三
3 9 四	−1+2 〔六〕	8 4 八
7 5 九	5 7 二	9 3 七

↓ = ▲雙星會坐

Grid 7 (運 七)

1 3 六	6⑦ 二	8 5 四
9 4 五	+2−2 〔七〕	4 9 九
5 8 一	[7]6 三	3 1 八

↓ ✛ ✖上山下水

Grid 8 (運 八)

3 5 七	7 1 三	5 3 五
4 4 六	−2+6 〔八〕	9⑧ 一
[8]9 二	6 2 四	1 7 九

↓ ✛

Grid 9 (運 九)

5 6 八	1 1 四	3 8 六
4 7 七	+6−5 〔九〕	8 3 二
[9]2 三	2⑨ 五	7 4 一

↓ ✛ 返吟

離宮

丁					午					丙				
壬午	庚午	戊午	丙午	甲午	壬午	庚午	戊午	丙午	甲午	癸巳	辛巳	己巳	丁巳	乙巳

| 恒
항 | 鼎
정 | 大過
대과 | 姤
구 | 乾
건 | 夬
쾌 | 大有
대유 | 大壯
대장 |

---

6 5 九	1① 五	8 3 七
7 4 八	-5+6 (	3 8 三
2 9 四	9 2 六	4 7 二

▲雙星會坐·返吟

5 8 一	1 3 六	3 1 七
4 9 九	+6-7 三	8 5 四
9 4 五	2② 七	7 6 三

◉雙星會向

8 7 二	3③ 七	1 5 九
9 6 一	-7+8 三	5 1 五
4 2 六	2 4 八	6 9 四

▲雙星會坐·山十

7 1 三	3 5 八	5 3 一
6 2 二	+8-9 四	1 7 六
2 6 七	4④ 九	9 8 五

◉雙星會向

1 2 四	5 6 九	3 4 二
2 3 三	-9-1 五	7 8 七
6 7 八	4⑤ 一	8 9 六

△旺山旺向

2 1 五	6 6 一	4 8 三
3 9 四	-1+2 六	8 4 八
7 5 九	5 7 二	9 3 七

▲雙星會坐

1 4 六	6 8 二	8 6 四
9 5 五	+2-3 七	4 1 九
5 9 一	7⑦ 三	3 2 八

◉雙星會向·向十

4 3 七	8⑧ 三	6 1 五
5 2 六	-3+4 四	1 6 一
9 7 二	7 9 四	2 5 九

▲雙星會坐

3 6 八	8 1 四	1 8 六
2 7 七	+4-5 九	6 3 二
7 2 三	9⑨ 五	5 4 一

◉雙星會向·返吟

丁					午					丙				
壬午	庚午	戊午	丙午	甲午	壬午	庚午	戊午	丙午	甲午	癸巳	辛巳	己巳	丁巳	乙巳

| 恒 항 | | 鼎 정 | | 過大 과대 | 姤 구 | | 乾 건 | | 夬 쾌 | | 有大 유대 | | 壯大 장대 |

Chart 1 (top-left)

6 5 九	1① 五	8 3 七
7 4 八	-5+6 (	3 8 三
2 9 四	9 2 六	4 7 二

↓
= ▲雙星會坐·返吟

Chart 2 (top-middle)

5 8 一	1 3 六	3 1 八
4 9 九	+6-7 二	8 5 四
9 4 五	2② 七	7 6 三

↓
= ◉雙星會向

Chart 3 (top-right)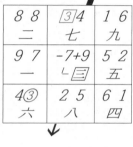

8 8 二	3 4 七	1 6 九
9 7 一	-7+9 三	5 2 五
4③ 六	2 5 八	6 1 四

↓
≠ 山十

Chart 4 (mid-left)

8 1 三	4 5 八	6 3 一
7 2 二	+9-9 四	2 7 六
3 6 七	5④ 九	1 8 五

↓
≠ △旺山旺向

Chart 5 (mid-middle)

1 2 四	5 6 九	3 4 二
2 3 三	-9-1 五	7 8 七
6 7 八	4⑤ 一	8 9 六

↓
= △旺山旺向

Chart 6 (mid-right)

2 9 五	6 5 一	4 7 三
3 8 四	-1+1 六	8 3 八
7 4 九	5⑥ 二	9 2 七

↓
≠ △旺山旺向

Chart 7 (bottom-left)

9 3 六	5⑦ 二	7 5 四
8 4 五	+1-2 七	3 9 九
4 8 一	6 6 三	2 1 八

↓
≠

Chart 8 (bottom-middle)

3 5 七	7 1 三	5 3 五
4 4 六	-2+6 四	9⑧ 一
8 9 二	6 2 四	1 7 九

↓
≠ 向十

Chart 9 (bottom-right)

5 6 八	1 1 四	3 8 六
4 7 七	+6-5 九	8 3 二
9 2 三	2⑨ 五	7 4 一

↓
≠ 返吟

坤宮

申				坤				未		
癸未	辛未	己未	丁未	乙未	癸未	辛未	己未	丁未	乙未	
癸未	辛未	己未	丁未	乙未	癸未	辛未	己未	丁未	乙未	
解 해	濟未 제미	困 곤	訟 송	升 승	蠱 고	井 정	巽 손			

◉雙星會向

6 5 (九)	2 9 (五)	4 7 (七)
5 6 (八)	+7-4 (	9 2 (三)
[1]① (四)	3 7 (六)	8 3 (二)

△旺山旺向·山十·返吟

9 6 (一)	4 1 (六)	[2]8 (七)
1 7 (九)	-8-5 ⌐三	6 3 (四)
5② (五)	3 9 (七)	7 4 (三)

◉雙星會向

8 7 (二)	4 2 (七)	6 9 (九)
7 8 (一)	+9-6 三	2 4 (五)
[3]3 (六)	5 1 (八)	1 5 (四)

✕上山下水·父母

9 6 (三)	5 2 (八)	7[4] (一)
8 5 (二)	+1+⑦ 四	3 9 (六)
[4]1 (七)	6 3 (九)	2 8 (五)

△旺山旺向

3 9 (四)	7 4 (九)	[5]2 (二)
4 1 (三)	-2-8 五	9 6 (七)
8[5] (八)	6 3 (一)	1 7 (六)

✕上山下水·父母

2 8 (五)	7 4 (一)	9[6] (三)
1 7 (四)	+3+9 六	5 2 (八)
[6]3 (九)	8 5 (二)	4 1 (七)

▲雙星會坐

5 9 (六)	9 5 (二)	[7]⑦ (四)
6 8 (五)	-4+1 巳	2 3 (九)
1 4 (一)	8 6 (三)	3 2 (八)

△旺山旺向·向十·返吟

6 3 (七)	1 7 (三)	[8]5 (五)
7 4 (六)	-5-2 四⌐	3 9 (一)
2⑧ (二)	9 6 (四)	4 1 (九)

▲雙星會坐

7 2 (八)	2 7 (四)	[9]⑨ (六)
8 1 (七)	-6+3 九	4 5 (二)
3 6 (三)	1 8 (五)	5 4 (一)

坤宮														
申					坤					未				
癸未	辛未	己未	丁未	乙未	癸未	辛未	己未	丁未	乙未	癸未	辛未	己未	丁未	乙未
247 246 245 244 243	242 241 240 239 238	237 236 235 234 233	232 231 230 229 228	227 226 225 224 223	222 221 220 219 218	217 216 215	214 213 212 211 210	209 208 207 206	205 204 203
解 해	濟未 제미	困 곤	訟 송	升 승	蠱 고	井 정	巽 손

8 7 九	4 2 五	6 9 七		8 6 一	3 1 六	1 8 八		6 7 二	2 2 七	4 9 九
7 8 八	+9-6 (	2 4 三		9 7 九	-7-5 三	5 3 四		5 8 一	+7-6 三	9 4 五
3 3 四	5① 六	1 5 二		4② 五	2 9 七	6 4 三		1③ 六	3 1 八	8 5 四
↓				↓				↓		
キ				キ 返吟				キ		

1 8 三	6④ 八	8 6 一		3 8 四	7 3 九	5 1 二		9⑥ 五	5 2 一	7 4 三
9 7 二	+2+9 四	4 2 六		4 9 三	-2-7 五	9⑤ 七		8 5 四	+1+7 六	3 9 八
5 3 七	7 5 九	3 1 五		8 4 八	6 2 一	1 6 六		4 1 九	6 3 二	2 8 七
↓				↓				↓		
キ				キ				キ		

7 1 六	2 6 二	9 8 四		6 3 七	1 7 三	8 5 五		7⑨ 八	2 5 四	9 7 六
8 9 五	-6+2 七	4 4 九		7 4 六	-5-2 八	3 9 一		8 8 七	-6+1 九	4 3 二
3 5 一	1⑦ 三	5 3 八		2⑧ 二	9 6 四	4 1 九		3 4 三	1 6 五	5 2 一
↓				↓				↓		
キ				= △ 向十・返吟				キ		

坤宮

申					坤					未				
癸未	辛未	己未	丁未	乙未	癸未	辛未	己未	丁未	乙未	癸未	辛未	己未	丁未	乙未
247	246 245	243 241	239 238	237 235 234	233 231	230 229	228 226	225 224 223	222 210	209 208	207 205	203		
	解 海		濟未 제미		困 곤	訟 송		升 승		蠱 고	井 정		巽 손	

8 3 九	3 8 五	1① 七
9 2 八	-7+4 (	5 6 三
4 7 四	2 9 六	6 5 二

▲雙星會坐

7 4 一	3 9 六	5② 七
63 九	+8+5 三	1 7 四
2 8 五	41 七	9 6 三

×上山下水·⊠伏吟·父母

1 5 二	5 1 七	3③ 九
24 一	-9+6 三	7 8 五
6 9 六	4 2 八	8 7 四

▲雙星會坐

2 8 三	6 3 八	4 1 一
3 9 二	-1-7 四	8 5 六
7④ 七	52 九	9 6 五

△旺山旺向

1 7 四	6 3 九	8⑤ 二
9 6 三	+2+8 五	4 1 七
5② 八	7 4 一	3 9 六

×上山下水·父母

4 1 五	8 5 一	6③ 三
52 四	-3-9 六	1 7 八
9⑥ 九	74 二	2 8 七

△旺山旺向

3 2 六	8 6 二	1 4 四
2 3 五	+4-1 七	6 8 九
7⑦ 一	9 5 三	5 9 八

◉雙星會向

4 1 七	9 6 三	2⑧ 五
3 9 六	+5+2 四	7 4 一
8 5 二	1 7 四	6 3 九

×上山下水·⊠伏吟·父母

5 4 八	1 8 四	3 6 六
4 5 七	+6-3 九	8 1 二
9⑨ 三	2 7 五	7 2 一

◉雙星會向

坤宮

申					坤					未				
癸未	辛未	己未	丁未	乙未	癸未	辛未	己未	丁未	乙未	癸未	辛未	己未	丁未	乙未
247	246	245	244	243	242	241	240	239	238	237	236	235	234	233
232	231	230	229	228	227	226	225	224	223	222	221	220	219	218
解 해		濟未 제미		困 곤		訟 송		升 승		蠱 고		井 정		巽 손

8 5 九	3① 五	①3 七
9 4 八	-7+6 (	5 8 三
4 9 四	2 2 六	6 7 二

⟋ ‡

6 4 一	②9 六	4② 八
5 3 九	+7+5 三	9 7 四
1 8 五	3 1 七	8 6 三

⟋ ‡ 凶伏吟

1 5 二	5 1 七	③3 九
2 4 一	-9+6 三	7 8 五
6 9 六	4 2 八	8 7 四

⟋ = ▲雙星會坐

2 8 三	6 3 八	④1 一
3 9 二	-1-7 四	8 5 六
7④ 七	5 2 九	9 6 五

⟋ = ◎旺山旺向

1 6 四	6 2 九	8 4 二
9⑤ 三	+2+7 五	4 9 七
⑤1 八	7 3 一	3 8 六

⟋ ‡

3 1 五	7 5 一	5 3 三
4 2 四	-2-9 因	9 7 八
8⑥ 九	⑥4 二	1 8 七

⟋ ‡

5 2 六	1 6 二	3 4 四
4 3 五	+6-1 七	8 8 九
9⑦ 一	2 5 三	⑦9 八

⟋ ‡

4 1 七	9 6 三	2⑧ 五
3 9 六	+5+2 因	7 4 一
⑧5 二	1 7 四	6 3 九

⟋ = ✗ 凶伏吟·父母

5 3 八	1 7 四	3 5 六
4 4 七	+6-2 九	8⑨ 二
⑨8 三	2 6 五	7 1 一

⟋ ‡

申					坤					未				
癸未	辛未	己未	丁未	乙未	癸未	辛未	己未	丁未	乙未	癸未	辛未	己未	丁未	乙未
2447	2443 2442	2441 2440 2439	2438 2437	2436 2435	2434 2433	2231 2230	2229 2228	2227 2254	2253 2270	2217 2216	2215 2214	2213 2172	2170 2109	2108 2007 2006 2005 2004 2003
解해	濟未 제미	困 곤	訟 송	升 승		蠱 고		井 정		巽 손				

그리드 1 (坤宮 申)

8 3 九	3 8 五	1① 七
9 2 八	-7+4 (	5 6 三
4 7 四	2 9 六	6 5 二

▲雙星會坐

그리드 2

7 4 一	3 9 六	5② 七
6 3 九	+8+5 二	1 7 四
②8 五	4 1 七	9 6 三

× ⊠伏吟·父母

그리드 3

1 5 二	5 1 七	3③ 九
2 4 一	-9+6 三	7 8 五
6 9 六	4 2 八	8 7 四

▲雙星會坐

그리드 4

2 8 三	6 3 八	4 1 一
3 9 二	-1-7 四	8 5 六
7④ 七	5 2 九	9 6 五

△旺山旺向

그리드 5

1 7 四	6 3 九	8⑤ 二
9 6 三	+2+8 五	4 1 七
⑤2 八	7 4 一	3 9 六

×上山下水·父母

그리드 6

4 1 五	8 5 一	6 3 三
5 2 四	-3-9 六	1 7 八
9⑥ 九	74 二	2 8 七

△旺山旺向

그리드 7

3 2 六	8 6 二	1 4 四
2 3 五	+4-1 七	6 8 九
7⑦ 一	9 5 三	5 9 八

◉雙星會向

그리드 8

4 1 七	9 6 三	2⑧ 五
3 9 六	+5+2 四	7 4 一
⑧5 二	1 7 四	6 3 九

×上山下水·⊠伏吟·父母

그리드 9

5 4 八	1 8 四	3 6 六
4 5 七	+6-3 九	8 1 二
9⑨ 三	27 五	7 2 一

◉雙星會向

坤宮

申 | | | | 坤 | | | | 未 | | | |

申					坤					未				
癸未	辛未	己未	丁未	乙未	癸未	辛未	己未	丁未	乙未	癸未	辛未	己未	丁未	乙未

解 해	未濟 제미	困 곤	訟 송	升 승	蠱 고	井 정	巽 손

Grid 1

8 5 九	3① 五	[1] 3 七
9 4 八	-7+6 (	5 8 三
4 9 四	2 2 六	6 7 二

‡

Grid 2

8 4 一	4 9 六	6② 八
7 3 九	+9+5 三	[2] 7 四
3 8 五	5 1 七	1 6 三

‡ 区伏吟

Grid 3

1 5 二	5 1 七	[3]③ 九
2 4 一	-9+6 三	7 8 五
6 9 六	4 2 八	8 7 四

= ▲雙星會坐

Grid 4

2 8 三	6 3 八	[4] 1 一
3 9 二	-1-7 四	8 5 六
7④ 七	5 2 九	9 6 五

= ⊕旺山旺向

Grid 5

9 8 四	[5] 4 九	7 6 二
8 7 三	+1+9 五	3 2 七
4 3 八	6⑤ 一	2 1 六

‡

Grid 6

3 1 五	7 5 一	5 3 三
4 2 四	-2-9 六	9 7 八
8⑥ 九	[6] 4 二	1 8 七

‡

Grid 7

5 2 六	1 6 二	3 4 四
4 3 五	+6-1 七	8 8 九
9⑦ 一	2 5 三	[7] 9 八

‡

Grid 8

4 9 七	9 5 三	2 7 五
3⑧ 六	+5+1 四	7 3 一
[8] 4 二	1 6 四	6 2 九

‡ 区伏吟

Grid 9

5 3 八	1 7 四	3 5 六
4 4 七	+6-2 九	8⑨ 二
[9] 8 三	2 6 五	7 1 一

‡

兌宮

辛					酉				庚				
癸酉	辛酉	己酉	丁酉	乙酉	癸酉	辛酉	己酉	丁酉	乙酉	壬申	庚申	戊申	丙申	甲申

| 292 291 290 | 289 288 287 | 286 285 284 | 283 282 281 | 280 279 278 | 277 276 275 | 274 273 272 | 271 270 269 | 268 267 266 | 265 264 263 | 262 261 260 | 259 258 | 257 256 255 | 254 253 | 252 251 250 | 249 248 |

| 過小 과소 | 旅 여 | 咸 함 | 遯 돈 | 師 사 | 蒙 몽 | 坎 감 | 渙 환 |

◉雙星會向

2 9 九	7 4 五	9 2 七
①① 八	+3-8 (	5 6 三
6 5 四	8 3 六	4 7 二

← ■

▲雙星會坐

5 8 一	9 4 六	7 6 七
6 7 九	-4+9 三	②② 四
1 3 五	8 5 七	3 1 三

← ■

×上山下水·⊠伏吟

4 9 二	9 5 七	2 7 九
③8 一	+5+1 三	7③ 五
8 4 六	1 6 八	6 2 四

← ■

△旺山旺向·山十

7 3 三	2 7 八	9 5 一
8④ 二	-6-2 四	④9 六
3 8 七	1 6 九	5 1 五

← ■

×上山下水

6 2 四	2 7 九	4 9 二
⑤1 三	+7+3 五	9⑤ 七
1 6 八	3 8 一	8 4 六

← ■

△旺山旺向·向十

9 5 五	4 9 一	2 7 三
1⑥ 四	-8-4 六	⑥2 八
5 1 九	3 8 二	7 3 七

← ■

×上山下水·⊠伏吟

8 4 六	4 9 二	6 2 四
⑦3 五	+9+5 七	2⑦ 九
3 8 一	5 1 三	1 6 八

← ■

◉雙星會向

9 7 七	5 2 三	7 9 五
⑧⑧ 六	+1-6 四	3 4 一
4 3 二	6 1 四	2 5 九

← ■

▲雙星會坐

3 6 八	7 2 四	5 4 六
4 5 七	-2+7 九	⑨⑨ 二
8 1 三	6 3 五	1 8 一

← ■

兌宮

辛					酉					庚				
癸酉	辛酉	己酉	丁酉	乙酉	癸酉	辛酉	己酉	丁酉	乙酉	壬申	庚申	戊申	丙申	甲申

(각 산별 좌향 도수: 庚 구간 壬申 262·261·260 / …… / 甲申 250·249·248)

過小 과소		旅 여		咸 함		遯 돈		師 사		蒙 몽		坎 감		渙 환

---

① 辛 — 癸酉

98 九	53 五	7① 七
89 八	+①-7 (	35 三
44 四	62 六	26 二

← ‡

② 酉 — 癸酉

76 一	②② 六	94 八
85 九	-6+7 三	49 四
31 五	13 七	58 三

← ‡

③ 庚 — 壬申

41 二	96 七	28 九
③9 一	+5+2 三	74 五
85 六	17 八	6③ 四

← ‡ 凶伏吟

---

④ 辛 — 己酉

73 三	27 八	95 一
8④ 二	-6-2 四	④9 六
38 七	16 九	51 五

← ＝ △旺山旺向

⑤ 酉 — 己酉

89 四	4⑤ 九	67 二
78 三	+9+1 五	23 七
34 八	⑤6 一	12 六

← ‡

⑥ 庚 — 戊申

87 五	32 一	19 三
98 四	-7-⑥ 六	54 八
43 九	21 二	⑥5 七

← ‡

---

⑦ 辛 — 乙酉

64 六	29 二	42 四
53 五	+⑦+5 七	9⑦ 九
18 一	31 三	86 八

← ‡ 凶伏吟

⑧ 酉 — 乙酉

17 七	62 三	⑧9 五
9⑧ 六	+2-6 四	44 一
53 二	71 四	35 九

← ‡

⑨ 庚 — 甲申

38 八	74 四	56 六
47 七	-2+⑨ 九	⑨2 二
83 三	65 五	11 一

← ‡

兌宮

辛					酉				庚				
癸酉	辛酉	己酉	丁酉	乙酉	癸酉	辛酉	己酉	丁酉	乙酉	壬申	庚申	戊申	丙申	甲申
292 291	290 289 288	287 286 285	284 283 282	281 280 279	278 277 276	275 274 273	272 271 270	269 268 267	266 265 264	263 262 261	260 259 258	257 256 255	254 253 252 251	250 249 248
過小 / 과소		旅 / 여		咸 / 함		遯 / 돈		師 / 사		蒙 / 몽		坎 / 감		渙 / 환

▲雙星會坐

4 7 九	8 3 五	6 5 七
5 6 八	-3+8 (	1① 三
9 2 四	7 4 六	2 9 二

◉雙星會向

3 1 一	8 5 六	1 3 七
2② 九	+4-9	6 7 四
7 6 五	9 4 七	5 8 三

△旺山旺向·返吟

6 2 二	1 6 七	8 4 九
7③ 一	-5-1 三	3 8 五
2 7 六	9 5 八	4 9 四

✖上山下水

5 1 三	1 6 八	3 8 一
4 9 二	+6+2 四	8④ 六
9 5 七	2 7 九	7 3 五

△旺山旺向

8 4 四	3 8 九	1 6 二
9⑤ 三	-7-3 五	5 1 七
4 9 八	2 7 一	6 2 六

✖上山下水

7 3 五	3 8 一	5 1 三
6② 四	+8+4 六	1⑥ 八
2 7 九	4 9 二	9 5 七

△旺山旺向·返吟

1 6 六	5 1 二	3 8 四
2⑦ 五	-9-5 七	7③ 九
6 2 一	4 9 三	8 4 八

▲雙星會坐

2 5 七	6 1 三	4 3 五
3 4 六	-1+6 八	8⑧ 一
7 9 二	5 2 四	9 7 九

◉雙星會向

1 8 八	6 3 四	8 1 六
9⑨ 七	+2-7 九	4 5 二
5 4 三	7 2 五	3 6 一

兌宮

辛					酉					庚				
癸酉	辛酉	己酉	丁酉	乙酉	癸酉	辛酉	己酉	丁酉	乙酉	壬申	庚申	戊申	丙申	甲申

degree strip (descending): … 292 291 290 … 288 287 286 285 284 283 282 281 280 279 278 **277 276 275** 274 273 272 271 270 269 268 267 266 **265 264 263** 262 261 260 259 258 257 256 255 254 253 252 251 250 249 248 …

過小		旅		咸		遯		師		蒙		坎		渙
과소		여		함		돈		사		몽		감		환

```
 3 6    7 2    5 4
  九     五     七
 4 5   -2+7    9 9
  八     (      三
 8①     6 3   [1 8]
  四     六     二
            ✝
```

```
 5 1    1 5    3 3
  一     六     八
 4②    +6-9    8 7
  九     三     四
 9 6   [2 4]   7 8
  五     七     三
            ✝
```

```
 6 2    1 6    8 4
  二     七     九
 7③    -5-1   [3 8]
  一     三     五
 2 7    9 5    4 9
  六     八     四
         ✝  返吟
```

```
 5 1    1 6    3 8
  三     八     一
[4 9]  +6+2    8④
  二     四     六
 9 5    2 7    7 3
  七     九     五
     = ✗ 上山下水
```

```
 8 3    3 7    1⑤
  四     九     二
 9 4   -7-2   [5 9]
  三     五     七
 4 8    2 6    6 1
  八     一     六
            ✝
```

```
[6 5]   2 1    4 3
  五     一     三
 5 4   +7+⑥   9 8
  四     囚     八
 1 9    3 2    8 7
  一     二     七
            ✝
```

```
 1 6    5 1    3 8
  六     二     四
 2⑦    -9-5   [7 3]
  五     七     九
 6 2    4 9    8 4
  一     三     八
   = △ 旺山旺向·返吟
```

```
 2 5    6 1    4 3
  七     三     五
 3 4   -1+6    8⑧
  六     囚     一
 7 9    5 2    9 7
  二     四     九
    = ▲ 雙星會坐
```

```
 1 8    6 3    8 1
  八     四     六
 9⑨    +2-7    4 5
  七     九     二
 5 4    7 2    3 6
  三     五     一
    = ◎ 雙星會向
```

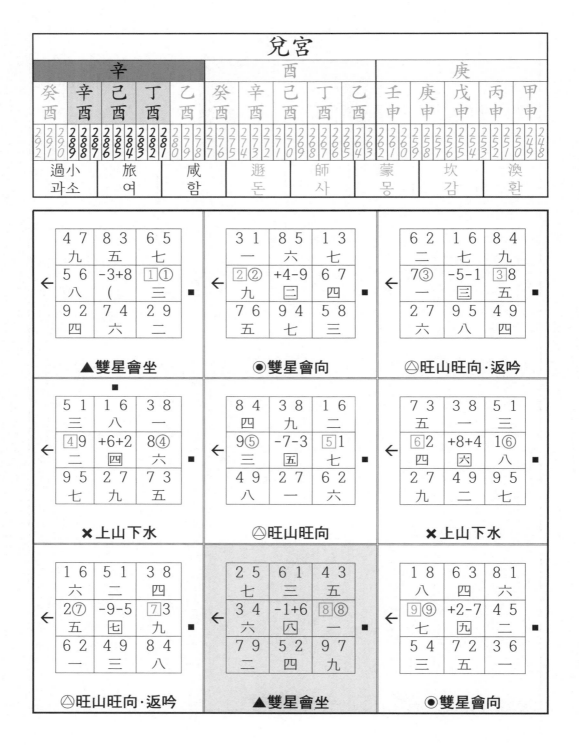

兌宮

辛					酉					庚				
癸酉	辛酉	己酉	丁酉	乙酉	癸酉	辛酉	己酉	丁酉	乙酉	壬申	庚申	戊申	丙申	甲申

| 過小·小過 | | 旅·여 | | 咸·함 | 遯·돈 | | 師·사 | | 蒙·몽 | 坎·감 | | 渙·환 | |

▲雙星會坐 ／ **◉雙星會向** ／ **△旺山旺向·返吟**

✗上山下水 ／ **△旺山旺向** ／ **✗上山下水**

△旺山旺向·返吟 ／ **▲雙星會坐** ／ **◉雙星會向**

兌宮

辛					酉					庚				
癸酉	辛酉	己酉	丁酉	乙酉	癸酉	辛酉	己酉	丁酉	乙酉	壬申	庚申	戊申	丙申	甲申
292	291	290	289 288	287	286 285	284 283	282	281 280	279 278	277 276	275 274 273	272 271 270	269 268	267 266

過小 과소	旅 여	咸 함	遯 돈	師 사	蒙 몽	坎 감	渙 환

Chart 1

38 九	74 五	56 七
47 八	-2+9 (	92 三
83 四	65 六	1① 二

← ‡

Chart 2

51 一	15 六	33 八
4② 九	+6-9 三	87 四
96 五	2④ 七	78 三

← ‡

Chart 3

62 二	16 七	84 九
7③ 一	-5-1 三	3⑧ 五
27 六	95 八	49 四

= △旺山旺向·返吟

Chart 4

59 三	15 八	37 一
4⑧ 二	+6+1 四	83 六
9④ 七	26 九	72 五

← ‡

Chart 5

83 四	37 九	1⑤ 二
94 三	-7-2 五	5⑨ 七
48 八	26 一	61 六

← ‡

Chart 6

85 五	41 一	6③ 三
74 四	+9+⑥ 六	28 八
39 九	52 二	17 七

← ‡

Chart 7

16 六	51 二	38 四
2⑦ 五	-9-5 七	7③ 九
62 一	49 三	84 八

= △旺山旺向·返吟

Chart 8

25 七	61 三	43 五
34 六	-1+6 八	8⑧ 一
79 二	52 四	97 九

= ▲雙星會坐

Chart 9

9⑧ 八	53 四	71 六
8⑨ 七	+1-7 九	35 二
44 三	62 五	26 一

← ‡

乾宮

亥					乾					戌				
癸亥	辛亥	己亥	丁亥	乙亥	壬戌	庚戌	戊戌	丙戌	甲戌	壬戌	庚戌	戊戌	丙戌	甲戌
337 336	335 334 333	333 332	331 330	329 328 327	327 326	325 324 323	321 320 319	318 317 316	315 314 313	312 311 310	309 308 307	306 305 304	303 302 301	300 299 298 297 296 295 294 293
豫 예			晉 진		萃 취		否 비		謙 겸		艮 간	蹇 건		漸 점

▲雙星會坐

3 8 九	7 4 五	5 6 七
4 7 八	-2+9 (	9 2 三
8 3 四	6 5 六	1① 二

×上山下水·連珠

②9 一	7 5 六	9 7 七
1 8 九	+3+1 三	5 3 四
6 4 五	8 6 七	4② 三

△旺山旺向

5③ 二	9 7 七	7 5 九
6 4 一	-4-2 三	2 9 五
1 8 六	8 6 八	3 1 四

▲雙星會坐·返吟

6 2 三	1 7 八	8 9 一
7 1 二	-5+3 四	3 5 六
2 6 七	9 8 九	4④ 五

△旺山旺向

7⑤ 四	2 9 九	9 7 二
8 6 三	-6-4 五	4 2 七
3 1 八	1 8 一	5 3 六

◉雙星會向·返吟

6⑥ 五	2 1 一	4 8 三
5 7 四	+7-5 六	9 3 八
1 2 九	3 9 二	8 4 七

△旺山旺向

9⑦ 六	4 2 二	2 9 四
1 8 五	-8-6 七	6 4 九
5 3 一	3 1 三	7 5 八

×上山下水·連珠

8 6 七	4 2 三	6 4 五
7 5 六	+9+7 四	2 9 一
3 1 二	5 3 四	1⑧ 九

◉雙星會向

9⑨ 八	5 4 四	7 2 六
8 1 七	+1-8 九	3 6 二
4 5 三	6 3 五	2 7 一

乾宮

亥					乾					戌			
癸亥	辛亥	己亥	丁亥	乙亥	壬戌	庚戌	戊戌	丙戌	甲戌	壬戌	庚戌	戊戌	丙戌	甲戌

（度数欄：337〜293）

豫 예	晉 진	萃 취	否 비	謙 겸	艮 간	蹇 건	漸 점

左上

36 九	72 五	54 七
45 八	-2+7 (	99 三
8① 四	63 六	1⃞8 二

≠

中上

91 一	56 六	78 八
89 九	+1+② [三]	34 四
45 五	67 七	2⃞3 三

≠

右上

7③ 二	27 七	95 九
84 一	-6-2 [三]	49 五
3⃞8 六	16 八	51 四

≠

左中

69 三	15 八	87 一
78 二	-5+1 [四]	33 六
2④ 七	96 九	4⃞2 五

≠　返吟

中央

77 四	22 九	99 二
88 三	<u>-6-6</u> [五]	44 七
33 八	11 一	5⃞5 六

≠　▲雙星會坐·八純卦

右中

8⑥ 五	41 一	6⃞8 三
77 四	+9-5 [六]	23 八
32 九	59 二	14 七

≠　返吟

左下

8⑦ 六	32 二	19 四
98 五	-7⃞-6 [七]	54 九
43 一	21 三	65 八

≠

中下

6⑧ 七	24 三	46 五
57 六	+7+9 [四]	92 一
13 二	35 四	8⃝1 九

≠　△旺山旺向

右下

18 八	63 四	81 六
9⑨ 七	+2-7 [五]	45 二
54 三	72 五	36 一

≠

乾宮

亥					乾					戌				
癸亥	辛亥	己亥	丁亥	乙亥	壬戌	庚戌	戊戌	丙戌	甲戌	壬戌	庚戌	戊戌	丙戌	甲戌
337 336 335 334	333	331 330 329 328	327 326 325 324	323 322	321 320 319 318	317 316 315 314	313 312 311	310 309 308	307 306 305	304 303 302	301 300 299	298 297 296	295 294 293	
豫 예		晉 진	萃 취		否 비		謙 겸		艮 간		蹇 건		漸 점	

Grid 1 — ◉雙星會向·向十

1① 九	6 5 五	8 3 七
9 2 八	+2-9 (⌐	4 7 三
5 6 四	7 4 六	3 8 二

Grid 2 — △旺山旺向

4② 一	8 6 六	6 4 七
5 3 九	-3-1 三	1 8 四
9 7 五	7 5 七	2⑨ 三

Grid 3 — ✗上山下水·連珠

3① 二	8 6 七	1 8 九
2 9 一	+4+2 三	6 4 五
7 5 六	9 7 八	5③ 四

Grid 4 — ◉雙星會向·✗伏吟

4④ 三	9 8 八	2 6 一
3 5 二	+5-3 四	7 1 六
8 9 七	1⑦ 九	6 2 五

Grid 5 — ✗上山下水·連珠

5③ 四	1 8 九	3 1 二
4 2 三	+6+4 五	8 6 七
9 7 八	2 9 一	7⑤ 六

Grid 6 — ▲雙星會坐·✗伏吟

8 4 五	3 9 一	1 2 三
9 3 四	-7+5 六	5 7 八
4 8 九	2 1 二	6⑥ 七

Grid 7 — ✗上山下水·連珠

7 5 六	3 1 二	5 3 四
6 4 五	+8+6 四	1 8 九
2 9 一	4 2 三	9⑦ 八

Grid 8 — △旺山旺向

1⑧ 七	5 3 三	3 1 五
2 9 六	-9-7 四	7 5 一
6 4 二	4 2 四	8⑥ 九

Grid 9 — ▲雙星會坐·山十

2 7 八	6 3 四	4 5 六
3 6 七	-1+8 四	8 1 二
7 2 三	5 4 五	9⑨ 一

乾宮

亥					乾				戌				
癸亥	辛亥	己亥	丁亥	乙亥	壬戌	庚戌	戊戌	丙戌	甲戌	壬戌	庚戌	戊戌	丙戌	甲戌

| 336 | 335 | 334 | 333 | 332 | 331 | 330 | 333 221 | 331 198 | 331 176 | 331 154 | 331 132 | 310 109 | 310 098 | 330 076 | 330 054 | 330 032 | 330 010 | 330 098 | 229 976 | 229 954 | 229 932 | 229 910 | 225 943 |

| 豫 예 | | 晉 진 | | 萃 취 | | 否 비 | | 謙 겸 | | 艮 간 | | 蹇 건 | | 漸 점 |

盤 1 (雙星會向·向十)

1① 九	6 5 五	8 3 七
9 2 八	+2-9 (⌐	4 7 三
5 6 四	7 4 六	3 8 二

= ●雙星會向·向十

盤 2

3② 一	7 6 六	5 4 八
4 3 九	-②-1 三	9 8 四
8 7 五	6 5 七	1 9 三

╪

盤 3

5 1 二	1 6 七	3 8 九
4 9 一	+6+2 三	8 4 五
9 5 六	2 7 八	7③ 四

╪

盤 4

4 3 三	9 7 八	2 5 一
3④ 二	+5-2 四	7 9 六
8 8 七	1 6 九	6 1 五

╪ 凶伏吟

盤 5

5⑤ 四	1 1 九	3 3 二
4 4 三	+6+6 五	8 8 七
9 9 八	2 2 一	7 7 六

╪

盤 6

8 4 五	3 9 一	1 2 三
9 3 四	-7+5 六	5 7 八
4 8 九	2 1 二	6⑥ 七

= ▲雙星會坐·凶伏吟

盤 7

6 5 六	2 1 二	4 3 四
5 4 五	+7-6 七	9 8 九
1 9 一	3 2 三	8⑦ 八

╪

盤 8

1⑧ 七	5 3 三	3 1 五
2 9 六	-9-7 八	7 5 一
6 4 二	4 2 四	8⑥ 九

= △旺山旺向

盤 9

2 6 八	6 2 四	4 4 六
3 5 七	-1+7 九	8⑨ 二
7 1 三	5 3 五	9⑧ 一

╪·山十

乾宮

	亥				乾				戌				
癸亥	辛亥	己亥	丁亥	乙亥	壬戌	庚戌	戊戌	丙戌	甲戌	壬戌	庚戌	戊戌	丙戌	甲戌
337 335	334 333 332	331 330 329 328	327 326 325	324 323	322 321	320 319 318	317 316 315	314 313 312	311 310 309	308 307 306	305 304 303	302 301 300	299 298 297	296 295 294 293
豫 예		晉 진		萃 [취]	否 [비]		謙 겸		艮 간		蹇 건		漸 점	

Chart 1
```
1①  65  83
九   五   七
92 +2-9 47
八  (乚)  三
56  74  38
四   六   二
```
◉雙星會向·向十

Chart 2
```
4②  86  64
一   六   七
53 -3-1 18
九   三   四
97  75  ②9
五   七   三
```
△旺山旺向

Chart 3
```
③1  86  18
二   七   九
29 +4+2 64
一   三   五
75  97  5③
六   八   四
```
✗上山下水·連珠

Chart 4
```
④④  98  26
三   八   一
35 +5-3 71
二   四   六
89  17  62
七   九   五
```
◉雙星會向·⊠伏吟

Chart 5
```
⑤3  18  31
四   九   二
42 +6+4 86
三   五   七
97  29  7⑤
八   一   六
```
✗上山下水·連珠

Chart 6
```
84  39  12
五   一   三
93 -7+5 57
四   六   八
48  21  6⑥
九   二   七
```
▲雙星會坐·⊠伏吟

Chart 7
```
⑦5  31  53
六   二   四
64 +8+6 18
五   七   九
29  42  9⑦
一   三   八
```
✗上山下水·連珠

Chart 8
```
①⑧  53  31
七   三   五
29 -9-7 75
六   四   一
64  42  ⑧6
二   四   九
```
△旺山旺向

Chart 9
```
27  63  45
八   四   六
36 -1+8 81
七   九   二
72  54  9⑨
三   五   一
```
▲雙星會坐·山十

乾宮

亥					乾					戌				
癸亥	辛亥	己亥	丁亥	乙亥	壬戌	庚戌	戊戌	丙戌	甲戌	壬戌	庚戌	戊戌	丙戌	甲戌

豫예	晉진	萃취	否비	謙겸	艮간	蹇건	漸점

向十

9①	55	73
九	五	七
82	+①-9	37
八	(ノ)	三
46	64	28
四	六	二

‡ 向十

3②	76	54
一	六	八
43	-②-1	98
九	三	四
87	65	19
五	七	三

‡

59	15	③7
二	七	九
48	+6+1	8③
一	三	五
94	26	72
六	八	四

‡

④3	97	25
三	八	一
3④	+5-2	79
二	四	六
88	16	61
七	九	五

‡

⑤5	11	33
四	九	二
44	+6+6	88
三	五	七
99	22	77
八	一	六

‡

84	39	12
五	一	三
93	-7+5	57
四	六	八
48	21	6⑥
九	二	七

‡ 区伏吟

85	41	63
六	二	四
⑦4	+9+6	28
五	七	九
39	52	1⑦
一	三	八

‡

1⑧	53	31
七	三	五
29	-9-7	75
六	八	一
64	42	⑧6
二	四	九

= △旺山旺向

28	64	46
八	四	六
37	-1+⑨	82
七	九	二
73	55	⑨1
三	五	一

‡ 山十

감정기록부

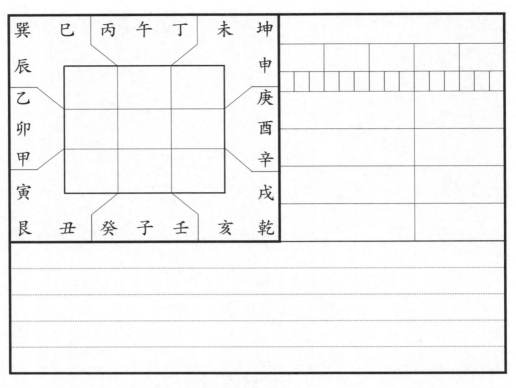

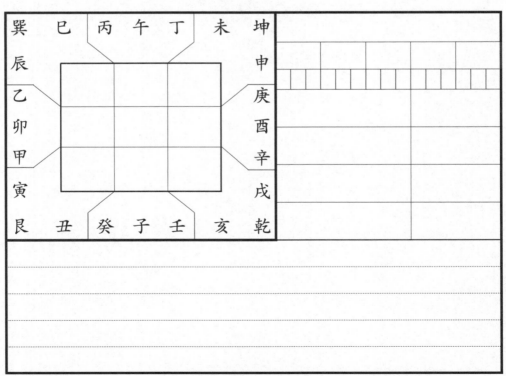

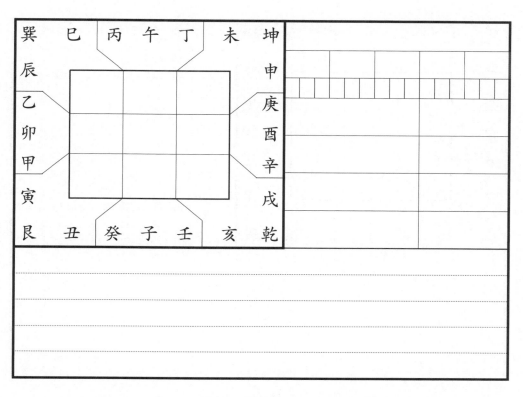

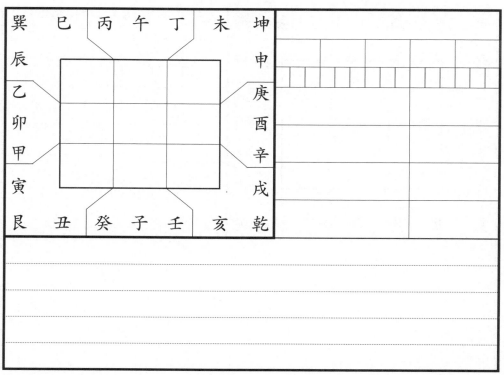

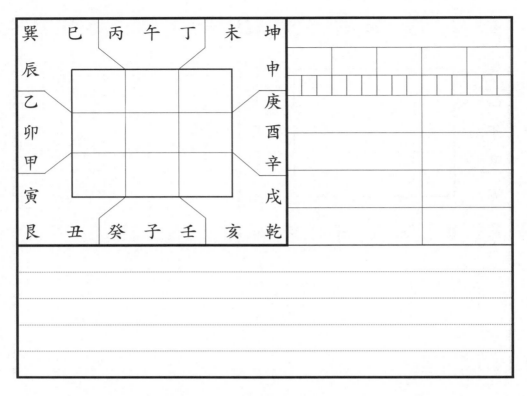

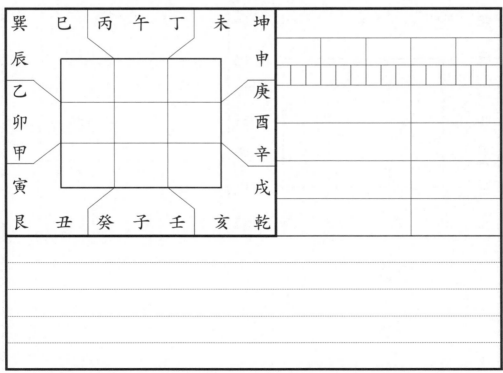

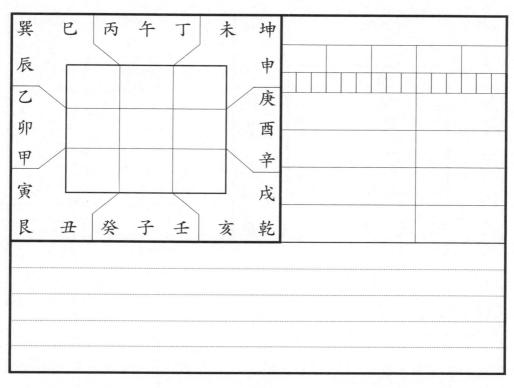

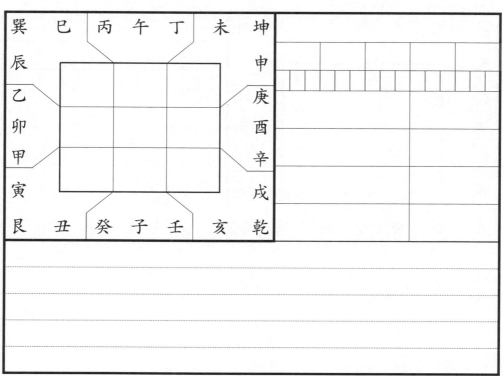

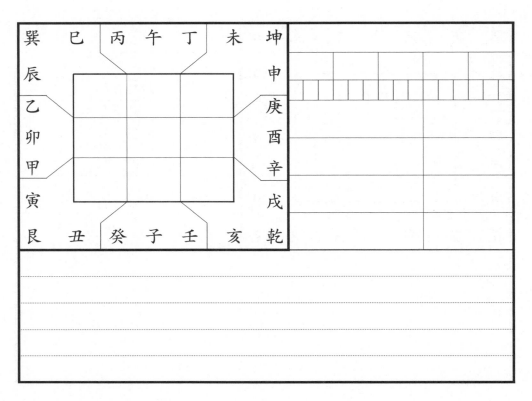

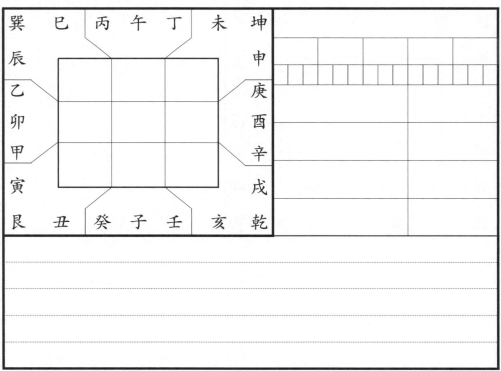

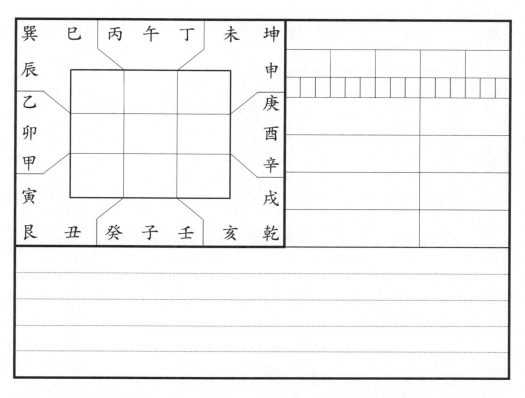

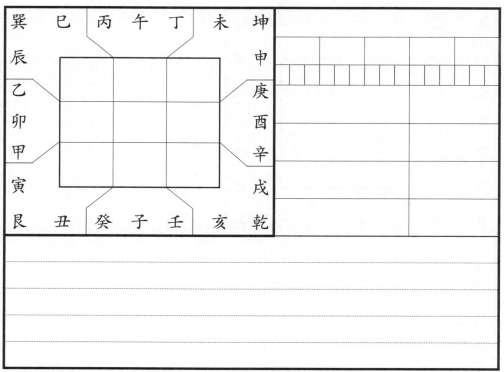

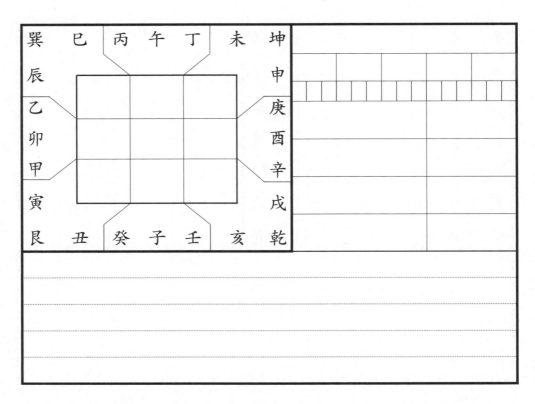

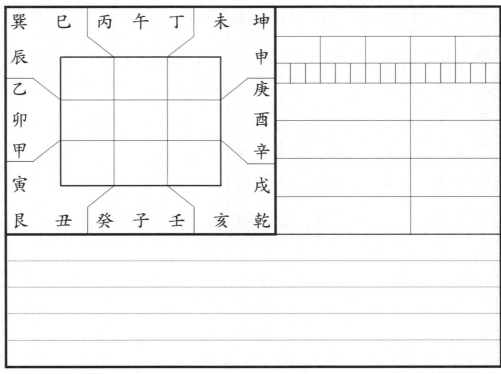

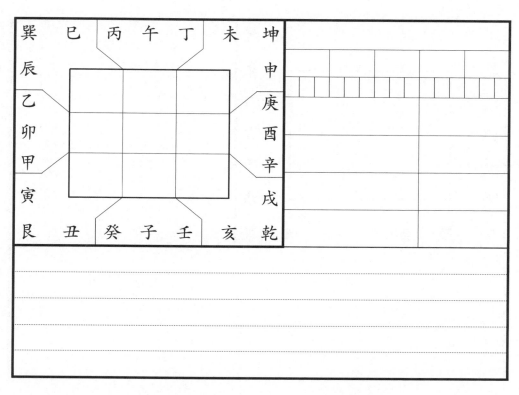

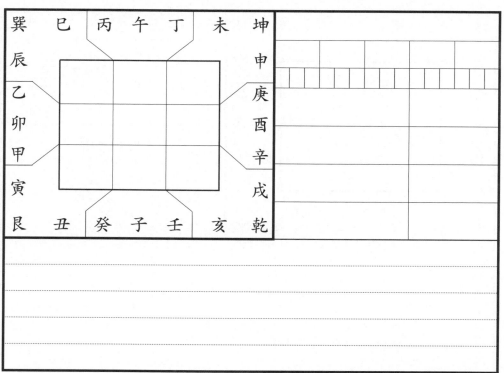

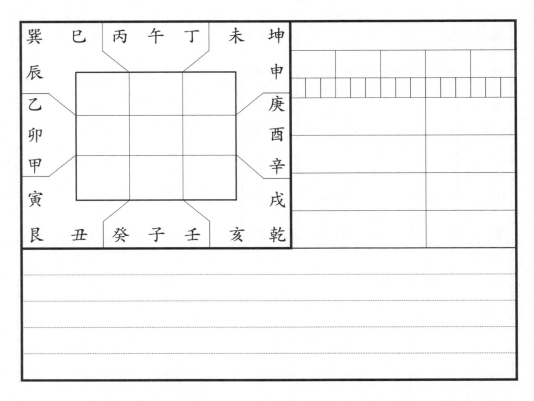

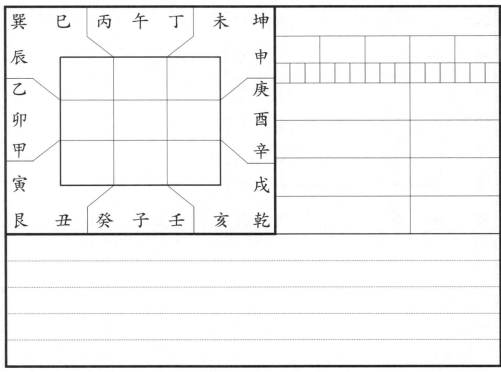

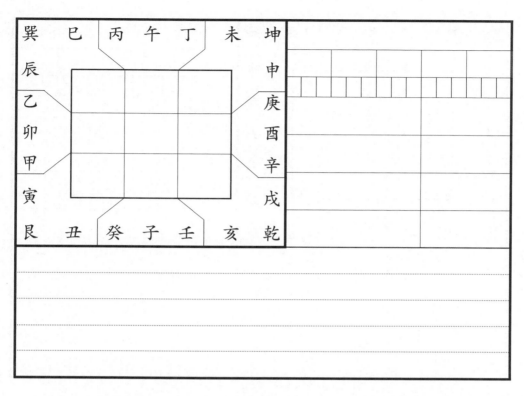

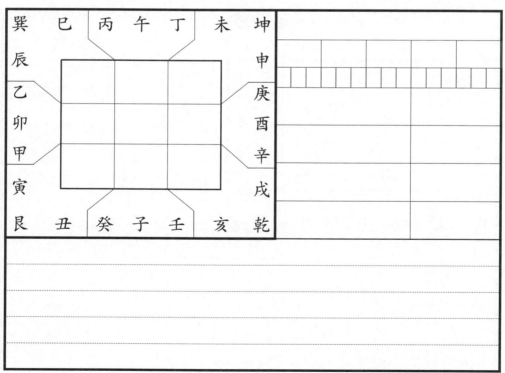

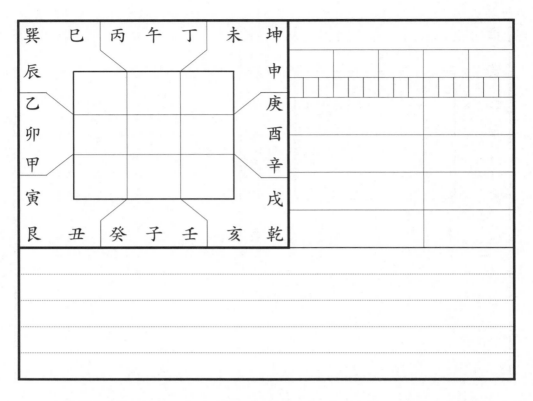

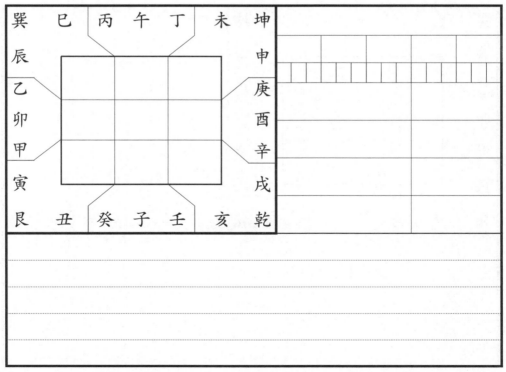

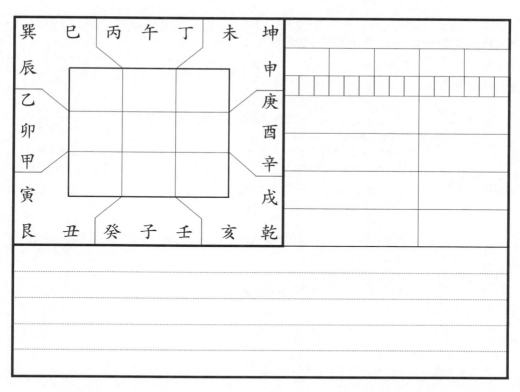

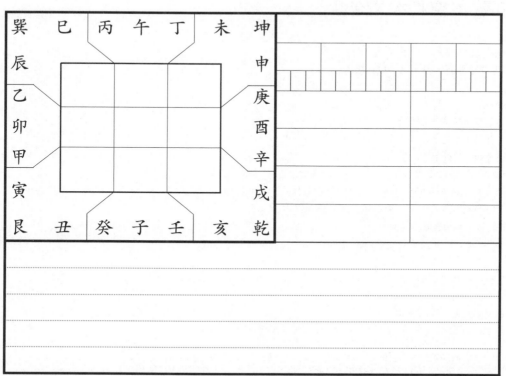

원제목 : 玄空地理考險註解(현공지리고험주해)

원저자 : 종의명 臺灣(대만)竹山佛心翠書齋影(죽산불심취서재영)

편역자 : 류호기 대전대학교 대학원 철학과 졸업
대한현공풍수지리학회 중앙부회장(현)
가천대·대전대·동방대학원대학교·강원대·나사렛 대학
평생교육원에 출강(현)
번역서:《玄空秘旨》
(연락처: 010-5335-1899)

편역자 : 김영용 대한현공풍수지리학회 청주지사(현)
기문둔갑현공풍수지리연구소(현)
사주카페 운영(현)
현대전자(주) 인공지능컴퓨터설계엔지니어 근무
(연락처: 010-6716-1668)

주해자 : 최명우 竹山佛心翠書齋影門人
대한현공풍수지리학회 연구소장

8運 玄空風水 해설집

1판 1쇄 인쇄 | 2016년 11월 09일
1판 1쇄 발행 | 2016년 11월 16일

원저자 | 종의명
편역자 | 류호기·김영용
주해자 | 최명우
펴낸이 | 문해성
펴낸곳 | 상원문화사
주소 | 서울시 은평구 증산로 15길 36(신사동) 우편번호 | 03448
전화 | 02)354-8646   팩시밀리 | 02)384-8644
이메일 | mjs1044@naver.com
출판등록 | 1996년 7월 2일 제8-190호

ISBN 979-11-85179-21-6 (03180)

● 책값은 표지에 있습니다.
● 잘못 만들어진 책은 구입처 및 본사에서 교환해 드립니다.

이 도서의 국립중앙도서관 출판예정도서목록(CIP)은 서지정보유통지원시스템 홈페이지(http://seoji.nl.go.kr)와
국가자료공동목록시스템(http://www.nl.go.kr/kolisnet)에서 이용하실 수 있습니다.(CIP제어번호: CIP2016026899)